旅游供应链数字化运作与决策创新

郭晓龙　刘　杰　凌六一　著

科学出版社
北　京

内 容 简 介

以大数据、云计算、人工智能、区块链为代表的新一代信息技术带领我们进入数字经济时代，旅游业作为提升国民经济发展与满足人民幸福生活需求的重要产业，拥有全面进入数字化发展的场景。在旅游业高质量发展的过程中，众多利益相关企业（如酒店、餐饮、景区、旅行社等）在高度复杂和分散的旅游市场中进行合作和竞争，形成数字经济时代的旅游供应链。本书以数字经济背景下的旅游供应链为研究对象，运用博弈论、运筹学、决策优化等理论与方法，对旅游企业的运作管理和决策创新进行建模定量研究。

本书主要面向高等院校的旅游管理、供应链管理、管理科学及运作管理等专业的硕士研究生、博士研究生和学者，同时对旅游行业的企业管理者也具有参考价值。

图书在版编目（CIP）数据

旅游供应链数字化运作与决策创新/郭晓龙，刘杰，凌六一著. —北京：科学出版社，2023.8

ISBN 978-7-03-070899-1

Ⅰ. ①旅…　Ⅱ. ①郭…　②刘…　③凌…　Ⅲ. ①信息技术-应用-旅游业-供应链管理-研究　Ⅳ. ①F590.1

中国版本图书馆 CIP 数据核字（2021）第 262280 号

责任编辑：陶　璇/责任校对：姜丽策
责任印制：张　伟/封面设计：无极书装

科学出版社 出版
北京东黄城根北街 16 号
邮政编码：100717
http://www.sciencep.com
北京盛通商印快线网络科技有限公司 印刷
科学出版社发行　各地新华书店经销
*
2023 年 8 月第　一　版　开本：720 × 1000　1/16
2023 年 8 月第一次印刷　印张：12 1/2
字数：252 000

定价：128.00 元

（如有印装质量问题，我社负责调换）

前　言

经济与社会的高质量发展带动了旅游业的迅速发展，人们的消费需求从衣食等基本生理需求向以旅游、休闲为代表的精神需求转变。以大数据、云计算、人工智能、5G 为代表的新一代信息技术带领我们进入数字经济时代，2018 年，我国在线旅游市场交易规模达到 1.5 万亿元。与此同时，数据化、智能化、复杂性等特征使得供应链管理技术在企业运营中的作用日益突出，供应链创新逐渐成为国家和产业行业重点发展的方向。

旅游业作为提升国民经济发展与满足人民幸福生活需求的重要产业，拥有全面进入数字化发展的场景，具有进行数字化发展的必要性。在旅游业高质量发展的过程中，众多利益相关企业（如酒店、餐饮、景区、旅行社等）在高度复杂和分散的旅游市场中进行合作和竞争，形成数字经济时代的旅游供应链。在现代旅游管理领域的研究中，学者对供应链管理的关注和研究相对较少，不利于旅游供应链运作优化、协同创新与智能决策的理论进步，进而制约了旅游业的高质量发展。

以数字经济背景下的旅游供应链为研究对象，本书对旅游企业的运作管理和决策创新展开研究。本书共分五篇 12 章，其中第 1 章为绪论。第一篇是旅游供应链合同管理，由第 2 章“旅游供应链中的合作合同设计：酒店与在线销售网站合作中的定价策略优化”和第 3 章“旅游供应链协调：旅游酒店与旅游运营商的合作决策优化”组成；第二篇是数字环境下的酒店定价管理，由第 4 章“在线预订系统中基于市场细分的酒店定价策略优化”和第 5 章“酒店在线销售中的定价策略优化”组成；第三篇是数字环境下的餐饮服务定价决策创新，由第 6 章“竞争环境下的餐馆在线定价策略”、第 7 章“竞争环境下的餐馆在线定价策略：另一种模型”和第 8 章“考虑第三方网站促销努力的在线合作机制”组成；第四篇是在线旅行社（online travel agency，OTA）的运营能力建设创新，由第 9 章“基于消费者忠诚度的 OTA 投资决策优化”和第 10 章“基于在线用户池规模的 OTA 动态定价策略”组成；第五篇是在线零售中的合作与竞争决策，由第 11 章“酒店与

OTA 的合作与竞争：基于现金返还视角”和第 12 章“酒店基于 OTA 现金返还的最优定价决策”组成。

本书的部分理论研究成果先后发表或投稿在 *Tourism Management*、*Annals of Tourism Research*、*International Journal of Hospitality Management*、*Journal of Hospitality Marketing & Management*、*Tourism Management Perspectives*、*Journal of the Operational Research Society*、*Tourism Economics*、*Journal of Electronic Commerce Research*、*Journal of Revenue and Pricing Management* 等国际高水平学术期刊上。本书文稿的撰写和校对也得到了团队研究生的大力支持，他们是程力培（第 10 章）、程裕兴（第 11 章）、丁靖芝（第 6 章）、姜文文（第 4 章）、李宪森（第 5 章）、苏增慧（第 2 章）、王澎翼（第 8 章）、王元元（第 3 章）、吴培彦（第 9 章）、叶芳娟（第 7 章），其中博士生苏增慧参与了全书的校对和文献格式统一的工作。

本书在写作过程中得到了中国科学技术大学余玉刚教授、吴杰教授、郑夏冰副教授、史烨副教授，合肥工业大学的梁樑教授、董骏峰副教授，海南大学的郭强教授、何毅教授，澳门旅游学院的杨晶晶教授，西北工业大学的洪兆富教授，北京第二外国语学院的唐承财教授，南开大学的妥艳媜副教授，南京财经大学的胡立博士，浙江理工大学的董玉凤博士等的建议与帮助。感谢中国科技出版传媒股份有限公司（科学出版社）经管分社马跃社长、李嘉编辑对本书出版所做出的辛勤工作。本书的撰写有幸得到了安徽省自然科学基金（项目编号：2208085J06）和国家自然科学基金（项目编号：71871207；71771201；72171220；71921001）等的大力支持，在此一并感谢。此外，本书难免存在疏漏与不足之处，敬请各位读者批评指正。

郭晓龙　刘　杰　凌六一

2022 年 5 月 30 日

目　录

第五篇：在线零售中的合作与竞争决策

第1章　绪　　论

1.1　研究背景与研究意义

近年来，随着经济与信息技术的不断发展，旅游业迅速发展。与此同时，居民消费能力也在不断提升，人们不再仅仅满足于衣食等基本的生理需求，以旅游为代表的精神需求迅速增长。2018 年，全国实现旅游总收入 5.97 万亿元。同时，电子商务的发展也促使了 OTA 的诞生，促进了在线旅游市场的飞速发展。在线旅游主要指通过互联网、移动互联网及电话呼叫中心等方式为消费者提供旅游相关信息、产品和服务的行业，主要包括在线机票火车票预订、在线住宿预订、在线度假预订和其他旅游产品和服务。据艾瑞咨询发布的《2019 年中国在线旅游度假行业研究报告》,2018 年中国在线旅游市场交易规模达到了 15 122.4 亿元，较 2017 年增长了 29%。

互联网技术与信息科技的普及使传统旅游业逐步转向在线旅游市场，消费者的旅游方式也由传统的线下购买形式转向了在线预订模式。作为总收入在 GDP（gross domestic product，国内生产总值）中占比较大的重要行业，旅游业受到了广泛的关注。因此，旅游管理，即如何对旅游业企业进行经营管理显得尤为重要。

旅游业主要包括食、住、行、游、购、娱等多个方面，其中餐饮、酒店等是社会及学术领域重点关注的要素。住宿作为旅游出行中首要考虑的要素，其行业规模一直处于稳定增长的状态，在线预订的出现不仅提高了消费者的体验，同时也加剧了行业内的竞争。当今的互联网技术背景下，酒店预订市场清晰的产业链条，丰富的在线渠道为消费者提供了便利。艾瑞咨询发布的《2019 年中国在线住宿预订行业研究报告》显示，2018 年中国在线住宿预订行业交易规模达到了 2 283.1 亿元，较上年增长了 25.5%。在线渠道主要包括 OTA，如携程、途牛、飞猪等，以及酒店直销平台，如华住会、首旅如家等。在线渠道的出现使得酒店能够进一步提高入住率从而获得更高的利润，与此同时，便捷的渠道也使得酒店面临更激烈的行业内部竞争，增加了酒店的运营难度。

OTA 作为当今消费者出行经常使用的平台，集中了酒店、餐饮、出行等要素资源，其运营模式降低了消费者的搜索成本，简化了消费者的购买流程，为消费者提供了不同结构的产品以满足消费者的多样化需求。例如，“景点+酒店”形式的捆绑销售，基于用户偏好的住宿推荐等。同时，一些 OTA 会经常推出优惠活动，如发放优惠券、现金返还等，以吸引消费者通过其平台购买相关产品。OTA 的出现及其优势使其占据了较大的市场份额。比达咨询数据中心的数据显示，2018 年中国在线酒店预订市场各类预订平台所占份额排序中（按交易额），OTA 平台以 50.3%的比例占据绝对优势，而酒店自有渠道以 15.1% 的比例占据第二位（比达咨询，2019）。

旅游业涉及的利益相关者比较广泛，同时其行业发展容易受大环境影响。例如，2020 年新冠疫情期间，受影响最明显的就是旅游相关行业，当年全国旅游总收入仅为 2.23 万亿元，同比下降 61.1%（文化和旅游部网站，2021），这也导致酒店、餐饮行业、OTA 等受到了巨大的冲击。因此，如何对旅游业中各环节的经营模式进行分析，使其更好地发展是非常值得研究的问题。

基于以上背景，本书针对旅游业企业运作管理进行了一系列的研究，主要以酒店、餐饮、OTA，以及它们之间的合作与竞争为例，分析了它们的运营模式，对其决策结果进行了优化。主要研究意义有：第一，考虑现实互联网环境带来的消费方式的改变，在这样的新环境下对利益相关者进行分析，为其在新环境下的经营方式提供实用的建议；第二，以现实中常见的运营方式为背景，从不同的角度出发分析了各利益主体的相关决策，解释了现实中的一些现象并且给出了相应的管理学启示。

1.2　供应链与服务运作管理

供应链由直接或间接地履行顾客需求的各方组成，不仅包括制造商和供应商，还包括运输商、仓储商、零售商，甚至包括顾客本身。一个好的供应链需要完成一系列决策，如产品的营销计划与定价决策、生产库存决策及运营模式等。根据决策应用的阶段不同，供应链决策可以分为供应链设计、规划和运作，这几种决策都对供应链的收益和成功有着巨大的影响。

旅游供应链（tourism supply chain，TSC）是指由一系列直接或间接参与生产和传递旅游服务、信息、金融或其他有形或无形产品给游客的实体组成的供应链，其中主要包括个人、组织及商业企业等。作为一种在旅游业中运用供应链思想管理无形服务的服务供应链，旅游运作管理主要包括完整旅游服务项目和服务提供系统的设计，服务运营活动的计划、组织与管理，服务提供过程中对质量、成本、时间等的控制等。旅游供应链与传统的制造业供应链有很大的不同。首先，运营的基本组织方式不同，传统的制造业以产品为中心，而作为服务业的旅游业以人为中心，因而其需求具有更大的不确定性，相较于制造业，其风险更难以控制；其次，对于供需矛盾，制造业可以利用库存的方式来调节，而服务业往往很难以相同的方式调节供需矛盾，为应对市场上的需求不确定，制造业可以提前生产产品作为库存以应对无法预期的需求，而服务业无法将当前过剩的服务能力储存至高峰期使用。因此，在旅游供应链的管理中，需要考虑更多的因素，以优化其运营过程及结构。最后，供应链管理的目标应是实现供应链整体利益的最大化，但在分布式决策下，各个环节最大化自身利润就有可能使供应链整体利益无法达到最优，从而导致供应链失调，因此，管理者如何采取合适的行动以达到供应链协调也是供应链管理中比较重要的研究内容。

1.3 理论框架与研究内容

1.3.1 理论框架

本书主要从旅游供应链中需要关注的不同要素出发，从不同的角度对相关成员的决策进行研究。我们将对旅游业中的酒店、餐饮、OTA 的运营策略及他们之间的合作与竞争进行研究。本书的理论框架如图 1.1 所示。

本书主要考虑了旅游业必需的酒店、餐饮、OTA 等要素，对他们的运营决策进行了分析，并给出了实用有效的管理建议。本书主要分为五篇。其中，第一篇为旅游供应链合同管理，主要以酒店与在线销售网站、旅游运营商的合作为例，研究了旅游供应链中的合同设计与协调问题；第二篇为数字环境下的酒店定价管理，这部分主要以酒店为研究对象，研究了在线预订系统中基于市场细分的定价策略优化与酒店在线销售中的定价策略优化问题；第三篇为数字环境下的餐饮服务定价决策创新，以餐饮行业为研究对象，在竞争环境及考虑餐馆与第三方网站合作的情形下对餐馆的定价决策进行研究分析；第四篇为在线旅行社的运营能力建设创新，主要从 OTA 的在线参与度投资与动态定价两个角度分析 OTA 的运营模

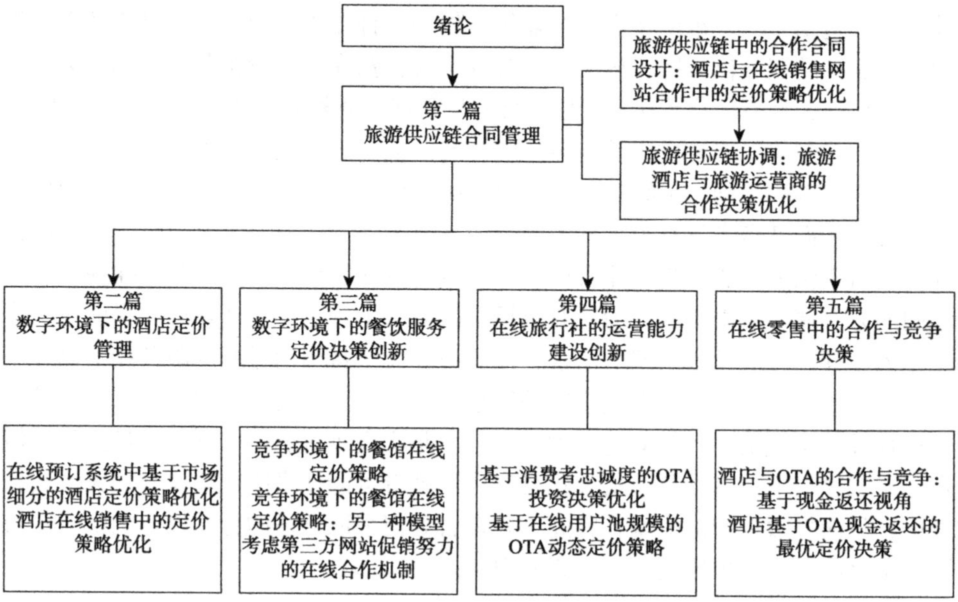

图 1.1 本书理论框架

式，给出了提高市场占有率的建议；第五篇为在线零售中的合作与竞争决策，考虑了 OTA 使用现金返还策略时，酒店与 OTA 之间的合作与竞争关系，研究了这种情况下二者的运营决策及如何对其合作与竞争进行平衡。

1.3.2 研究内容

基于以上背景，本书的研究内容主要分为五篇，分别为旅游供应链合同管理、数字环境下的酒店定价管理、数字环境下的餐饮服务定价决策创新、OTA 的运营能力建设创新、在线零售中的合作与竞争决策。每篇的具体研究内容如下。

1. 旅游供应链合同管理

在旅游供应链中，为了提高收益，旅游服务提供商往往要与分销商及其他相应公司进行合作，因此，旅游供应链成员之间如何进行合作是需要关注的问题。通过对旅游供应链成员之间的合作机制进行分析，设计合理有效的合同是本部分主要关注的内容。本部分将从两个方面对旅游供应链合同管理进行分析研究。

第一，我们考虑酒店与在线销售网站的合作合同设计问题，得到二者合作情形下酒店在其在线分销渠道上的最优定价策略。我们考虑酒店与第三方网站的合作为代理模式，通过对模型的分析，我们发现，拥有更高客房容量的酒店更有动机与第三方网站合作以更大程度地利用客房容量并获得更高的利润。此外，我们发现大多数豪华酒店通常不会对第三方网站支付最高的佣金，从而导致很多情况下豪华酒店不会在第三方网站上排在前列。

第二，我们考虑了酒店与旅游运营商合作的情形，这种合作形式一般为服务的捆绑销售。在这种情形下，我们考虑二者合作时提供豪华型与经济型两种旅行套餐，建立了 Stackelberg 模型并对模型进行了分析。我们发现由于旅游酒店的议价能力强，因此从捆绑套餐中获得的收益高于旅游运营商。同时，我们还设计了一种基于收益共享的数量折扣合同，实现了供应链协调，即在此合同下，分布式决策下的总收益与集中式决策下的总收益相同。

2. 数字环境下的酒店定价管理

互联网技术的不断发展推动了在线旅游业的发展，酒店作为旅游业中不可缺少的一部分，销售方式也逐渐从传统的线下销售转向了在线销售模式。在本部分中，我们基于在线预订系统和酒店与 OTA 合作销售两种场景，考虑酒店应该如何制定价格策略。

第一，我们基于市场细分研究了在线预订系统中酒店的最优动态定价策略。在服务业中，因为淡季未售出的服务能力并不能保存至旺季需求大于供给时使用，所以，如何充分使用服务能力是个值得关注的问题。在这个问题中，我们以在线预订的酒店客房为例，分别针对线性需求和非线性需求的情况制定了动态定价策略，并且利用数值实验对策略进行了验证。通过分析，我们发现，市场细分有利于提高服务提供商的利润，并且存在唯一的最优细分数量。

第二，我们考虑了酒店在线销售中的定价策略。主要考虑酒店通过与 OTA 合作建立在线分销渠道的情形，OTA 通过其网站推广酒店并出售酒店客房，并从酒店收取销售客房的佣金。在这种情形下，我们研究了酒店的最优定价策略，并且为酒店提供了如何选择在线合作伙伴的建议。通过博弈模型，我们得到，入住率较低的酒店更倾向与 OTA 合作以提高利润，并且更倾向通过与更多的线上客户或展示更少酒店的 OTA 合作建立在线销售渠道。

3. 数字环境下的餐饮服务定价决策创新

互联网技术的普及使得通过与第三方网站建立合作关系设立在线销售渠道成为餐饮行业重要且有效的营销策略。在这一部分中，我们考虑在线销售环境下餐饮服务业的运营模式，分析研究数字环境下餐饮服务的定价策略。主要从三个方面对这一部分进行研究分析。

首先，我们考虑在竞争环境中餐馆与第三方网站建立合作关系并提供在线折扣时的最优定价策略。通过在多个竞争性餐馆和第三方网站之间建立博弈模型并对模型进行分析，我们发现，与第三方网站建立合作关系并提供在线折扣不适用于所有餐馆，对于线下需求低于服务能力的餐馆（即线下顾客数量相对较少时），可以参与提供在线折扣。

其次，我们利用混合博弈模型对餐馆与第三方网站的合作进行分析，考虑多个餐馆之间进行纳什博弈以及这些餐馆与第三方网站之间进行 Stackelberg 博弈。分析表明，餐馆不总是为第三方网站提供价格折扣，并且仅当餐馆线下忠诚客户的数量小于某个取决于餐馆客容量的阈值时，我们才鼓励餐馆与第三方网站合作。

最后，我们考虑分析餐馆与第三方网站的在线合作机制，在这部分研究中，餐馆的关注点为是否与第三方网站建立合作关系以及如何制定在线营销策略。通过对建立的 Stackelberg 博弈模型进行分析，我们得到了餐馆的最优在线定价策略以及第三方网站的最佳服务水平。结果表明，当第三方网站的用户基数相对较低时，餐馆没有必要与其建立合作关系；对于价位较高的高级餐馆，可以提供在线折扣以提高客流量。

4. OTA 的运营能力建设创新

互联网技术的发展与普及使得顾客在作出购买决策时越来越依赖 OTA，为了增加市场占有率并且获得更高的利润，OTA 需要维持忠诚客户并且寻求新用户，所以 OTA 如何制定运营策略是值得关注的问题。在这部分中，我们从不同角度研究 OTA 的运营策略，为其运营能力建设提供建议。

第一，我们考虑客户的线上参与行为，这种行为可以提高客户对 OTA 的偏好，OTA 可以通过投资客户的在线参与来提高客户的忠诚度。我们利用博弈的方法研究了 OTA 如何制定有关激励顾客线上参与的投资决策，此外，针对最佳决策的结果，我们分析了给定在线旅游市场的博弈均衡。发现将投资用于增加在线参与度将降低整个在线旅游市场的盈利能力，但是，OTA 的在线参与投资可以提高用户的体验偏好，从而提高顾客忠诚度，这种转变为 OTA 带来了更大的收益，因此在线参与投资有利于市场发展。

第二，我们从用户规模的角度考虑了 OTA 的动态定价问题，其中，OTA 优化新顾客的入场价格，以鼓励新用户的进入。通过建立模型并对模型进行分析，我们发现用户池的大小对定价决策有一定影响。另外，我们发现最优的入场价可能低于运营成本，当用户池的大小小于盈亏平衡点时，会导致新加入的顾客产生负利润。同时，我们给出了稳定状态下用户池的大小，并且证明了用户池大小与定价决策的收敛性。

5. 在线零售中的合作与竞争决策

近年来，在在线市场上，越来越多的酒店通过与 OTA 建立合作关系来提高市场份额，但是实际上，酒店与 OTA 在合作的同时也会形成强烈的竞争关系，因此，如何在两者的合作与竞争中寻求平衡是重要且值得关注的问题。在这部分中，我们对酒店与 OTA 的合作竞争进行分析，研究二者的最优决策。

第一，通过利用博弈的方法对酒店和 OTA 组成的旅游供应链进行分析，确定酒店的单位佣金，并且研究了 OTA 的定价过程，确定了 OTA 为顾客提供的现金返还价值。此外，通过对二者的合作模式进行深入分析，我们发现，基于收益共享的数量折扣合同可以消除竞争并且使供应链实现协调。

第二，我们考虑 OTA 在使用现金返还策略情况下酒店的最优定价策略。主要研究了受到 OTA 现金返还策略影响的酒店的最优定价决策，为酒店提供实用有效的定价指导。通过建立 Stackelberg 博弈模型，给出了酒店可获得最大收益的最佳单位佣金，以及鼓励在线客户通过在线网站进行酒店预订的最优现金返还。

1.4 本书主要创新点

作为与日常生活密切相关的行业，旅游管理受到了越来越多的关注。本书运用数学模型在旅游管理方面基于不同的研究对象开展了创新性研究，具体有以下几个创新点。

首先，本书在电子商务背景下对旅游业中利益相关者的运营模式进行了阐述，能够帮助读者进一步了解生活中常用的服务，并且通过一系列数学模型从理论上对这些模式进行了分析与优化，为相应的研究对象提供了运营建议。

其次，本书从合同设计方面对旅游供应链中成员的合作机制进行了分析，通过将现实中的现象抽象到数学模型中，得到了酒店与第三方网站及 OTA 进行合作的条件，并给出了如何获取进一步收益的建议，同时设计了一种可以在这种情景下实现供应链协调的合同，以实现供应链整体的最大收益。

再次，我们在电子商务环境下对旅游供应链中各成员的决策进行了分析，分别研究了酒店、餐饮服务及 OTA 的运营决策，利用博弈模型得到了酒店与餐饮服务业的最优定价决策，并从不同的角度分析了 OTA 获取新用户的途径，给出了实用有效的建议。

最后，我们从现实出发，考虑旅游供应链上的合作与竞争关系，分析了如何对两个成员之间的合作与竞争进行权衡，从而取得更大的收益。本书考虑了 OTA 使用的现金返还策略，在此背景下，为与之合作的利益相关者提供了定价决策建议，并且对 OTA 的现金返还价值进行了分析并提供了建议。同时，本书得到了可以消除竞争且协调供应链的合同形式。

第一篇：旅游供应链合同管理

随着经济的发展与人民生活水平的提高，人们对于旅游的需求日益增长，在线规划和预订旅游的需求也越来越多。信息技术的快速发展为电子商务的发展铺平了道路，电子商务也为人们旅行、住宿消费提供了更加丰富多样的形式，为消费者在网上搜索旅游产品和购物提供了更加方便的体验。同样地，电子商务和现代旅游业的发展也为酒店和旅游运营商提供了机遇和挑战。酒店通过电子商务与第三方网站合作，建立传统分销渠道之外的直销渠道或者线上分销渠道，通过合同协调及定价决策，提高其市场份额和收入。旅游运营商也可以通过电子商务与酒店合作，推出多种旅游套餐，从而提高自身的收益。如何对旅游供应链中的合同进行设计，使酒店或者旅游经营商获得更多的收益，是一个亟待解决的问题。因此，本篇将从酒店和旅游经营商两个方面来研究旅游供应链中的合同管理问题。

第一，本书第 2 章从酒店的角度研究旅游供应链中的合作合同设计，考虑酒店与在线销售网站合作中的定价策略优化问题。酒店可以通过电子商务建立传统分销渠道之外的直销渠道，由于在线销售成本降低，酒店可以为直接购买产品的客户提供更低的零售价格，从而提高其市场份额和收入。虽然互联网提供的直接渠道有助于酒店提高市场份额和收入，也能为消费者提供更低的价格和更好的服务，但酒店建设直销渠道仍有许多困难。主要集中在两方面：其一，酒店建立直销渠道相当于增加了新的销售渠道，变成多渠道销售。在大多数情况下，多渠道的存在会导致渠道之间存在激烈的客户竞争，因此多渠道之间存在冲突。其二，直销渠道存在缺少访客、企业和公共关系复杂及交付快等因素，使得酒店很难独立经营自己的直销渠道。因此，对于酒店来说，与第三方网站合作是一个不错的选择，而且这种合作方式的重要性早已得到酒店行业的认可。

然而，酒店与第三方网站合作的成功与否取决于合作是否对双方均有利。对于酒店来说，与第三方网站合作可以提高酒店入住率，从而提高酒店的收入；对于第三方网站来说，可以通过提供便利的酒店预订服务从而获得一定的佣金收入。因此，如何制定合适的价格对酒店和第三方网站成功合作具有重要意义。由此可以看到，定价不仅是酒店管理收入的关键战略杠杆，也是建立和加强合作的重要工具。此外，虽然目前关于酒店行业的著作很多，但是关于酒店服务分销及渠道定价的研究却很少。因此，本书第 2 章研究了酒店与第三方网站的合同设计与定价问题，为旅游供应链中的酒店和在线网站的合作发展提供一定的建议。

第二，本书第 3 章主要关注旅游供应链中旅游酒店与旅游运营商的合作决策优化问题。旅游组织通常与其他实体，如供应商、经销商、竞争对手、公共组织、政府和其他开展互补活动的公司有着密切的关系。其中，有些关系是相对琐碎的，而另一些关系中则有最重要的参与者。例如，与其他组织建立合作关系越来越被认为是组织绩效和生存的关键因素。激烈的竞争迫使企业与供应链中的其他组织合作，以提高敏捷性、灵活性和市场绩效。随着行业的发展，旅游企业也越来越意识到合作的重要性：一方面，旅游套餐（如交通、住宿和观光）的多维度和多样性需要企业间的合作；另一方面，在供应链中与竞争对手、供应商、客户或公司合作是企业生存和可持续发展的必要条件。

以往关于供应链管理的文献多集中于制造业，对服务业的关注较少，其中基于数学方法进行旅游问题的研究更是凤毛麟角。在酒店行业，组织间的合作越来越被认为是组织绩效和生存的关键因素。在这一框架下，酒店越来越多地与其他组织，如旅游运营商、汽车租赁机构、供应商、其他酒店和航空公司结成永久联盟。尽管如此，关于酒店与旅游运营商之间的盈利业务关系的学术研究仍然有限，对于酒店和旅游运营商之间的合作及其效率的研究还没有得到足够的重视。因此，本章尝试研究旅游运营商通过与旅游酒店合作所提供的旅游套餐的最优定价策略，以及它们之间的合作与竞争关系的协调问题。

综上，在此后的两章，本书将从建模的角度分别研究旅游酒店与第三方网站的合同设计与定价策略、酒店与旅游经营商之间的合同设计及定价决策问题，并采用一定的数值模拟分析，为旅游供应链的合同管理问题提供一定的建议和启示。

第 2 章　旅游供应链中的合作合同设计：酒店与在线销售网站合作中的定价策略优化

本章的目的是在与第三方网站合作的场景下，为旅游酒店在运营在线分销渠道时寻求最优的定价策略。当所有参与者都集成为一个系统时，本章首先给出了最优的集中式解决方案，然后通过酒店与网站之间的 Stackelberg 博弈构成的非合作博弈模型以及酒店与酒店间的纳什博弈，在分布式场景下得出了最优的分布式解决方案。并且通过一个数值算例，本章分析了酒店、第三方网站等参与者的决策过程，为服务提供商成功经营合作关系提供一些有益的建议。本章的主要研究内容安排如下：2.1 节对研究背景和研究动机进行描述，并且对合作机制进行综述和回顾；2.2 节给出本章研究的问题，介绍需要的一些重要参数，并且建立酒店与在线销售网站的合作模型；2.3 节对酒店与在线销售网站合作中的决策进行分析；2.4 节对供应链合同的效果进行数值模拟；2.5 节对本章研究内容进行总结与回顾，为旅游供应链合同设计提出相关的建议和启示。

2.1　研究背景与科学问题

2.1.1　研究背景及动机

随着电子商务的发展，商业模式和营销模式已经渗透到各个行业。一方面，为了降低营销成本，提高收入，越来越多的传统供应商开始建立互联网渠道，直接向客户销售产品或服务。另一方面，作为零售商，以 Bloomingdale's、Best Buy 等为例，他们利用网络渠道来满足那些喜欢网上购物的消费者的需求。例如，为了提高运营效率，方便服务游客，航空业提供了网络服务，游客可以通过网络搜索所有可用的航班信息，随时在线预订。

面对激烈的竞争和不断提高的在线预订需求，酒店行业也开始转向网络渠道。然而，与传统行业不同的是，大多数酒店并不知名（Bastakis et al.，2004），因此他们寻求与著名的第三方网站合作，如 OTA，包括 Expedia（http://www.expedia.com）、携程（http://www.ctrip.com/）、瑞士旅业（http://www.kuoni.com/）等，或者某个拥有大量访问者的网站，并且他们的客户购买了该网站的服务，可以给该网站提供一些评论，如中国的大众点评网（http://www.dianping.com/）。

供应商和网站之间的合作机制是多种多样的（Clemons et al.，2002），其中最著名的两种模式是代理模式和批发模式。例如，Target（www.target.com）和 Amazon.com（www.amazon.com）之间的合作是代理模式：Target（即供应商）决定其产品在 Amazon.com 上的价格，并向 Amazon.com（即零售商）支付在那里销售的每一件产品的佣金。批发模式则是零售商从供应商处采购后自行决定产品的销售价格，在旅游和酒店行业的合作中，由于网上的信息可以方便地搜索和确认，所以由服务提供商直接定价的代理模式更加普遍，而在不同在线分销渠道（如服务提供商自己的网站和 OTA 的网站）具有不同零售价格的批发模式则很难实施。

在本章的旅游酒店与第三方网站的代理模式中，酒店作为代理主体，决定愿意支付给代理网站的佣金；然后网站决定会为每个酒店付出多少努力，包括但不限于网页上的排名位置、图片与视频展示等会直接影响客房销售的因素。对于这种合作关系，本章试图探索以下问题：①旅游酒店与第三方网站合作的均衡点是什么？②一个酒店是如何在考虑自己利润和其他酒店行为的情况下作出最优决策的？③与集中式场景相比，基于代理模式的合作在总收益方面是否效率低下？为什么？

2.1.2 主要结论

虽然在实践中旅游酒店的线上分销渠道可以多种形式运作，但本章采用的是通过与第三方网站合作的代理模式。在合作协议下，酒店通过网站销售的每一间酒店客房，都会向合作网站提供佣金。然后网站根据佣金来确定相应酒店的努力程度，而努力程度会直接影响酒店客房的销售，从而影响其利润。第三方网站则根据各个酒店所提供的佣金来最大化自己的利润。

因此，对于合作情况下的酒店来说，有两个“来源”的消费者：传统游客和网站消费者。酒店的传统游客是指那些了解酒店，总是直接从酒店预订客房的人，无论是否存在（酒店与第三方网站之间的）合作，他们总是从酒店直接预订客房。也就是说，传统游客对相应的酒店是忠诚的。网站消费者指从第三方网站获取酒店信息，在网站的合作酒店中选择自己喜欢的酒店，然后通过网站进行预订。

本章通过一个混合博弈模型，证明了酒店与第三方网站作为集成决策者进行集中决策时，旅游供应链中存在一个能够获得最大利润的最优解决方案。以这种集中式模型为基准，本章分析了分布式情景下参与者的决策行为，并解释了酒店是如何考虑自己的利润和其他酒店的行为作出决策的，并展示了网站如何根据最大利润和有限努力能力来确定为每个酒店付出的努力水平。结果表明，客房利用率高、平均房价高的酒店更有动机与第三方网站建立合作关系，以最大限度地利用自己的客房容量，进而获得更多的利润。此外，研究结果表明，最高的佣金通常不是由豪华酒店提供的，因为豪华酒店的可用容量往往很小，他们没有动机从网站上寻求高水平的努力。这就是最昂贵的酒店并不总是在 OTA 网站上排名第一的原因。此外，酒店获得的最优努力水平对可用容量比对佣金更敏感。这说明，对于容量大、入住率低的酒店，网站更倾向于提供在线分销服务，并给予他们一个较高的努力水平。

2.2　酒店与在线销售网站的合作模型描述

为了提高入住率和利润，酒店会与第三方网站（如 OTA）合作。本章提出了一个由 n 个酒店和一个第三方网站组成的服务供应链，酒店之间相互独立，网站为酒店提供在线分销服务。我们用下标 w 表示网站，用下标 i 表示酒店，$i=1,2,\cdots,n$。

有容量为 C_i 的酒店 i 以标准房价 p_i 出售客房。在不影响本章结论的情况下，我们进一步假设 C_i 个客房是相同的，一个客房容纳一个客户。酒店 i 的固定成本为 F_i，每个被占用客房的每日变动成本为 v_i。此外，我们令 $v_i=0$，这对我们的模型的结果没有影响。

2.2.1　合同与需求

在这个场景下，在酒店与第三方网站的合作关系中，网站向客户提供与酒店自己的网站相同的价格，并从酒店获得销售提成。此外，网站将决定其对酒店的努力程度，包括但不限于酒店在其网页上的排名位置、高评价、酒店的图片和视频等，这些因素可能会增加酒店的需求。

我们将酒店 i 的客房的总需求表示为 D_i，由传统消费者和网站消费者组成。它服从概率密度函数为 $f_i(D_i)$ 和累积分布函数为 $F_i(D_i)$ 的连续分布。在这些消费者中，有 α_i 比例的用户是酒店的忠实用户，他们通过酒店的传统分销渠道（如电话、亲自到酒店或通过酒店自己的网站）预订酒店客房；而 $(1-\alpha_i)$ 的人会转向第三方网站寻求更划算的住宿或者更多样化的服务套餐，也就是说，这部分顾客可能会通过合作网站购买另一家酒店。因此，酒店 i 的传统需求为 $\alpha_i D_i$，通过网站预订的 n 个酒店的总潜在需求为 $\sum_{i=1}^{n}(1-\alpha_i)D_i$。需求的具体信息如图 2.1 所示。

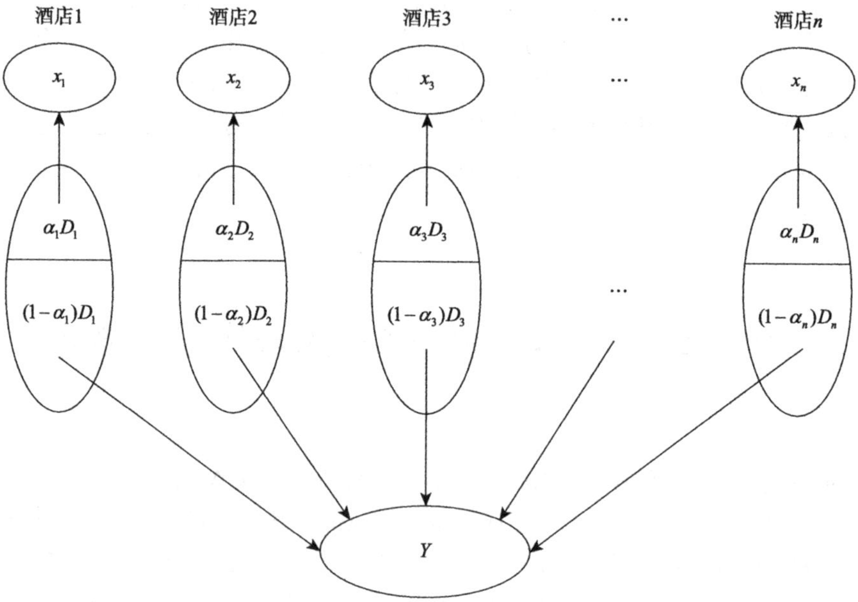

图 2.1　酒店和第三方网站的需求

为方便表达，我们用 $x_i=\alpha_i D_i$ 表示酒店 i 的传统需求，其概率密度函数为 $h_i(x_i)=f_i(x_i/\alpha_i)$，累积分布函数为 $H_i(x_i)=F_i(x_i/\alpha_i)$，均值为 μ_i；$Y=\sum_{i=1}^{n}(1-\alpha_i)D_i$ 表示通过网站预订的总的潜在需求，其概率密度函数为 $g(Y)$，累积分布函数为 $G(Y)$，均值为 $\sum_{i=1}^{n}\mu_i(1-\alpha_i)/\alpha_i$。已知 n 个酒店的需求分布时，可以得到 $g(Y)$ 和 $G(Y)$。例如，假设所有酒店的分布都是不同参数下的正态分布，即 $D_i\sim N(a_i,\delta_i^2)$，酒店 i 的传统需求服从正态分布 $x_i\sim N(\alpha_i a_i,\alpha_i^2\delta_i^2)$，第三方网站的需求服从

$Y \sim N\left(\sum_{i=1}^{n}(1-\alpha_i)a_i, \sum_{i=1}^{n}(1-\alpha_i)^2\delta_i^2\right)$的正态分布。

在合作中，对于通过第三方网站售出的每一间房，酒店i为网站提供佣金ω_i。网站在了解了n个酒店的佣金后，根据酒店的佣金来决定为各酒店提供的努力程度，β_i。在本章中，我们用消费者的比例或消费者选择酒店i并进行预订的概率来表示努力水平。换句话说，当网站为酒店i提供β_i程度的努力水平时，就意味着有$\beta_i Y$的网站消费者从第三方网站预订酒店i的客房，假设第三方网站的总努力能力为 1，固定成本为W。

网站对酒店的努力水平的确定可能包括几个方面，如酒店的排名位置、高分的正面评价、图片和视频展示等。首先，众所周知，如果酒店的信息被放在第一个网页的顶部，更有可能产生销售；相反，如果酒店被放在网页的底部，就不太可能产生销售，因为大多数消费者是从网页顶部阅读酒店信息的。其次，在 B2C（business to customer，企业对消费者）电子商务提供的虚拟市场上，产品的评价对销售有很大的影响（Anderson，1998；Hennig-Thurau et al.，2004；Chevalier and Mayzlin，2006）。因此，第三方网站可以通过提供较高的正面评价来提高支付可观佣金的酒店的销售额。再次，酒店的图片和视频展示可以增加消费者对酒店的了解，减少消费者对酒店设施、环境甚至安全等不确定性的担忧。因此，有详细图片和视频展示的酒店可能会比其他酒店获得更多的消费者。最后，但也非常重要的一个方面，服务套餐是影响第三方网站客房销售的另一个重要策略（Delgado-Ballester and Hernández-Espallardo，2008；Kim et al.，2008；Chiam et al.，2009）。例如，在实践中，知名 OTA Expedia（http://www.expedia.com）为其消费者提供旅行套餐如“机票+酒店”、“酒店+车票”和“机票+酒店+车票”等来满足他们多样化的需求。此外，它还为在酒店附近旅游或购物的消费者提供一些折扣选择。

通过对上述策略的适当运营和组合，网站可以在能力约束$\left(\sum_{i=1}^{n}\beta_i \leqslant 1\right)$下确定为酒店提供的最优努力水平。而且，在这次合作的博弈关系中，酒店通过提供最优的佣金来争夺第三方网站的最优努力水平，也就是说，这是$(n+1)$个参与者之间的一场混合博弈。

2.2.2　预期的消费者数量和利润

在与第三方网站合作的情况下，酒店i有两种消费者：一种是忠于酒店传统分销渠道的传统游客，另一种是通过第三方网站获取酒店信息并预订客房的消费者。为了在下面的讨论中简化消费者类别，我们使用t型游客（传统游客）和w

型游客（从第三方网站获取信息并预订的游客）来呈现这两类消费者。

在与第三方网站合作的情况下，酒店i的 t 型游客数量服从概率密度函数为$h_i(x_i)$、平均值$\mu_i < C_i$的分布。由于传统游客的需求和支付给网站的佣金，酒店倾向于保留一部分客房来满足传统游客的需求。在我们的模型中，我们假设酒店i为t型游客保留μ_i数量的客房。换句话说，酒店i给第三方网站提供了上界数量为$(C_i - \mu_i)$的w型游客客房。

每个售出的客房都有佣金ω_i，网站通过调整位置排名、媒体展示和服务捆绑等来决定提供给酒店i的努力水平β_i。因此，酒店i的w型游客的预期数量为

$$y_i = \int_0^{(C_i-\mu_i)/\beta_i} \beta_i Y g(Y)\mathrm{d}Y + \int_{(C_i-\mu_i)/\beta_i}^{\infty} (C_i - \mu_i) g(Y)\mathrm{d}Y = C_i - \mu_i - \beta_i \int_0^{(C_i-\mu_i)/\beta_i} G(Y)\mathrm{d}Y \tag{2.1}$$

通过合作，酒店将会获得更多消费者，酒店的入住率将会提高，然而，他们会面临这样一个问题：如果消费者的总量（包括t型游客和w型游客）超过了他们的能力，应该拒绝为多余的消费者服务，这是客户关系管理和收益管理之间的管理冲突（Wang，2012）。为了能够长期成功经营合作关系，酒店会选择合作关系而不是直接收益，在w型游客数量在酒店客房容量范围内的情况下，优先为w型游客办理入住手续。因此，当消费者总人数低于酒店的容量时，最终有$\int_0^{C_i-y_i} x h_i(x)\mathrm{d}x$名$t$型游客入住酒店$i$；否则为$\int_{C_i-y_i}^{\infty}(C_i - y_i)h_i(x)\mathrm{d}x$。因此，酒店$i$的$t$型游客的期望数量为

$$x_i = \int_0^{C_i-y_i} x h_i(x)\mathrm{d}x + \int_{C_i-y_i}^{\infty} (C_i - y_i) h_i(x)\mathrm{d}x = C_i - y_i - \int_0^{C_i-y_i} H_i(x)\mathrm{d}x \tag{2.2}$$

其中，y_i如式（2.1）所示。

根据不同消费者的预期数量，可以得到酒店和合作的第三方网站的预期利润分别如下：

$$\pi_i = p_i(x_i + y_i) - \omega_i y_i - F_i = p_i C_i - F_i - p_i \int_0^{C_i-y_i} H_i(x)\mathrm{d}x - \omega_i y_i$$

$$\pi_w = \sum_{i=1}^{n} \omega_i y_i - W$$

其中，$y_i = C_i - \mu_i - \beta_i \int_0^{(C_i-\mu_i)/\beta_i} G(Y)\mathrm{d}Y$。

本章旨在探索旅游酒店（the Principals）与第三方网站（the Agent）之间的代理合作模式。根据到目前为止我们所提出的假设，事件的顺序如下：首先，酒店为网站提供“接受或不接受”的合同，条款包括每销售一间客房的佣金和能够提供给w型游客的客房容量；然后，网站接受或拒绝合同；其次，如果网站接受合

同，则根据其利润最大化目标确定为各酒店提供的努力水平；然后，酒店和网站分别接受各类消费者的预订；最后，成功预订客房的顾客入住酒店，享受酒店的服务，网站根据酒店的合同获得佣金奖励。

2.3　决策分析

酒店与第三方网站构成以酒店为领导者、第三方网站为跟随者的 Stackelberg 博弈，同时各酒店之间又构成地位等同的纳什博弈模型，各酒店决定佣金价格，从网站上获得最优努力水平。在本节中，我们将分析每个参与者如何根据其他参与者的行为作出最大化自己利润的决定。我们首先提出一个基准模型，在这个模型中，网站和酒店被整合为一个单一的决策者（集中式的场景），然后展示分布式场景的情况，在这个场景中，参与者作出他们的独立决策。

2.3.1　集中式决策

在集中式决策场景中，所有的参与者作为一个集成的整体作出决策，以使整体的利润最大化。我们将此作为基准案例，这种情况通常会提供理论上的最优解决方案。该研究问题为

$$\max_{\beta_i} \Pi = \pi_w + \sum_{i=1}^{n} \pi_i = \sum_{i=1}^{n} \left(p_i C_i - F_i - p_i \int_0^{C_i - y_i} H_i(x)\mathrm{d}x \right) - W \tag{2.3}$$

$$\text{s.t.} \quad y_i = C_i - \mu_i - \beta_i \int_0^{(C_i-\mu_i)/\beta_i} G(Y)\mathrm{d}Y \quad \forall i \tag{2.4}$$

$$\sum_{i=1}^{n} \beta_i \leqslant 1 \tag{2.5}$$

$$\beta_i \geqslant 0 \quad \forall i$$

为了使集中式供应链的总利润最大，决策者需要将努力分配到每个酒店。因此，该模型可以看作一个资源分配的优化问题，其中资源受到式（2.5）的约束。为求出最优解，令 θ 为与式（2.5）相关的拉格朗日乘子，即资源约束。由于方程（2.3）关于 β_i 的二阶导数为负，目标函数在努力水平上是凹的。我们用上标 FB 表示从集中式决策方案中得到的最优解，用上标 SB 表示从分布式决策方案中得到的最优解。由一阶导数条件，我们可以得到合作的最优解如下。

命题 2.1　在集中式场景中，酒店与网站作为一个集成系统时，酒店 i 获得的

最优努力水平是唯一的，如下所示：

$$\beta_i^{\mathrm{FB}}(\theta)=\arg_{\beta_i}\left\{H_i\left(\mu_i+\beta_i\int_0^{(C_i-\mu_i)/\beta_i}G(Y)\mathrm{d}Y\right)\int_0^{(C_i-\mu_i)/\beta_i}\left(G\left(\left(C_i-\mu_i\right)/\beta_i\right)-G(Y)\right)\mathrm{d}Y=\theta/p_i\right\} \tag{2.6}$$

$$\sum_{i=1}^{n}\beta_i^{\mathrm{FB}}(\theta)=1$$

虽然方程（2.6）不能得到理论上的闭合解，但根据命题 2.1 我们可以得到 $\partial\beta_i^{\mathrm{FB}}/\partial p_i>0$，$\partial\beta_i^{\mathrm{FB}}/\partial C_i>0$ 和 $\partial\beta_i^{\mathrm{FB}}/\partial\mu_i<0$。这意味着，当其他酒店的参数固定时，酒店 i 获得的最优努力水平随着其平均房价和客房容量的增加而增加，但随着 t 型游客的期望数量的增加而减少。这个结论背后的管理学意义是：在集中式决策的情况下，具有高房价和充足空余客房的酒店将从网站上获得高水平的努力，而那些客房价格低、分配给 w 型游客的空余客房不足的酒店，在网站上将会受到较少的关注。

2.3.2　分布式决策：在线网站

与集中式情景不同，分布式情景中的 $n+1$ 个参与者在合作框架下分别作出使自己的预期利润最大化的决策。本小节首先分析第三方网站的最优响应，然后在后面小节中给出酒店的纳什均衡。

在给定佣金 ω_i，$i=1,2,\cdots,n$ 的情况下，网站根据努力能力来决定每个酒店的最优努力分配，以使其预期利润最大化。因此，网站的决策模型为

$$\max_{\beta_i}\pi_w=\sum_{i=1}^{n}\omega_i y_i-W \tag{2.7}$$

$$\text{s.t.}\quad y_i=C_i-\mu_i-\beta_i\int_0^{(C_i-\mu_i)/\beta_i}G(Y)\mathrm{d}Y\quad\forall i \tag{2.8}$$

$$\sum_{i=1}^{n}\beta_i\leqslant 1 \tag{2.9}$$

$$\beta_i\geqslant 0\quad\forall i$$

由于目标函数关于 β_i 的二阶导数是负的，方程（2.7）是一个关于 β_i 的凹函数，并且存在唯一的最优解来最大化利润。通过一阶条件可以得到第三方网站对给定佣金的酒店的最优响应。

命题 2.2　在酒店提供的佣金给定的情况下，网站存在一个唯一的最优努力分配方案来实现利润最大化。具体来说，酒店 i 获得的努力水平为

$$\beta_i^*(\theta)=\arg_{\beta_i}\left\{\int_0^{(C_i-\mu_i)/\beta_i}\left(G\left((C_i-\mu_i)/\beta_i\right)-G(Y)\right)\mathrm{d}Y=\theta/\omega_i\right\} \quad (2.10)$$

$$\sum_{i=1}^{n}\beta_i^*(\theta)=1 \quad (2.11)$$

根据命题 2.2，我们可以得到如下推论：

推论 2.1　$\partial\beta_i^*/\partial\omega_i>0$，$\partial\beta_i^*/\partial(C_i-\mu_i)>0$。

推论 2.1 解释了网站如何对酒店的合同条款做出最佳反应。以酒店 i 为例，假设其他酒店的参数都是固定的，如果酒店 i 增加佣金提成 ω_i，网站就会从酒店客房的销售中获得更多的利润，这就促使网站为酒店 i 付出更多的努力来吸引消费者的注意。同时，如果酒店 i 对 w 型游客的可用容量增加，则边际努力成本会降低。这样，网站就会把其他酒店的一些努力转移给酒店 i，从而获得更多的利润。

2.3.3　分布式决策：酒店

由于知道第三方网站将根据式（2.10）和式（2.11）选择努力水平 β_i 来响应其佣金，酒店 i 将通过如下模型来确定其对网站的最优佣金。

$$\max_{\omega_i}\pi_i=p_iC_i-F_i-p_i\int_0^{C_i-y_i}H_i(x)\mathrm{d}x-\omega_i y_i$$

$$\text{s.t.}\quad \int_0^{(C_i-\mu_i)/\beta_i}\left(G\left((C_i-\mu_i)/\beta_i\right)-G(Y)\right)\mathrm{d}Y=\theta/\omega_i \quad \forall i$$

$$y_i=C_i-\mu_i-\beta_i\int_0^{(C_i-\mu_i)/\beta_i}G(Y)\mathrm{d}Y \quad \forall i$$

$$\sum_{i=1}^{n}\beta_i(\theta)=1$$

通过对目标函数的分析，我们可以发现酒店的问题并不是独立于其他酒店的；这是一个所有酒店都参与其中的纳什博弈。

假设其他酒店的行为是确定的，酒店 i 可以根据其利润函数的一阶条件决定其佣金。此外，由于二阶导数为负，因此酒店 i 的最优决策是唯一的。

将酒店的问题转化为关于 β_i 的函数，而不是关于 ω_i 的函数，更容易得到均衡解。具体如下：

$$\max_{\beta_i}\pi_i=p_iC_i-F_i-p_i\int_0^{C_i-y_i}H_i(x)\mathrm{d}x-\omega_i y_i \quad (2.12)$$

其中，$\omega_i=\theta\Big/\int_0^{(C_i-\mu_i)/\beta_i}\left(G\left((C_i-\mu_i)/\beta_i\right)-G(Y)\right)\mathrm{d}Y$，$y_i=C_i-\mu_i-\beta_i\int_0^{(C_i-\mu_i)/\beta_i}G(Y)\mathrm{d}Y$

且$\sum_{i=1}^{n}\beta_i(\theta)=1$。

从目前所提出的讨论来看，我们可以得到以下命题。

命题 2.3　函数（2.12）的最优解如下：

$$\beta_i^{\rm SB}(\theta)=\arg_{\beta_i}\left\{\frac{H_i(C_i-y_i)\beta_i^3\left(\int_0^{(C_i-\mu_i)/\beta_i}\left(G\left((C_i-\mu_i)/\beta_i\right)-G(Y)\right)\mathrm{d}Y\right)^3}{\beta_i^3\left(\int_0^{(C_i-\mu_i)/\beta_i}\left(G\left((C_i-\mu_i)/\beta_i\right)-G(Y)\right)\mathrm{d}Y\right)^2+y_i(C_i-\mu_i)^2 g\left((C_i-\mu_i)/\beta_i\right)}=\frac{\theta}{p_i}\right\},$$

并且$\sum_{i=1}^{n}\beta_i^{\rm SB}(\theta)=1$，其中，$y_i=C_i-\mu_i-\beta_i\int_0^{(C_i-\mu_i)/\beta_i}G(Y)\mathrm{d}Y$。

命题 2.3 揭示了酒店博弈的纳什均衡。具体来说，酒店i提供给网站的相应最优佣金可以根据$\omega_i^{\rm SB}=\theta\Big/\int_0^{(C_i-\mu_i)/\beta_i^{\rm SB}}\left(G\left((C_i-\mu_i)/\beta_i^{\rm SB}\right)-G(Y)\right)\mathrm{d}Y$得出。

到目前为止，我们已经证明了均衡解的存在性和唯一性。然而，命题 2.3 不能为我们提供方程的闭合解$\beta_i^{\rm SB}$和$\omega_i^{\rm SB}$，为了克服这个困难以得到更多的管理启示，我们将在下一节中利用数值模拟进行分析。

2.4　供应链合同效果的数值模拟

在本节中，我们考虑由一个第三方网站和两家酒店组成的服务供应链进行数值分析，假设各酒店的客房需求服从泊松分布。数值算例可以验证我们在前面章节中所得出的结论，并展示相关结论如何在实践中为旅游供应链中的战略规划和合作合同谈判提供建议。

在不影响结果的情况下，为了方便起见，本章将每个酒店的客房需求的泊松分布归一化为具有相同的平均值和方差的正态分布（Zipkin，2000；Kim S H et al.，2007）。假设有 30%的消费者（即$\alpha_i=30\%$，$i=1,2,\cdots,n$）忠诚于相应的酒店，那么总消费者的 70%则选择从第三方网站预订酒店。因此，根据 2.3 节给出的模型描述，酒店和第三方网站的参数如表 2.1 所示。

表 2.1　酒店和第三方网站的相关参数

参与者	C_i	p_i	μ_i	F_i	Λ	W
酒店 1	150	100	40	2 500		
酒店 2	200	150	60	6 000		

续表

参与者	C_i	p_i	μ_i	F_i	Λ	W
网站					233	0

注：C_i 表示酒店 i 的客房容量；p_i 表示酒店 i 的平均房价；μ_i 表示酒店 i 的 t 型游客的均值；F_i 表示酒店 i 的固定成本；Λ 表示第三方网站上潜在消费者的均值；W 表示网站的固定运营成本，我们假设其为零，这对管理启示没有影响

2.4.1 基础算例

基于以上参数，通过 Wolfram Mathematica 进行仿真，可以计算出各酒店提供给第三方网站的最优佣金和网站的最优努力水平。集中式决策场景和分布式决策场景下的最优解，如表 2.2 所示。

表 2.2　不同情况下的最优合同条款和利润

解决方案的类型	ω_1	ω_2	β_1	β_2	π_1	π_2	π_w	Π
集中式最优解	—	—	42.41%	57.59%	—	—	—	33 921.3
分布式最优解	14.82	16.36	43.48%	56.52%	10 019.7	20 267.9	3 605.1	33 892.7

注：ω_i 表示酒店 i 向第三方网站提供的佣金；β_i 表示酒店获得的努力水平；π_i 表示酒店 i 的利润；π_w 表示第三方网站的利润；Π 表示整个供应链的总利润

表 2.2 的结果表明，在集中式和分布式情境下，网站分配给酒店的最优努力水平没有显著差异（约 1%）。在集中式场景下，确定酒店的最优努力水平是一个优化问题，可以根据酒店的平均客房价格和可用客房数来得到。在分布式场景下，第三方网站也面临着类似的问题，唯一的区别是酒店提供的佣金取代了平均房价。因此，各酒店在一个纳什博弈的场景中通过给网站提供适当的佣金来获得期望的努力水平。

此外，本章的分布式合作合同表现得近乎完美。从表 2.2 的结果可以看出，在分布式供应链系统中，虽然存在双重边际化，但从总利润来看，合作合同的边际化效应非常小（集中式决策场景下整体利润的 0.08%）。

2.4.2 灵敏度分析

在本小节中，我们将分析一些参数对酒店及第三方网站决策和利润的影响。根据表 2.1 中的设置，图 2.2 展示了客房平均价格对结果的影响；同时，图 2.3 展示了酒店的客房容量如何影响参与者的决策和利润；最后，分析传统游客数量对结果的影响，具体如图 2.4 所示。考虑到酒店在纳什博弈模型中所起的作用相同，

它们对最优决策的影响相似，我们对酒店 1 的参数进行了灵敏度分析，并讨论这两家酒店和第三方网站对决策的影响。

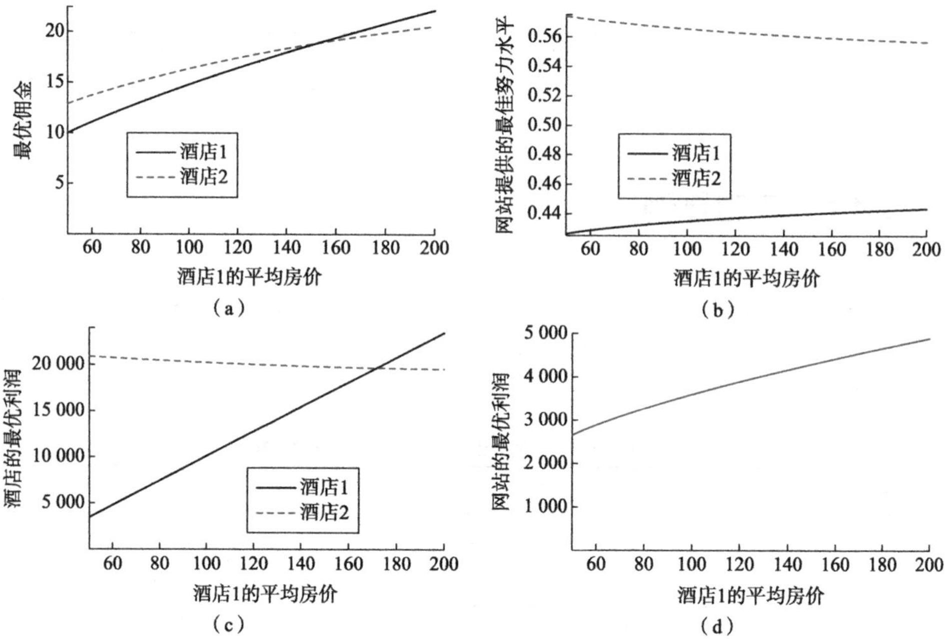

图 2.2 酒店 1 的平均房价对结果的影响

从图 2.2 可以看出，酒店提供给第三方网站的最优佣金都随着酒店 1 的平均房价增加。此外，酒店 1 的决策比酒店 2 的决策更加敏感。酒店 1 会主动地从网站上寻求高的努力水平，因为随着平均房价的上升，销售客房有更多的利润空间。面对来自两家酒店不断增加的佣金，网站将调整在两家酒店之间的努力分配。在利润最大化的驱动下，网站将为酒店 1 提供一个不断增加的努力水平，因为它的佣金比酒店 2 增加得更为显著。因此，当酒店的平均房价上升时，网站将从合作中获得越来越多的利润。通过提供越来越高的佣金，酒店 1 获得的努力程度越来越高，来自第三方网站的 w 型游客也越来越多，随着平均房价的提高，利润也越来越丰厚。然而对酒店 2 来说，由于提供给第三方网站的佣金增加，但从第三方网站获得的努力程度降低，酒店 2 的利润将随竞争对手平均房价的增加而下降。

另外，从图 2.2 中还可以发现，虽然酒店 1 在平均房价高于 150 的情况下向第三方网站提供的佣金比酒店 2 多，但是酒店 1 从第三方网站处获得的努力水平仍然比酒店 2 低。这些结果表明：①客房容量大的酒店并不总是提供较高的佣金；②提供较高佣金的酒店并不总能获得较高的努力水平。这是因为，一方面，

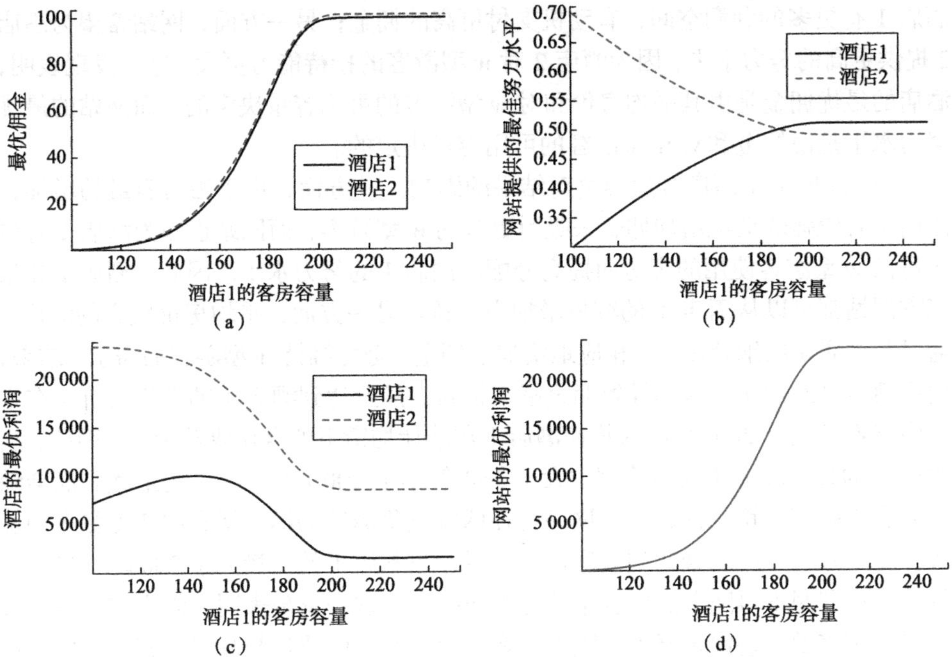

图 2.3　酒店 1 的客房容量对结果的影响

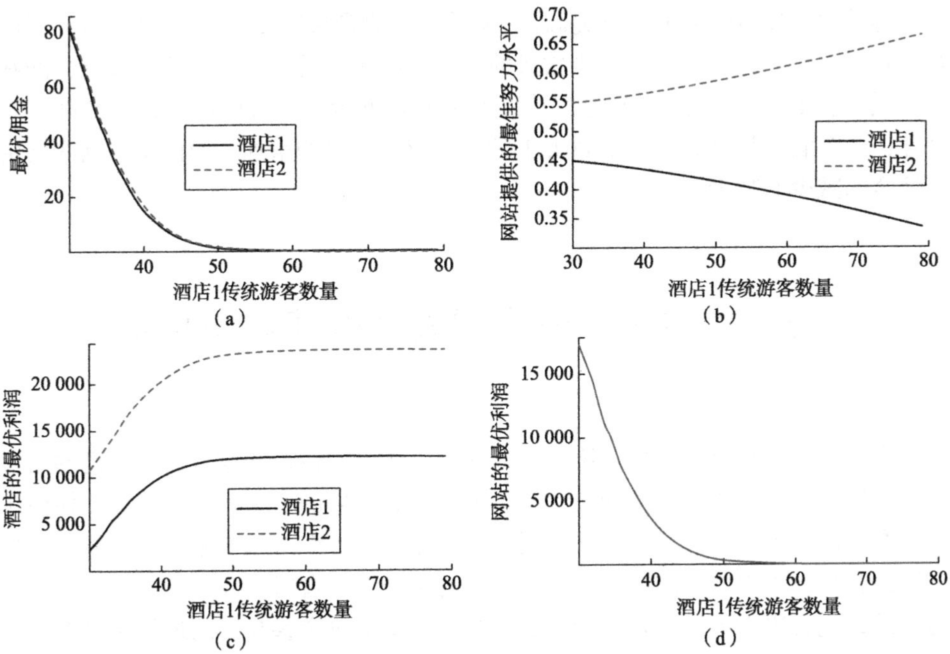

图 2.4　酒店 1 传统游客数量对结果的影响

酒店 1 有更多的利润空间，有动机支付更高的佣金；另一方面，网站希望为酒店 2 提供更高的努力水平，因为酒店 2 对 w 型游客的接待能力更大。这一发现表明，酒店的最优佣金是由其平均房价和对 w 型游客的可用容量决定的，而网站的最优努力水平是由佣金和对 w 型游客的可用容量决定的。

图 2.3 展示了酒店客房容量对结果的影响。一方面，由于酒店容量的增加，酒店 1 有较强的动机增加佣金来吸引更多的 w 型游客，而网站也因为酒店 1 有更多可供 w 型游客使用的客房而提高分配给酒店 1 的努力水平。因此，酒店 1 和第三方网站都可以从酒店 1 的容量增加中获益。另一方面，平均房价较高的酒店 2 通过与酒店 1 的纳什博弈，相应地增加了佣金，努力维持 w 型游客的需求。结果，两家酒店之间的相互博弈导致佣金越来越高，甚至达到酒店 1 的平均房价（在本例中当容量大于 200 时），这将使酒店 1 在纳什均衡下的合作收益为零。因此，当酒店 1 的容量较大（在本算例中大于 150 但小于 200）时，酒店的最优利润会随着酒店 1 的容量增加而减少，网站会在两家竞争酒店的纳什博弈中获得更多的优势，直到酒店 1 的佣金达到其房价。然后，当酒店 1 的容量大于 200 时，参与者的决策和利润不再随着酒店容量的增加而改变。这一发现表明，酒店在入住率较低时，应该做一些销售努力来吸引游客；而网站则应通过与高客房容量、低入住率的酒店合作，获得更高的收益。

酒店 1 的 t 型游客数量对酒店和在线网站收益的影响如图 2.4 所示。与酒店 1 客房容量的增加对结果的影响类似，t 型游客的数量将直接影响 w 型游客的可用客房容量。因此，随着 t 型游客数量的增加，酒店向网站提供的佣金降低，网站将降低酒店 1 的努力等级，并将其转移到对于 w 型游客的可用容量更大的酒店 2。因此，两个酒店都将会受益于酒店 1 的 t 型游客数量的增加，而网站的利润会由于佣金的减少而减少。

2.5　旅游供应链合同设计的建议与启示

本章研究的是旅游酒店与第三方网站的合作合同设计与定价策略。网站通过在线销售预订，收取酒店的佣金，并决定为酒店提供的努力程度的高低（如酒店信息在其网页上的排名、客户评价、图片和视频展示等），以有限的努力能力实现利润最大化。当酒店和网站作为一个整合的单个参与者时，我们给出了集中式情境下的最优解决方案，并且也给出了分布式场景下每个参与者的最优解决方案和行为决策。

从直观上来看，酒店的最佳佣金会随着酒店客房容量的增加而增加。然而，通过本章的分析和数值研究，我们发现最优佣金不仅取决于酒店的客房容量，还取决于平均房价和 t 型游客的预期数量。这一发现给酒店管理者提供了一个启示，酒店管理者应该考虑平均房价和 w 型游客的可用容量（即 w 型游客的期望需求）来决定合作网站的佣金。

第三方网站根据佣金和合作酒店提供的可用容量来决定努力水平。研究结果显示，网站更倾向于与高容量、低入住率的酒店合作，即使收取较低的佣金，也会提供较高的努力水平（图 2.3）。同时，从数值研究中可以发现，本章所提出的合作合同在分布式场景下能够提供较好的运营结果。虽然在分布式的情况下存在双重边际化效应，但运营绩效仍保持在较高水平（与集中式决策相比，绩效仅损失 0.08%），这意味着渠道协调在该场景中并非必要机制。

最后，本章虽然取得了一定的研究成果，但还存在一些不足。本章的模型受到一定范围的限制，未来可以扩展到一些有趣的、更深层次的研究上。首先，我们假设所有的酒店客房都是同质的，游客的选择是由网站通过网站的努力诱导的。如果游客对酒店的需求既取决于网站的努力程度，也取决于酒店的属性（如地理位置、交通便利等），那么酒店的定价政策和网站的反应将如何确定？此扩展可能需要对酒店属性的需求函数进行额外的假设。其次，该模型可以扩展到参与者信息不可见的场景，变成一个不对称信息博弈。再次，在酒店行业，临时取消预订和未入住的现象非常普遍，因此，可以采取超额预订策略来解决这个问题，这是未来值得研究的一个方向。最后，制定一个考虑预订日期和客房余量的动态定价策略，将为服务运营商带来一些有趣的见解和新的启示。

第 3 章　旅游供应链协调：旅游酒店与旅游运营商的合作决策优化

本章研究旅游运营商与旅游酒店就豪华型和经济型两种旅游套餐进行合作时出现的问题。首先，本章分析基础设施和价格对套餐需求的影响，然后构建一个序贯 Stackelberg 博弈模型，研究分布式情景下旅游酒店与旅游运营商的合作。研究发现，由于旅游酒店有更强的议价能力，从旅游套餐中获得的收益比旅游运营商更多。然后，设计基于收益共享的数量折扣合同，以实现合作的充分协调，在这种情况下，经过研究发现各种套餐的总收益与集中式场景下的收益相同。本章的主要研究内容安排如下：3.1 节对研究背景和研究问题进行描述；3.2 节给出本章研究问题的合作机制模型，并对一些参数进行设定；3.3 节给出酒店和旅游运营商基于 Stackelberg 博弈的决策优化；3.4 节给出集中决策和基于收益共享的数量折扣合同协调契约；3.5 节对研究内容进行总结，给出旅游供应链协调管理的建议和启示。

3.1　背景与问题的提出

随着经济的发展，旅游运营商和旅游酒店在商务、旅游、学术交流等方面发挥着越来越重要的作用。为了提高收入，旅游组织总是与其他实体合作，如与供应商、经销商、政府和其他公司进行互补活动。这一趋势导致了旅游运营商与旅游酒店合作的普遍现象。一种通用的合作模式是服务捆绑，即旅行社将两种或两种以上的服务打包销售（Guiltinan，1987）。旅游运营商提供的基本套餐只包括交通和住宿，这两部分是旅游套餐中最重要的组成部分（Wang et al.，2007），并深刻影响游客对旅游套餐的选择（Wong and Kwong，2004），同时也是旅游运营商和旅游酒店为了提高个体收入和总收入而相互合作的动机。Garcia-Falcon 和 Medina-Muñoz（1999）指出，与旅行社合作被认为是酒店扩大销售和营销努力的最具成本效益的方式。例如，美洲亚洲旅游中心通过与旅游酒店合作，提供费用为 836 美元的双人黄石 5 天游套餐。然而，单纯在黄石酒店住 5 天的客房费用大约是 895 美元，此外，Real Travel、Windmills Travel & Tourism、携程、艺龙等也与旅游酒店有着密切的合作，是所有参与者的双赢策略。

为了能够更加清晰地呈现旅游酒店与旅游运营商之间的关系，本章定义了以下几个场景。①分布式场景：旅游酒店和旅游运营商都是自私自利的，他们的决策目标是使自己的收益最大化。②集中式场景：旅游酒店和旅游运营商作为一个企业整体，企业整体的决策目标是供应链总收益最大化。③完全协调/充分协调：通过使用协调合同，分布式场景下旅游酒店和旅游运营商的总收益与集中式场景下的收益相同。

在分布式场景下，旅游酒店和旅游运营商是自主的决策实体，他们的决策目标是当他们相互合作时，自己的收益最大化。这意味着酒店与运营商之间存在利益冲突，导致双重边际化效应。换句话说，就是合作中存在竞争。因此，本章主要围绕旅游酒店与旅游运营商合作的几个问题展开：①酒店如何为旅游运营商确定批发价格？②合作产生的额外收益是多少？③什么样的机制可以确保合作实现充分协调？

3.2　合作机制描述

旅游运营商与旅游酒店合作，提供包括住宿和观光在内的全套旅游服务。游览路线对所有游客都是相同的，住宿分为豪华型和经济型两种，以满足不同游客的需求。例如，中国青年旅行社（http://www.aoyou.com/），为游客提供两种香港旅游套餐，经济香港游和豪华香港游。两者都包括香港迪士尼乐园（HKD）和三晚的住宿（Song et al.，2009）。不过，经济套餐行程只提供中等价位酒店三晚住宿，而豪华套餐行程则提供迪士尼好莱坞酒店一晚和经济套餐行程相同的中等价位酒店两晚住宿。本章将具有经济住宿和豪华住宿的旅游套餐分别称为经济套餐和豪华套餐。

我们将旅游体验和旅游套餐价格分别表示为 s_i 和 p_i，$i=\{L,E\}$，其中 L 表示豪华套餐，E 表示经济套餐。优质的服务会提高游客体验的质量（Chang，2008），因此豪华套餐的游客体验比经济型套餐的游客体验要高。因此，我们有理由假设

$s_L > s_E$和$p_L > p_E$。此外，本章用$\Delta s = s_L - s_E$反映两种不同组团旅游体验的差异（Song et al., 2009）。

随着经济的发展，大多数国家的旅游业越来越以市场需求为导向，并根据游客的需要和需求提供服务（Gibson and Yiannakis, 2002; Kim et al., 2005; Zhang and Murphy, 2009）。旅游供应包括提供商品或服务，以促进远离家庭环境的商业、娱乐和休闲活动（Smith, 1988）。把游客对旅游套餐的偏好记为θ，其中θ被标准化为服从[0,1]的均匀分布随机变量（García and Tugores, 2006）。游客的效用与感知体验和旅游套餐成本相关，定义具体如下（Keane, 1997; Dumrongsiri et al., 2008）:

$$u_i = v + \theta s_i - p_i \tag{3.1}$$

$i = \{L, E\}$，其中，v表示旅游套餐的基本效用，对于豪华套餐和经济套餐具有同质性，且是面向所有游客的。我们知道，积极的偏好并不意味着正效用，游客不会购买令其效用低于零的旅游套餐。在给出命题 3.1 的结论之前，我们首先定义$\theta^* = \dfrac{p_L - p_E}{s_L - s_E}$、$\hat{\theta}_E = \dfrac{p_E - v}{s_E}$和$\hat{\theta}_L = \dfrac{p_L - v}{s_L}$。

命题 3.1　对于给定的s_i和p_i，存在

（1）当$\theta < \theta^*$时，$u_L < u_E$，否则，$u_L \geqslant u_E$；

（2）在$\hat{\theta}_E < \hat{\theta}_L$的情况下，（a）当$\theta \in [0, \hat{\theta}_E]$时，游客不会购买豪华旅游套餐也不会购买经济旅游套餐；（b）当$\theta \in (\hat{\theta}_E, \theta^*)$时，游客会购买经济旅游套餐；（c）当$\theta = \theta^*$时，游客会购买经济旅游套餐或者豪华旅游套餐；（d）当$\theta \in (\theta^*, 1]$时，游客会购买豪华旅游套餐。

（3）在$\hat{\theta}_L < \hat{\theta}_E$的情形下，（a）当$\theta \in [0, \hat{\theta}_L]$时，游客不会购买豪华旅游套餐也不会购买经济旅游套餐；（b）当$\theta \in (\hat{\theta}_L, 1]$时，游客会购买豪华旅游套餐。

证明：

（1）将公式（3.1）化简，可以得到$u_L - u_E = \theta s_L + p_L - \theta s_E - p_E = \theta(s_L - s_E) - (p_L - p_E) = (s_L - s_E)\left(\theta - \dfrac{p_L - p_E}{s_L - s_E}\right)$。因此，从上式中可以看出，当$\theta < \theta^*$时，$u_L - u_E < 0$，否则，$u_L \geqslant u_E$。

（2）从$\hat{\theta}_E < \hat{\theta}_L$中，我们可以得出$\hat{\theta}_L - \hat{\theta}_E = \dfrac{p_L s_E - s_E v - p_E s_L + s_L v}{s_E s_L} > 0$。因此，$\theta^* - \hat{\theta}_L = \dfrac{p_L - p_E}{s_L - s_E} - \dfrac{p_L - v}{s_L} = \dfrac{p_L s_E + s_L v - s_E v - p_E s_L}{s_L(s_L - s_E)} > 0$，从而得到$\hat{\theta}_E < \hat{\theta}_L < \theta^*$。

如果一个旅游套餐带给游客的效用是负的，那么游客就不会购买这个套餐。

如果两个旅游套餐带给游客的效用都是正的，他们会选择效用更高的旅游套餐。式（3.1）中，（a）当$\theta\in[0,\hat{\theta}_E]$时，$u_i=v+\theta s_i-p_i\leqslant u_E\leqslant 0$，因此游客不会购买任何旅游套餐。（b）当$\theta\in(\hat{\theta}_E,\hat{\theta}_L)$时，$u_L<0<u_E$；当$\theta\in[\hat{\theta}_L,\theta^*)$时，$0\leqslant u_L<u_E$。因此，当$\theta\in(\hat{\theta}_E,\theta^*)$时，游客会购买经济旅游套餐。（c）当$\theta=\theta^*$时，$u_E=u_L>0$。因此游客会购买经济旅游套餐或者豪华旅游套餐。（d）当$\theta\in(\theta^*,1]$时，$0<u_E<u_L$。在这种情形下，游客会购买豪华旅游套餐。

（3）由$\hat{\theta}_L<\hat{\theta}_E$，我们可以得出$\hat{\theta}_L-\hat{\theta}_E=\dfrac{p_L s_E-s_E v-p_E s_L+s_L v}{s_E s_L}<0$。根据上式，可以得到$\hat{\theta}_L-\theta^*=\dfrac{p_L-v}{s_L}-\dfrac{p_L-p_E}{s_L-s_E}=\dfrac{s_E v+p_E s_L-s_L v-p_L s_E}{s_L\left(s_L-s_E\right)}>0$。因此，可以得出$\theta^*<\hat{\theta}_L<\hat{\theta}_E$是成立的。式（3.1）中，（a）当$\theta\in[0,\theta^*]$时，$u_L\leqslant u_E<0$。同时，当$\theta\in(\theta^*,\hat{\theta}_L]$时，$u_E<u_L\leqslant 0$。在这种情况下，当$\theta\in[0,\hat{\theta}_L]$时，游客不会购买任何旅游套餐。（b）当$\theta\in(\hat{\theta}_L,\hat{\theta}_E]$时，$u_E\leqslant 0<u_L$。同时，当$\theta\in(\hat{\theta}_E,1]$时，$0<u_E<u_L$。因此在这种情况下，当$\theta\in(\hat{\theta}_L,1]$时，游客会购买豪华旅游套餐。

综合上述，命题 3.1 得证。

由命题 3.1（2），在$\hat{\theta}_E<\hat{\theta}_L$的情况下，当$\theta\in[0,\hat{\theta}_E]$时，不管是豪华旅游套餐还是经济旅游套餐，其带给游客的效用都是负的；当$\theta\in(\hat{\theta}_E,\theta^*)$时，经济旅游套餐的效用是正的，且大于豪华旅游套餐；当$\theta=\theta^*$时，豪华旅游套餐带给游客的效用等于经济旅游套餐带给游客的效用；当$\theta\in(\theta^*,1]$时，豪华旅游套餐的效用是正的，且大于经济旅游套餐的效用。由命题 3.1（3），在$\hat{\theta}_L<\hat{\theta}_E$情况下，当$\theta\in[0,\hat{\theta}_L]$时，豪华旅游套餐和经济旅游套餐带给游客的效用都是负的；当$\theta\in(\hat{\theta}_L,1]$时，豪华旅游套餐的效用是正的，且大于经济旅游套餐的效用。

根据命题 3.1，可以得出豪华旅游套餐的需求为

$$D_L=1-\theta^*=1-\frac{p_L-p_E}{s_L-s_E} \tag{3.2}$$

经济旅游套餐的需求为

$$D_E=\theta^*-\hat{\theta}_E=\frac{p_L-p_E}{s_L-s_E}-\frac{p_E-v}{s_E} \tag{3.3}$$

在合作中，旅游酒店和旅游运营商都被假定为追求自身收益的最大化。本章构建了一个 Stackelberg 博弈（序贯博弈）模型来描述旅游酒店与旅游运营商之间的关系。在这个序贯博弈中，作为领导者的酒店首先确定旅游套餐的客房批发价格ω_i，$i=\{L,E\}$，然后作为跟随者的旅游运营商确定旅游套餐的最优价格p_i。博弈的均衡可以是通过逆向归纳法确定的，即旅游运营商首先确定旅游套餐的最优

价格，然后酒店了解旅游运营商的反应后，以收益最大化为目标确定其批发价格。

一般来说，市场中有两种供应链结构：集中式和分布式。在集中式供应链中，所有决策都由一个实体做出。在分布式供应链中，每个成员都自主地作出自己的决策。因此，由于双重边际化效应，分布式供应链的总收益低于集中式供应链。由于大多数旅游供应链是分布式的，因此设计一个协调机制来提高旅游供应链的总收益是非常重要的。

3.3　基于斯坦伯格博弈的决策优化

3.3.1　酒店相关决策阐述

除了与旅游运营商合作外，具有容量 C 的旅游酒店还以固定的房费 p_0 为个人客户提供标准化的客房服务，不区分经济型套餐和豪华型套餐。假设个人客户数量为 x，服从累积分布函数为 $F(x)$ 和概率密度函数为 $f(x)$ 的随机分布。

由于与旅游运营商进行了合作，旅游酒店为个人客户预留客房的数量只能为 $C-D_L-D_E$。因此，酒店可以接纳的个人顾客的预期数量如下：

$$\begin{aligned} E(x) &= \int_0^{C-D_E-D_L} xf(x)\mathrm{d}x + (C-D_E-D_L)\left[1-F(C-D_E-D_L)\right] \\ &= (C-D_E-D_L) - \int_0^{C-D_E-D_L} F(x)\mathrm{d}x \end{aligned} \tag{3.4}$$

因此，酒店从个体顾客身上获得的收益是 $pE(x)$。为了简化我们的模型，并且不影响结果，本章假设 $C=1$，$p_0=1$，$x=\mu+\varepsilon$，其中 μ 为常数，而且 ε 服从 $[-a,a]$ 的均匀分布。均匀分布的设定在学术研究中的使用非常广泛（Chandra and Fisher，1994；Jayaraman and Pirkul，2001；Amiri，2006；Ling et al.，2011）。因此，可以得到 $f(x)=1/2a$ 和 $F(x)=(x-\mu+a)/2a$。下一节将分析分布式场景下的 Stackelberg 均衡。

3.3.2　斯坦伯格博弈均衡

旅游酒店和旅游运营商是自主决策的，他们决策的原则是使自己的收益最大化，这就导致了双重边际化效应，酒店和旅游运营商的决策发生冲突。酒店和旅游运营商合作提供服务套餐，酒店和旅游运营商按照以下顺序进行协商：①酒店首先为旅游套餐制定批发价；②旅游运营商确定套餐价格并销售给顾客。

酒店的利润函数如下：

$$R_H = D_L\omega_L + D_E\omega_E + \left(1 - D_E - D_L\right) - \int_0^{1-D_E-D_L} \frac{x - \mu + a}{2a}\mathrm{d}x \tag{3.5}$$

旅游运营商的利润函数为

$$R_T = D_L\left(p_L - \omega_L\right) + D_E\left(p_E - \omega_E\right) \tag{3.6}$$

根据逆向归纳法，给定 ω_L 和 ω_E，旅游运营商通过求解 $\max\limits_{p_L, p_E} R_T$ 确定套餐的最优价格，经过计算分析，求得的最优价格如下：

$$p_L^* = \frac{s_L + \omega_L + v}{2}，\quad p_E^* = \frac{s_E + \omega_E + v}{2} \tag{3.7}$$

由公式（3.7）可知，旅行套餐的价格与旅行套餐的基本效用、游客的体验或酒店客房的批发价格均呈正相关。这个结果比较直观，游客愿意购买更高价格的旅游服务，让自己有一个更为放松、愉快的体验。

已知旅游运营商的响应函数，将公式（3.7）代入公式（3.5），旅游酒店通过计算求解 $\max\limits_{\omega_L, \omega_E} R_H$ 可以确定其批发价格，最优批发价格如下：

$$\omega_L^* = \frac{s_L + v}{2} + \frac{2s_E\left(\mu + a\right) - 3s_E + v}{16as_E + 2}，\quad \omega_E^* = \frac{s_E + v}{2} + \frac{2s_E\left(\mu + a\right) - 3s_E + v}{16as_E + 2} \tag{3.8}$$

将公式（3.8）代入公式（3.7），可以得到命题 3.2 所示的唯一博弈均衡。

命题 3.2　分布式场景下的 Stackelberg 均衡结果 $\left(\omega_L^*, \omega_E^*, p_L^*, p_E^*\right)$ 为

$$\omega_L^* = \frac{s_L + v}{2} + \frac{2s_E\left(\mu + a\right) - 3s_E + v}{16as_E + 2}，\quad \omega_E^* = \frac{s_E + v}{2} + \frac{2s_E\left(\mu + a\right) - 3s_E + v}{16as_E + 2} \tag{3.9}$$

$$p_L^* = \frac{3\left(s_L + v\right)}{4} + \frac{2s_E\left(\mu + a\right) - 3s_E + v}{32as_E + 4}，\quad p_E^* = \frac{3\left(s_E + v\right)}{4} + \frac{2s_E\left(\mu + a\right) - 3s_E + v}{32as_E + 4} \tag{3.10}$$

酒店和旅游运营商没有动机偏离上述求得的最优客房批发价格和套餐的最优销售价格。这一命题表明，均衡价格随着基本效用和游客体验的增加而增加。对旅游运营商来说，旅游套餐费用是由支付旅馆的住宿费和包括交通费、观光费、导游服务费等在内的其他费用构成的。因此，如果旅游套餐价格是固定的，那么承担高成本的旅游套餐的旅游运营商为了保持收益，就会期望客房批发价格降低。

由公式（3.2）、公式（3.3）和公式（3.10），可以求得两种旅游套餐的均衡需求和总需求分别如下：

$$D_L^* = \frac{1}{4}，\quad D_E^* = \frac{v - 2T_1}{4s_E}，\quad D^* = D_L^* + D_E^* = \frac{s_E + v - 2T_1}{4s_E} \tag{3.11}$$

其中，$T_1 \equiv \dfrac{2s_E(\mu+a)-3s_E+v}{16as_E+2}$。

命题 3.3　旅游酒店获得的收入超过供应链总收入的三分之二，而旅游运营商获得的收入少于三分之一。

将式（3.9）、式（3.10）、式（3.11）分别代入式（3.4）、式（3.5），得到旅游酒店和旅游运营商的最优收益为

$$R_H^* = \frac{s_L+2v}{8} + \frac{6s_E+v^2-2v+4T_1-4T_1^2}{8s_E} + \frac{(3s_E-v+2T_1)\left[3s_E-v+2T_1-8s_E(\mu-a)\right]}{64as_E}$$

$$R_T^* = \frac{s_L+2v}{16} + \frac{v^2}{16s_E} - \frac{T_1(s_E+v-T_1)}{4s_E}$$

命题 3.3 表明，旅游酒店在分布式情景下的收益是旅游运营商的两倍以上，这是因为旅游酒店作为领导者具有更大的议价能力。在这种情况下，两种旅游套餐的总收入为

$$R_{To}^* = R_H^* + R_T^* = \frac{3}{16}\left(s_L+2v+\frac{v^2}{s_E}\right)+I$$

其中，$I = \dfrac{3s_E-v+(2-s_E-v)T_1-T_1^2}{4s_E} + \dfrac{(3s_E-v+2T_1)\left[3s_E-v+2T_1-8s_E(\mu-a)\right]}{64as_E^2}$。

3.4　供应链渠道协调契约

3.4.1　集中式决策

在分布式情境下，旅游酒店和旅游运营商都是自私自利和自行决策的实体，主要关注自身目标利益的最大化。因此，单个参与者所采取的行动可能不会获得旅游供应链的最佳绩效。例如，酒店想要提高客房的批发价格来提高收入，而高批发价格会增加旅游运营商的运营成本，旅游运营商就不得不提高旅游套餐的价格来维持其收入。然而，高昂的价格降低了消费者对旅游套餐的需求，导致旅游供应链的总收益下降。为了设定一个基准，本节研究了旅游酒店和旅游运营商作为一个整体企业的集中式场景下的旅游套餐决策。此时，该整体企业的收入如下：

$$R_{To}=D_L p_L+D_E p_E+\left(1-D_E-D_L\right)-\int_0^{1-D_E-D_L}\frac{x-\mu+a}{2a}\mathrm{d}x$$

整体企业通过对 $\max\limits_{p_L,p_E} R_{To}$ 求解并确定豪华旅游套餐的最优价格和经济旅游套餐的最优价格来最大化其收入，如下所示：

$$p_L^c=\frac{s_L+v}{2}+\frac{2s_E\left(\mu+a\right)-s_E+v}{8as_E+2},\quad p_E^c=\frac{s_E+v}{2}+\frac{2s_E\left(\mu+a\right)-s_E+v}{8as_E+2}\tag{3.12}$$

由式（3.2）和式（3.3）可以进一步求得两种旅游套餐的需求和总需求为

$$D_L^c=\frac{1}{2},\quad D_E^c=\frac{v-2T_2}{2s_E},\quad D^c=D_L^c+D_E^c=\frac{s_E+v-2T_2}{2s_E}\tag{3.13}$$

其中，$T_2\equiv\dfrac{2s_E\left(\mu+a\right)-s_E+v}{8as_E+2}$。

那么，整体企业的最优收益为

$$R_{To}^c=\frac{1}{4}\left(s_L+2v+\frac{v^2}{s_E}\right)+J$$

其中，$J=\dfrac{s_E-v+2T_2-T_2^2}{2s_E}+\dfrac{\left(s_E-v+2T_2\right)\left[s_E-v+2T_2-4s_E\left(\mu-a\right)\right]}{16as_E^2}$。

命题 3.4　无论在分布式场景还是集中式场景下，D_L 始终独立于个体顾客，而 D_E 随着旅游酒店预期个体顾客数量的减少而减少。

由公式（3.11）和公式（3.13）可知，命题 3.4 是成立的。如命题 3.1 所示，旅游套餐的总需求取决于 $\hat{\theta}_E=\dfrac{p_E-v}{s_E}$。也就是说，总需求是由经济旅游套餐决定的。游客在选择套餐时，会选择给自己带来更高效用的套餐，因此豪华套餐的需求是 $1-\dfrac{p_L-p_E}{s_L-s_E}$。这说明需求取决于两个套餐之间的价格差异。进一步地，由公式（3.10）和公式（3.12）可知，两种价格之间的差异与个体顾客的数量是完全独立的。在现实中，这与旅游运营商的目标一致，当旅游套餐的总量因为个体顾客而减少时，他们会减少经济旅游套餐的数量，而保持豪华旅游套餐的数量，以获得最大的收益。

引理 3.1　（1）$p_L^*>p_L^c$ 且 $p_E^*>p_E^c$；（2）$D_E^*<D_E^c$ 且 $D_L^*<D_L^c$；（3）$R_{To}^*<R_{To}^c$。

由整体企业目标函数的性质可知，引理 3.1 是成立的。引理 3.1 表明，分布式场景的价格高于集中式场景，而需求和收入较低。也就是说，在集中式场景下，低价格的旅游套餐导致高需求，高需求则带来较高的总收入。

3.4.2　基于收益共享的数量折扣合同

随着对供应链管理的日益关注，越来越多的企业意识到，通过更紧密的合作和更好的协调，可以提高个人收入和总收入（Yao et al.，2008）。代销合同与收益共享已经被广泛应用于许多行业（Li et al.，2009）。一方面，协调能够解决供应链企业在商业活动中以自己的利益为出发点的问题；但另一方面，现实中又很难实现完全整合的关系，站在共同目标立场上做决策。一般来说，协调可以看作是企业通过契约合同安排来完成任务以实现供应链目标（如最大化供应链收益）的一种决策策略。供应链协调可以通过采用集中式或分布式的决策方法来实现（Giannoccaro and Pontrandolfo，2004）。

近年来，许多研究采用收益共享契约来协调供应链（Dana Jr and Spier，2001；Pasternack，2002；Gerchak and Wang，2004；Wang et al.，2004；Cachon and Lariviere，2005）。例如，Linh 和 Hong（2009）讨论了在两期报童问题中，如何确定收益共享分成比例和批发价格，以实现渠道协调，实现单个零售商和单个批发商的双赢。

根据前几节的讨论，分布式场景的总收入比集中式场景的总收入要少。为了实现全面协调，旅游酒店有必要设计一种机制来鼓励旅游运营商为全供应链绩效的提升而努力。在这种机制下，旅游运营商的收益最大化是在充分协调的情况下实现的。本章采用基于收益共享的数量折扣契约，在该契约下，旅游酒店作为 Stackelberg 博弈的领导者获得总收益的百分之φ，其收益为

$$R_H = \varphi R_{To}$$

其中，$R_{To} = D_L p_L + D_E p_E + (1 - D_E - D_L) - \int_0^{1-D_E-D_L} \frac{x-\mu+a}{2a} \mathrm{d}x$。

根据这一收益分配规则，旅游酒店能够通过对$\max\limits_{\omega_L,\omega_E} R_H$求解求得$\omega_L$和$\omega_E$，具体如下：

$$\omega_L = \varphi v + \varphi s_L (1-q_L) - \varphi s_E q_E + \alpha \frac{(1-\varphi)(1-q)\left[(1-q)-2(\mu+a)\right]}{4aq_L} \quad (3.14)$$

$$\omega_E = \varphi v + \varphi s_E (1-q) + (1-\alpha) \frac{(1-\varphi)(1-q)\left[(1-q)-2(\mu+a)\right]}{4aq_E} \quad (3.15)$$

其中，q_L和q_E分别代表两种旅游套餐的需求，$q = q_L + q_E$，$\alpha \in [0,1]$且$\varphi \in [0,1]$。

旅游运营商根据酒店制定的批发价格，用需求函数D_L和D_E代替q_L和q_E，其收入目标函数变为$R_T = (1-\varphi) R_{To}$。因此，协调机制下的旅游运营商目标与集中式场景下的目标是一致的，决策也是一致的。

命题 3.5　通过基于收益共享的数量折扣合同实现充分协调，旅游酒店的最优决策如式（3.14）和式（3.15）所示。

由式（3.14）和式（3.15）可知，批发价格是以下两组解的线性组合，具体如下：

$$\begin{cases}\omega_{L1}=\varphi v+\varphi s_L\left(1-q_L\right)-\varphi s_E q_E+\dfrac{(1-\varphi)(1-q)\left[(1-q)-2(\mu+a)\right]}{4aq_L}\\ \omega_{E1}=\varphi v+\varphi s_E(1-q)\end{cases}$$

$$\begin{cases}\omega_{L2}=\varphi v+\varphi s_L\left(1-q_L\right)-\varphi s_E q_E\\ \omega_{E2}=\varphi v+\varphi s_E(1-q)+\dfrac{(1-\varphi)(1-q)\left[(1-q)-2(\mu+a)\right]}{4aq_E}\end{cases}$$

这与一般的协调契约不同，因为在协调供应链中有两种类型的产品，而来自个人客户的收入没有被包含在内。因此，在协调合同中，应将从个人客户所得的收入的影响分配到两种套餐中去。这种影响导致了批发价格为两种套餐价格的线性组合。

在这种协调机制下，旅游酒店和旅游经营商的收益分别为 φR_{To}^c 和 $(1-\varphi)R_{To}^c$。并且 φ 是旅游酒店整个系统内收益共享的关键。只有当酒店和旅游运营商的收益分别大于分布式场景下的收益，即，$\varphi R_{To}^c\geqslant R_H^*$ 和 $(1-\varphi)R_{To}^c\geqslant R_T^*$ 时，才会同意签订合同。此时，φ 的可行域为

$$\frac{R_H^*}{R_{To}^c}\leqslant\varphi\leqslant1-\frac{R_T^*}{R_{To}^c}$$

但是，合同中 φ 的具体取值将取决于酒店和运营商的议价能力。在接受基于收益共享的数量折扣合同的情况下，当旅游酒店与旅游运营商尽了与在集中式决策方案中同样的最大努力时，其供应链收益与集中式场景中的收益相同，实现了充分协调。

3.5　旅游供应链协调管理的建议与启示

本章运用博弈论理论研究了旅游酒店与旅游运营商之间的合作与竞争关系。旅游酒店为旅游运营商提供两种类型的客房，旅游运营商将客房和其他旅游服务打包出售给顾客。本章通过建立一个序贯 Stackelberg 博弈模型来分析旅游酒店与旅游运营商之间的合作决策。作为领导者的旅游酒店决定着客房的批发价格，作

为跟随者的旅游运营商决定着旅游套餐的价格。

通过研究和分析，本章发现，充分协调是通过基于收益共享的数量折扣合同实现的。在这种合同下，供应链的总收入与集中式方案的总收入相同。φ的值决定了酒店和运营商之间的收入分配。为了确保合同可行，必须要保证酒店和运营商的收益分别大于分布式场景下的收益。然而，旅游酒店获得总收益的百分比φ的实际取值取决于酒店和运营商的议价能力。由于其强大的议价能力，旅游运营商有望从套餐中获得更多的收入，而旅游酒店可能为其套餐提供更大的折扣。

在旅游业中，航空公司、租车公司、娱乐公司、旅游运营商、酒店等旅游服务提供商之间的合作非常普遍，为游客更愉快、安全、方便地游览铺平了道路。本章关于旅游酒店和旅游供应商的合作决策优化以及旅游供应链协调管理的研究为旅游供应链中的各企业之间的合作提供了一定的建议，虽然取得了一些研究成果，但还存在一些不足和未来可拓展的方向：①旅游服务套餐的需求具有季节性，并受到自然灾害、流感等突发事件的影响；②旅游酒店存在与多个旅游运营商合作的情形；③旅游酒店为旅游套餐提供超过一晚的住宿的情形。在未来的研究中可以将这些因素考虑在内，更全面地分析旅游供应链中酒店与旅游运营商的合同设计与定价问题。

第二篇：数字环境下的酒店定价管理

近年来，旅游业的蓬勃发展及互联网渗透率的稳步提升推动了在线旅游业的发展。国家统计局数据显示，2019 年中国国内游客为 60.1 亿人次，旅游业已经逐步发展成大众刚需，中国也逐步进入大众旅游新时代，多层次、多元化的旅游需求和消费市场格局已经形成，在线酒店作为酒店业的数字化先驱，将担负起酒店业供给侧的数字化大旗①。价格通常是影响交易成败的重要因素，同时又是市场营销组合中最难以确定的因素，因此定价策略是市场营销组合中一个非常关键的部分。这要求企业既要考虑成本的补偿，又要考虑消费者对价格的接受能力，从而使定价策略具有买卖双方双向决策的特征，并对市场做出灵活的应变。相比于传统的酒店销售模式，数字化环境产生的在线预订新模式引发了国内外学者对酒店定价策略的重新思考和研究。在线预订模式包含两种类型：一种是自建预订系统，如首旅如家、希尔顿、维也纳等酒店的在线预订系统（online reservation systems，ORS），直接销售酒店客房，消费者可以在其网站直接预订酒店；另一种是与 OTA（如同程艺龙、携程、去哪儿等）合作建立在线分销渠道以销售酒店客房。这两种在线预订模式，冲击了传统酒店客房销售市场，使酒店运营商不得不探索更优的定价策略，实现利润最大化。因此，本章分别针对在线预订系统和酒店与 OTA 合作销售两种在线酒店模式的定价策略进行探索。

具体地，第 4 章是对在线预订系统中基于市场细分的酒店定价策略进行优化，引入动态定价策略——一种比固定定价更能给服务提供商带来高入住率和更高利润的有效策略，并以酒店客房为例，研究基于市场细分的在线分销渠道中服务产品的最优动态定价策略。首先通过一个动态过程建立酒店利润最大化的定价模型，然后分别给出基于切比雪夫不等式和动态规划的线性需求和非线性需求的求解方法并得到最优分段函数和最优边界。结果表明，适当的市场细分政策在使用在线预订系统模式下是有利于服务供应商和消费者的，最后利用具体的数值算例验证了模型的合理性及正确性并讨论了不同需求情况下模型的适用性。

第 5 章研究酒店通过与 OTA 合作建立在线分销渠道的最优定价策略，其中 OTA 通过其网站推广酒店并销售酒店客房，并从酒店销售的客房中收取佣金。研究通过建立序贯博弈模型，得出酒店单位佣金的最优决策和 OTA 对单位佣金的最优响应。根据结果分析，本章对酒店运营商与 OTA 进行合作提出了一些有效的管理启示，包括：①酒店在开展在线营销前的入住率是确保与 OTA 合作的重要指标；即入住率较低的酒店更倾向于与 OTA 合作以实现利润的提高；②酒店倾向于与拥有很多在线顾客或者较少合作酒店的 OTA 建立在线分销渠道。

随着整个社会逐渐认识到数字经济、数字技术的价值，在线酒店预订行业将

---

① 前瞻网. 2020 年中国在线酒店预订行业发展现状及趋势分析 疫情下推动酒店业供给侧数字化转型[EB/OL]. https://xw.qianzhan.com/trends/detail/506/200604-ea2cf861.html，2020-06-04.

持续助推酒店业完成供给侧数字化。本篇通过对数字化环境下在线酒店的定价策略研究，为酒店运营商进行酒店在线管理提供科学的理论指导，通过探索定价策略帮助酒店运营商通过自建在线预订系统和与 OTA 合作获得更高的收益，从理论角度协助酒店进行供给侧数字化转型。

第4章　在线预订系统中基于市场细分的酒店定价策略优化

本章将在数字化环境下，运用新兴的酒店在线预订系统，基于一种常用于收益管理的有效定价手段——市场细分，根据消费者在线预订的提前期时长对市场进行细分，并对酒店在线定价策略进行研究，为酒店在线运营提供有力的理论指导并通过数值实验讨论不同需求情况下模型的适用性，以提高模型在酒店在线运营中的实用价值。接下来，本章将按照以下思路展开：4.1 节叙述研究开展的社会背景和理论背景，并对研究问题进行细致描述；4.2 节基于市场细分建立在线酒店定价模型并循序渐进从单一市场情形拓展到两个细分市场情形再到 n 个细分市场模型的情况；4.3 节对建立的模型进行求解，分别针对线性需求函数和非线性需求函数两种情况进行具体分析；4.4 节为验证所建立的模型及求解方法，进行数值算例分析并讨论不同需求情况下模型的适用性；4.5 节对本章进行总结，并根据研究的局限性提出未来探索方向。

4.1　研究背景与问题描述

随着互联网及移动互联网应用的普及，酒店的在线预订成为酒店行业的主流，酒店从依托优势地段保证客源变为通过互联网进行流量导入来招揽客流，“互联网+”重构了酒店行业产业链。在线预订系统是指用户通过 OTA 的互联网平台直接预订或者先通过互联网平台查询再通过呼叫中心预订酒店产品。目前，虽然我国在线酒店预订市场规模增速放缓，但整体仍呈上升趋势。图 4.1 为中国 2013~2020 年在线住宿预订行业交易规模，数据显示，酒店在线预订渗透率达到 40%，但相比于机票/火车票市场 80%~90%的在线渗透率，增量空间依然广阔。随着传统酒店在在线预订渠道上的布局逐渐完善，未来酒店在线预订市场仍将保持一定增长趋势。

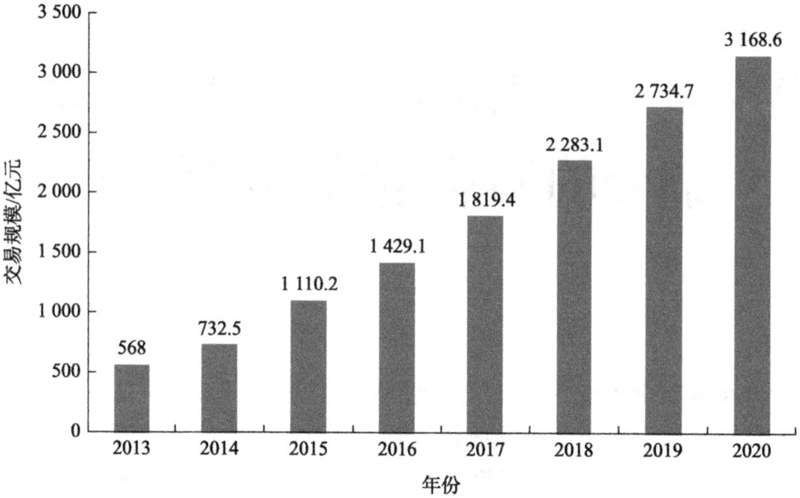

图 4.1　中国 2013~2020 年在线住宿预订行业交易规模

从社会宏观因素来看，以下几方面利好因素并进，促进了中国酒店预订市场发展。①国家政策的支持与推进。2016 年 12 月，《“十三五”旅游业发展规划》发布，文件提出，推进结构优化、品牌打造和服务提升，培育一批有竞争力的住宿品牌，推进住宿企业连锁化、网络化、集团化发展。②国民收入水平的提高。2019 年全国居民可支配收入达到 21 559 元，比上年增长 8.6%，国民更加注重生活品质，因此旅游业逐渐兴起，旅游业的发展带动了在线预订市场的发展。③消费人群的变化。“80、90”后人群成为劳动力人口和消费人群的主要构成，其消费观念促进了在线酒店预订市场的发展。④移动支付的普及。支付宝、微信支付等移动支付的普及，为在线酒店预订的便捷性提供了基础，并且促进了酒店在线预订系统迅速发展。

虽然在线预订对酒店行业发展有着重要影响，但在服务供应商的运营过程却存在着一个难题：对于酒店住宿此类不可回收且数量有限的服务产品，一方面，若只有部分产品可以在给定的时间内出售，未售出的部分则不能保持库存；另一方面，当即时需求超过可用容量时，他们也无能为力。例如，在酒店业，在低需求季节未预订的客房，无法存储到高需求季节进行销售，同样在航空领域，未售出的飞机座位不能保留到未来的航班中，而且每一种产品（如酒店客房和机票）的边际利润是非常可观的，而单位可变成本远低于高固定成本。因此，如何实现高利润、零回收的产品产能的充分利用，成为服务提供商在运营过程中面临的重要问题。

学术研究领域很早就关注并研究了这个问题，定价策略研究也一直是运营管理学术领域研究的关键课题。作为酒店行业的先驱理论，Gu（1997）建议酒店应该使用二次客房价格模型，而不是按照 1 美元/1000 美元的方法或 Hubbart 公式等传统的成本计算方法。随着旅游业的发展，越来越多的研究人员也在研究酒店客房的定价问题。例如，Lai 和 Ng（2005）研究了在不确定性情况下的最优定价模型；Pan（2007）分析了市场需求和酒店容量对最优定价策略的影响。作为一项有效的营销政策，van der Rest 和 Harris（2008）证明了折扣是酒店在某些情况下的最佳定价政策，如需求会发生严格变化的情况；Ling 等（2012）为提供长期住宿服务的酒店提出了一个最优的定价模型；Guo 和 He（2012）进行了当酒店客房作为旅游套餐的一部分时的价格策略研究。

市场细分作为一种有效的定价（收益）管理策略，在实践和学术研究中被广泛采用。随着 B2C 电子商务的迅速发展，越来越多的研究者致力于这个问题的深入拓展与挖掘。Ladany（1996）发现通过市场细分提供适当的定价策略，可以使利润显著增加，Myers（1996）也指出市场细分是市场营销学科对企业和其他类型的组织贡献的最重要的战略概念之一。在旅游与酒店运营管理方面，市场细分策略也逐渐被引入定价研究中以更好地提供销售策略。例如，Yelkur 和 DaCosta（2001）研究了在互联网上销售的酒店服务的差别定价，发现酒店能够利用不同细分市场进行差别定价，即将酒店的市场划分为更狭窄的消费细分市场。Toh 和 Raven（2003）以航空公司为例，概述了易逝产品收益管理的要点，发现基于价格歧视的市场细分对于易逝产品管理者来说是一个很好的选择。Guo 等（2009）通过提供市场细分在航空业应用的数学模型来证明了这一观点，他们根据不同季节乘客的不同需求将电子机票分为多类，建立了电子机票的动态定价模型。此外，基于价格歧视的市场细分可以通过消费者的不同特征来实现，如基于支付能力的细分（Legoherel，1998）、基于活动的细分（McKercher et al.，2002）、基于回报（Tan and Lo，2008）和基于文化（Najmi et al.，2010）。除了单元素方法，Liu 等（2010）根据多准则市场细分开发了一种新的基于多目标进化求解方法的数学模型。然而，根据对现有文献的检索与分析，还没有发现基于消费者预订提前时间对酒店顾客进行市场细分的研究，而本书是首个尝试通过应用在线预订系统根据酒店预订提前时间获得基于市场细分手段的最优定价策略的研究。

在电子旅游时代，在线预订系统（如首旅如家在线预订系统、维也纳在线预订系统等）在酒店行业的营销中得到了广泛应用，电子消费者可以通过互联网随时随地预订酒店客房。因此，针对酒店客房的不同细分可以通过在线预订系统实现。随着在线预订的日益流行，在线酒店预订定价问题受到了很多学者的关注。Ling 等（2011）基于 Stackelberg 博弈，考虑与第三方网站或 OTA 合作，为中小型酒店提供了最佳的定价策略。Guo 等（2013a）基于定价的角度从多个酒店和单一网站构成的供应链网络出发，研究酒店与第三方网站之间的合作合同。以上研究表明，定价是在线酒店管理最重要的策略之一。此外，也有很多酒店采取了动态定价策略。Abrate 等（2012）收集了欧洲八个首都城市近 1 000 家酒店的动态定价数据，这意味着有很多酒店在收益管理中使用了动态定价策略。例如，万豪国际（https://www.marriott.com）对提前 30 天通过互联网预订客房的消费者提供 25%~50%的折扣；希尔顿酒店（http://www.hilton.com）也有类似的优惠。与上述浮动折扣策略相比，由香港理工大学酒店及旅游业管理学院设立的 Hotel ICON（http://www.hotel-icon.com）将为在入住日期至少 14 天前预订客房的消费者提供 20%的固定折扣。并且所有这些成功的动态定价策略都是通过酒店的在线预订系统在酒店网站上运行的。

系统来看，酒店运营商面临问题的主要原因是酒店客房具有高固定成本和低可变成本，此外，未售出的客房是零残值。因此，为了获得最大的收入，酒店有强烈的动机在目标日期之前售出所有客房。作为动态定价工作的先驱，Gallego 和 van Ryzin（1994）为在最后期限前销售给定库存物品的问题提供了一个最优的动态定价模型。他们在建模时使用强度控制和获得结构，给销售时尚和季节性商品的零售商及旅游休闲行业负责人提供了一些有用的管理启示，特别针对酒店和航空公司。Burger 和 Fuchs（2005）还指出，动态定价是航空公司未来的一种商业模式，它与酒店具有相同的产品特性。然而，在酒店在线预订系统中，本书注意到目标日的房价并不是每天都有变化，它经常保持稳定。这是上述文献模型中忽略了以下两个因素的结果：①酒店每天的客房需求率随时间变化；②酒店必须承担动态定价策略的运营成本。实际上，这两个因素是影响许多行业特别是服务业定价决策的重要因素。为了填补这一空白，本章引入了一种新的动态定价模型，考虑了运营成本和在线销售的服务产品的动态需求。

具体地，本章采用的动态定价策略将服务产品市场的整个时段细分为不同部分，每个部分制定不同的价格，吸引不同的消费群体。以酒店客房为例，在目标日期（如节假日当天等）或前一两天预订客房的商务旅客的价格较高；在目标日期前预订时间更长（如提前一周）的预订价格处于中等水平；在目标日期前两周预订客房价格较低。由于价格优惠，定价策略为服务提供商吸引了更多的消费者，这将使大多数产品在目标日期结束前得以销售。但是这样的策略也会引起即时需求的供应不稳定。一旦大部分服务产品在很长一段时间前都被预订，想要在目标日期附近购买服务的消费者可能会因为酒店住宿容量有限而被拒绝，这将会给服务提供商造成利润的机会损失，因为如果购买时间更接近尾声，边际利润就会更高。因此，如何确定最优的动态定价策略，即最优的细分方式和相应的销售价格，是电子商务时代下使用在线预订系统的服务商进行收益管理时需考虑的关键问题。

4.2　基于市场细分的在线酒店定价模型

4.2.1　基本设定和符号定义

本节将以某酒店为例，建立在线酒店服务提供商的最优定价策略模型，下面进行详细介绍。首先假设所有的消费者都是通过酒店的在线预订系统来预订客房的，且在实践中可以认为不同游客预订酒店客房的方式是相互独立的。例如，加入旅行团的消费者将通过旅行社的团体预订获得客房；商务旅行者通常通过电话或亲自到店预订客房，很少通过在线预订系统。所以一般来说，通过在线预订系统进行酒店预订的消费者通常是个体旅行者，而不是旅行社或任何第三方组织。因此，在本模型中只考虑使用在线预订系统进行客房预订的消费者，不考虑通过其他方式预订客房的消费者，这对所建立的模型也不会产生任何影响。

在所述模型中，考虑一个总计拥有 C 个相同客房的酒店向消费者开放其在线预订系统，并根据消费者提前预订时间进行动态定价。假定在目标日期之前时间为 t 时的客房需求，数量为 q_t，q_t 是房费 p 的递减函数，即 $q_t = a_t - f(p)$，在点 $a_t = g(a_0, t)$ 处表示酒店客房销售市场的饱和需求，随着目标日期的接近而增加，$f(p)$ 是 p 关于消费者敏感性的函数，如图 4.2 所示。

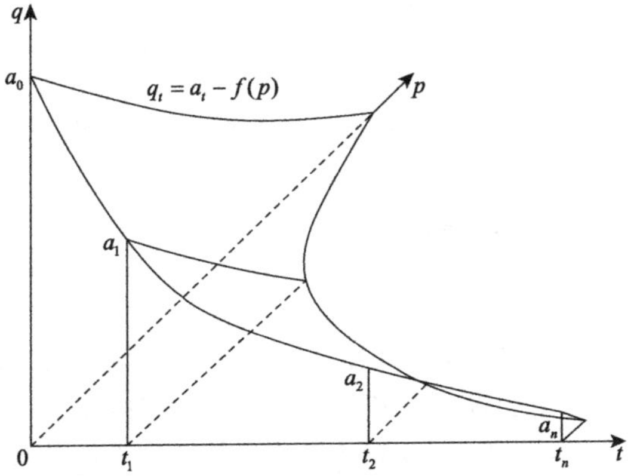

图 4.2　需求曲线示例

在实际生活中，受天气、游客国籍、全球事件甚至文化等多种因素的影响，酒店的预期销售饱和市场需求可能会在不同的需求季节中发生变化。例如，中国旅游研究院就 2020 年初暴发的新冠疫情对旅游经济的影响进行了乐观、基准和悲观的仿真测算[①]，基准结果显示：受新冠疫情影响，2020 年全年中国旅游总人次将较上年减少 9.8 亿人次，同时受疫情管控，赴海外旅游人数骤减。当然这是重大公共卫生事件对旅游业产生的影响，但是由此可见旅游业易受多种因素影响。在本节刻画的模型中，主要考虑的是节假日这种普遍影响因素。因此，在不同的需求季节，如工作日、周末、国庆和旅游季节，都可能会有不同的最佳决策。在不失一般性的前提下，本章在市场细分的基础上，采用固定的需求函数和有限的酒店客房容量，提出了适用于不同需求季节和不同容量的在线酒店定价模型。

为了清晰地描述这个问题，绘制了需求曲线在 poq 坐标系下的投影，如图 4.3 所示，因此，所有的讨论都可以在这个坐标系中进行。假设酒店将其客房市场划分为 n 个部分，每个部分有相应的适当房价，且每个部分分配的客房数量可能不同。酒店每天的固定成本记为 F，变动成本记为 β。每个区间每天的额外运营成本（如广告宣传等）记为 K。

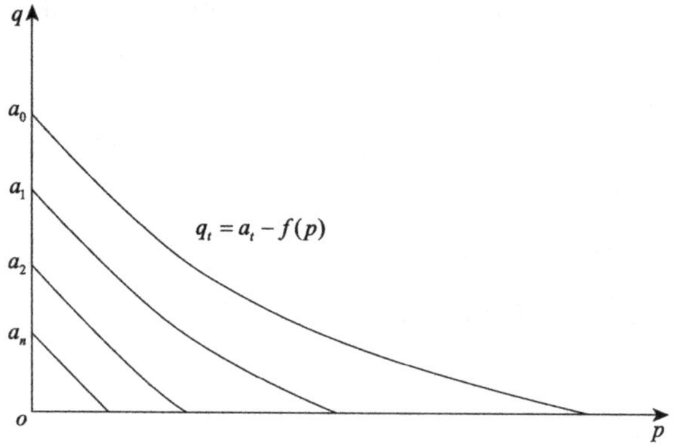

图 4.3　需求曲线在 poq 坐标系下的投影

4.2.2　单一细分市场情形

为方便理解和进行比较讨论，本章先考虑单一市场情形，即只有一个细分市场时的情况。在此情况下，模型与正常不进行市场细分情况下的最优决策相同，需求函数为 $q = a_0 - f(p)$。用 q_1 表示这个单一市场的客房数量，客房价格可由此推得：$p_1 = h(q_1) \equiv f^{-1}(a_0 - q_1)$。因此，在此情况下该单一市场的利润函数为

① http://fzzx.jl.gov.cn/gzdt/yjdt/202002/t20200228_6863016.html.

$$\pi_1(q_1)=q_1h(q_1)-F-\beta q_1-K$$

其中，$1\leqslant q_1\leqslant C$。

最优的客房数量 q_1^* 可由以下一阶条件获得

$$\frac{\partial\pi_1(q_1)}{\partial q_1}=h(q_1^*)+q_1^*h'(q_1^*)-\beta=0$$

由于 q_1^* 求解出来可能是一个非整数值，而对于酒店客房数量来说必须是一个整数值，因此需要四舍五入成整数使利润最大。即用 $R_1(q_1)$ 表示市场中投放 q_1 个客房的最大利润，即

$$R_1(q_1)=\begin{cases}q_1p_1-\beta q_1-F-K, & \text{if } q_1<q_1^*\\ q_1^*p_1^*-\beta q_1^*-F-K, & \text{if } q_1\geqslant q_1^*\end{cases}$$

其中，$p_1=h(q_1)\equiv f^{-1}(a_0-q_1)$，$1\leqslant q_1\leqslant C$。

4.2.3　两个细分市场情形

当考虑酒店设置两个细分市场时，将 Q_1 数量的客房分配给第一个细分市场，Q_2 数量的客房分配给第二个细分市场，则收入如图 4.4 所示。通过对图 4.4 的分析，很容易得到引理 4.1，如下所示。

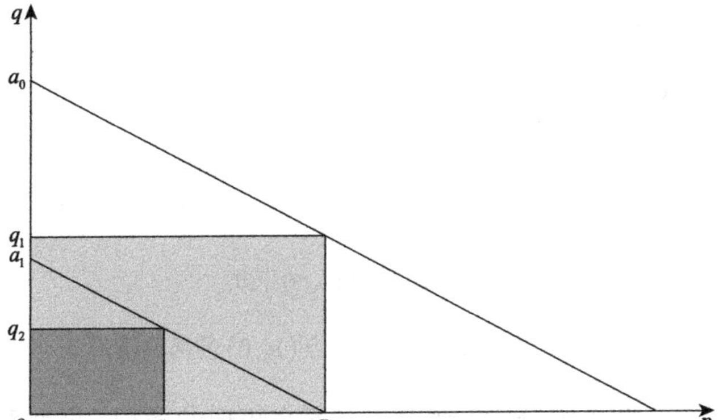

图 4.4　酒店设置两个细分市场的客房价格和收益图

引理 4.1　第二个细分市场的酒店客房需求曲线必须穿过点 $(p_1,0)$。

证明： 该引理可用反证法进行证明。首先假设需求曲线高于点 $(p_1,0)$，如图 4.5 中（a）所示。从图中可以看到有 $\Delta Q_1=a_1'-a_1$ 的需求在两个细分市场都有被满足，因此这种类型的曲线不能真实反映酒店管理者在实践中的选择。然后再假

设需求曲线低于点$(p_1,0)$，如图 4.5 中（b）所示。从图中会发现有$\Delta Q_2 = a_1 - a_1''$的需求在两个细分市场都不能被满足，因此这种类型的曲线也被排除。综上可证，第二个细分市场的酒店客房需求曲线必须穿过点$(p_1,0)$。

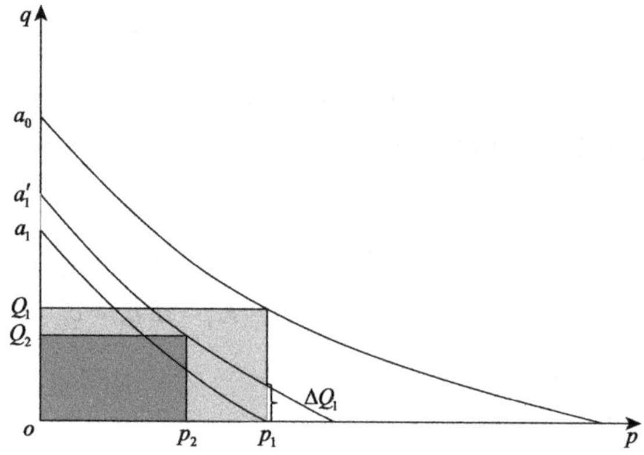

（a）曲线在点$(p_1,0)$上方

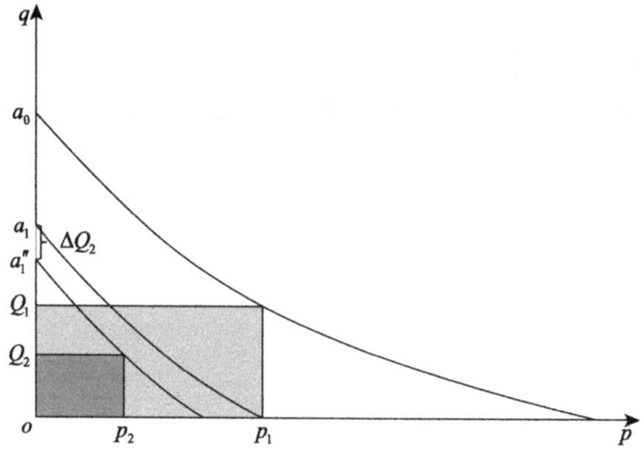

（b）曲线在点$(p_1,0)$下方

图 4.5　需求曲线没有穿过点$(p_1,0)$的两种情形

由图 4.4 可知，两个细分段的收益等于两个矩形的面积。根据引理 4.1 和几何变换，可以对矩形进行改变，如图 4.6 所示。

为了更清晰地描述模型，重新定义$p = f^{-1}(a_0 - q)$为$p = h_0(q)$，q_1为分配给第一个细分市场的客房数，q_2为分配给第二个细分市场的客房数，也就是说会有$q_2 - q_1$数量的客房被分配给第二个细分市场。

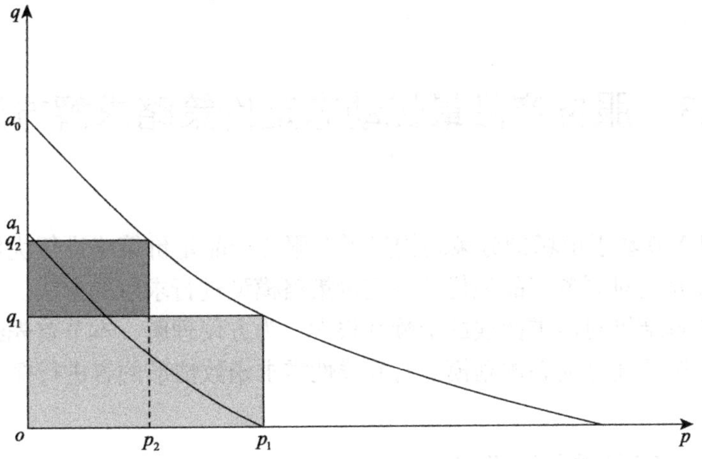

图 4.6　几何变换后的两个细分市场的收益

因此，可以得到从两个细分市场获得的利润如下：

$$\pi_2(q_2)=(q_2-q_1)f_0(q_2)-\beta(q_2-q_1)-K+\pi_1(q_1)$$

其中，$q_1 \leqslant q_2 \leqslant C$。

因为两个部分的最大利润是第一个部分的最大利润和第二个部分的最大利润的和。因此，可推得每天可以获得的最大利润：

$$R_2(q_2)=\max\{(q_2-q_1)f_0(q_2)-\beta(q_2-q_1)-K+R_1(q_1)\}$$

其中，$1 \leqslant q_1 \leqslant q_2$，$2 \leqslant q_2 \leqslant C$。

由上式得到最优的 q_1 和 q_2 后，可以得到相应的价格 p_1 和 p_2，根据引理 4.1 由 $a_1=f(p_1)$ 可知销售量已经满足了第二个细分市场的需求量，由 $a_1=g(a_0,t)$ 可以得到两个细分市场的时间分界点。

4.2.4　*n* 个细分市场情形

当酒店在其在线预订系统有 n 个细分市场，分配的客房总数为 q_n，因此分配给第 n 个细分市场的客房数量为 q_n-q_{n-1}。与有两个细分市场的情况类似，可从 n 个细分市场获得的利润为

$$R_n(q_n)=\max\{(q_n-q_{n-1})f_0(q_n)-\beta(q_n-q_{n-1})-K+R_{n-1}(q_{n-1})\}$$

其中，$n \leqslant q_n \leqslant C$。

显然，定价策略的难点在于如何确定每个细分市场的房间数量和相应的价格。因此，下一节将提供解决此问题的详细方法。

4.3　服务产品最优动态定价策略求解方法

本章 4.2 节基于市场细分策略构建了对服务产品定价策略进行优化的函数，本节将详细介绍对服务产品最优动态定价策略模型进行求解的方法。基于上述模型可知，求解结果对需求曲线的依赖性很大，为方便理解，本节首先给出了线性情况的解，然后通过动态规划模型对非线性需求函数情形的解进行探寻。

4.3.1　线性需求函数

首先考虑需求函数为线性情况下模型的解，即 $q=a_0-bp$ 。通过对模型的求解，得出命题 4.1，为本章提供了一种得到最优解的简便方法。

命题 4.1　对于线性需求 $q=a_0-bp$ ，n 个细分市场的最优定价策略必满足以下条件：

（1）如果酒店的客房总数量足够大，达到 $C\geqslant a_0-b\beta$ ，则有

$$p_i^*=\frac{(n+1-i)a_0+b\beta i}{(n+1)b}$$

相应地，每个细分市场的客房数为 $q_i^*=\dfrac{(a_0-b\beta)i}{n+1}$ ，最大总利润为 $\dfrac{n(a_0-b\beta)^2}{2b(n+1)}$ ；

（2）若酒店客房总数量 $C<a_0-b\beta$ ，则有

$$p_i^*=\frac{(n+1)a_0+iC}{(n+1)b}$$

相应地，每个细分市场的客房数为 $q_i^*=\dfrac{iC}{n+1}$ ，最大总利润为 $\dfrac{nC^2}{2b(n+1)}$ 。

证明： 由于结果的相似性，在这里只提供第一部分的证明。由前面的分析可知，n 个细分市场如图 4.7 所示，当市场细分的数目 $n\to\infty$ 时，总的潜在利润等于三角形的面积 $a_\beta\beta p_0$ ，可表示为 $A=(a_0-b\beta)^2/2b$ 。当 n 是一个有限整数时，n 段的利润是总潜在利润减去边际收入，如 $n+1$ 个小三角形所示，也就是 $R_n=A-\sum_{i=1}^{n+1}A_i$ ，其中 A_i 是第 i 个小三角形的面积。又由切比雪夫不等式可得：

$\sum_{i=1}^{n+1} A_i \geqslant A/(n+1)$，当且仅当 $q_i - q_{i-1} = q_{i+1} - q_i$，$i = 1,\cdots,n$，$q_0 = 0$，$q_{n+1} = a_0 - b\beta$ 时等号成立。因此，有 $q_i^* = (a_0 - b\beta)i/(n+1)$ 和 $p_i^* = ((n+1-i)a_0 + b\beta i)/((n+1)b)$。

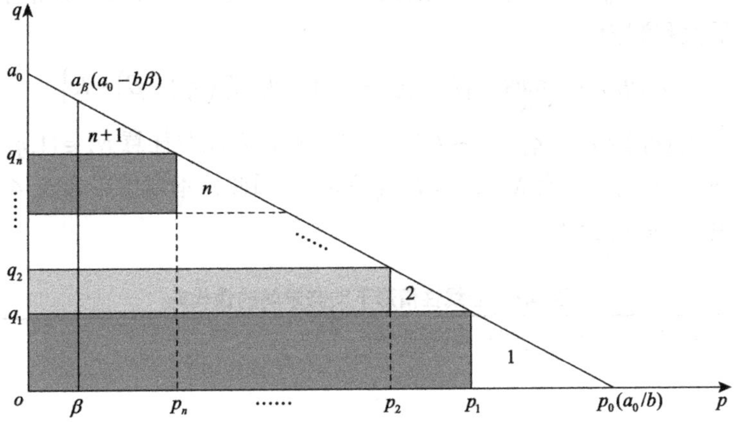

图 4.7　从 n 个细分市场获得的总收入

从命题 4.1 可以得出，当酒店将市场从 n 个细分市场拓展到 $n+1$ 个细分市场时，可得到的额外利润为 $\dfrac{(\mathrm{Min}\{C, a_0 - b\beta\})^2}{2b(n+1)(n+2)}$，因此可得最优的市场细分数目 n 必须满足细分市场的运作成本约束 $\dfrac{(\mathrm{Min}\{C, a_0 - b\beta\})^2}{2bn(n+1)} > K \geqslant \dfrac{(\mathrm{Min}\{C, a_0 - b\beta\})^2}{2b(n+1)(n+2)}$。

经过上述求解找到最优细分市场数量、每个细分市场对应的价格及分配的客房数量后，每个细分市场的开始销售时间也可相应得到。根据引理 4.1，对于 $i \geqslant 2$，得到第 i 段的需求曲线必须经过点 $(p_{i-1}, 0)$，因此，有 $a_i = bp_{i-1}$。然后从 a_t 和 a_0 的关系 $a_t = g(a_0, t)$ 即可得到起始时间。

4.3.2　非线性需求函数

当需求函数为非线性情形时，命题 4.1 给出的最优解求解方法将不再适用。为了对非线性需求情形进行求解，本章提出了一种动态规划算法。

首先用 k 表示对应于第 k 个细分市场的时段，q_k 表示 k 个细分市场总客房数，$R_k(q_k)$ 表示在第 k 个时段从 q_k 个客房获得的利润。$N_k(q_k)$ 是第 k 个时段的决策变量，其中状态转移方程为

$$q_k = N_k + q_{k-1}$$

与前文线性需求函数情况类似，可得到递归函数为

$$R_k(q_k) = R_{k-1}(q_{k-1}) + (q_k - q_{k-1}) f_0(q_k) - \beta(q_k - q_{k-1}) - K$$

其中，$R_0(0) = 0$，$q_0 = 0$，$N_0 = 0$。因此，基于第 $k-1$ 个时段的已知解可得到第 k 个时段的最大利润为

$$R_k(q_k) = \max_{1 \leqslant N_k \leqslant q_n - k + 1} \left\{ R_{k-1}(q_k - N_k) + N_k \left(f_0(q_k) - \beta \right) - K \right\}$$

首先令 $R_k(q_k) = R_{k-1}(q_k - 1) + f_0(q_k) - \beta - K$，因此对任意 $N_k \in (1, q_k - k + 1]$，若 $R_k(q_k)|N_k > R_k(q_k)$，有 $R_k(q_k) = R_k(q_k)|N_k$。因此，本章使用如表 4.1 所示的伪代码寻求 $R_k^*(q_k)$ 和 N_k^*。

表 4.1 非线性情形下动态求解的伪代码

Initialize all $R_0(0)=0$，$q_0=0$，$N_0=0$，$R_0(N)=-\infty$，$N>0$
For $k=1$ to C
For $q_k=k$ to C
For $N_k=1$ to q_n-k+1
Update $R_k^*(q_k)$ and N_k^* with $R_k(q_k) = \max_{1 \leqslant N_k \leqslant q_n - k + 1} \left\{ R_{k-1}(q_k - N_k) + N_k \left(f_0(q_k) - \beta \right) - K \right\}$
Return $R_k^*(q_k)$ and N_k^*

表 4.2 展示了上述算法在 $C=3$ 时的一个具体例子。

表 4.2 动态规划算法的算例展示（$C=3$）

阶段	$q_k=0$	$q_k=1$	$q_k=2$	$q_k=3$
$k=0$	$R_0(0)=0$	$R_0(1)=-\infty$	$R_0(2)=-\infty$	$R_0(3)=-\infty$
$k=1$		$R_1(1)=R_0(0)+T_{11}(1)$	$R_1(2)=\begin{cases} R_0(1)+T_{12}(1) \\ R_0(0)+T_{12}(2) \end{cases}$	$R_1(3)=\begin{cases} R_0(2)+T_{13}(1) \\ R_0(1)+T_{13}(2) \\ R_0(0)+T_{13}(3) \end{cases}$
$k=2$			$R_2(2)=R_1(1)+T_{22}(1)$	$R_2(3)=\begin{cases} R_1(2)+T_{23}(1) \\ R_1(1)+T_{23}(2) \end{cases}$
$k=3$				$R_3(3)=R_2(2)+T_{33}(1)$

注：T 是每个阶段的额外利润 $N_k\left(f_0(q_k)-\beta\right)-K$

虽然命题 4.1 中的定量关系在非线性情况下已不成立，但存在最优细分市场数量使得酒店利润最大化的性质仍然成立，也就是说，酒店利润相对于段数的最大化利润函数是凹函数，下一节中的数值算例分析也清楚地说明了这一点。因此，可以在满足 $R_{n-1}(q_{n-1}) \leqslant R_n(q_n) \geqslant R_{n+1}(q_{n+1})$ 时停止动态编程计算，得到最优解 $R_k^*(q_k)$ 和 N_k^*。完成酒店客房的最优分配后，与线性情况下类似，使用需求曲线和价格之间的关系

$q_t = a_t - h(p)$ 以及 a_t 和 a_0 之间的关系 $a_t = g(a_0, t)$，确定每个细分市场开始销售的时间，即基于市场细分策略从销售提前期的角度动态地给出最优的定价策略。

4.4 数值算例

为验证上述建立的模型及求解方法，本节进行数值算例分析。在算例中，本章假设有一个酒店拥有 $C = 300$ 间客房，其中每天的固定成本为 $F = 10\,000$，每个客房每天的可变成本为 $\beta = 10$，此外，每个细分市场每天的额外运营成本为 $K = 500$。通过检验三个不同的需求水平，本节显示了前面建立的在线酒店定价模型的适用性：首先通过 4.4.1 节中的中等需求水平来解释决策过程，然后在 4.4.2 节中用旅游高峰季节的高需求水平和与旅游淡季相对应的低水平来解释定价模型的适用性。

4.4.1 中等需求水平（基本算例）

在本节中，假设处于旅游正常时期，即需求为中等需求水平，中等需求水平是正常时期消费者市场的象征，可看作基本算例。为刻画出中等需求水平，我们假设需求曲线经过点（$p = 50, q = 300$）和（$p = 150, q = 100$），且从目标日期起，潜在消费者数量关于入住提前期服从指数分布，分布参数为 $\lambda = 0.008$，因此潜在消费者数量关于提前期的关系可表示为 $a_t = 1012\mathrm{e}^{-0.008t}$。综上可得酒店在目标日期的中等需求函数为

$$q(t, p) = 1012\mathrm{e}^{-0.008t} - 182\ln p$$

其图示如图 4.8 所示。

$n = 1, 2, \cdots, 8$ 阶段的动态规划模型求解结果如表 4.3 所示。从表中可以发现，基于市场细分的定价策略为酒店带来了显著的利润增长。在表 4.3 中，两部分定价决策为酒店带来的利润是单一市场情形下定价决策的两倍以上，而三部分定价策略为酒店带来的利润几乎是单一市场情形下定价决策的三倍。少数细分市场可以导致酒店客房的充分利用。例如，在表 4.3 中，$q_n = 300$，即当 $n \geqslant 3$ 时，每个酒店客房都可以为酒店盈利。最优情况下细分市场数量较少，本例中 $n^* = 7$，五部分细分战略已经可以提供接近最优的问题解决方案。当 $n > 7$ 时，酒店的利润减少，因为增加的收入无法弥补实施细分的运营成本。

表 4.3　动态规划计算结果

阶段	分配给每个细分部分的最优客房数以及相应的价格和提前期																								第 n 阶段的最大利润
	第一部分			第二部分			第三部分			第四部分			第五部分			第六部分			第七部分			第八部分			
n	q_1	p_1	t_1	q_2	p_2	t_2	q_3	p_3	t_3	q_4	p_4	t_4	q_5	p_5	t_5	q_6	p_6	t_6	q_7	p_7	t_7	q_8	p_8	t_8	
1	165	104.99	0																						5 173.02
2	104	146.79	0	257	63.33	13.55																			11 385.7
3	73	174.05	0	167	103.84	9.36	300	50.00	22.54																14 617.1
4	54	193.20	0	118	135.92	6.85	197	88.06	15.49	300	50.00	27.06													16 239.1
5	43	205.24	0	92	156.80	5.43	148	115.27	11.91	216	79.33	19.76	300	50.00	30.00										17 058.0
6	35	214.46	0	74	173.10	4.40	118	135.92	9.49	169	102.71	15.49	228	74.27	22.84	300	50.00	31.90							17 457.6
7	30	220.44	0	63	183.88	3.76	99	150.88	8.03	139	121.11	12.87	185	94.06	18.47	238	70.30	25.23	300	50.00	33.51				17 610.1
8	26	225.33	0	54	193.20	3.25	85	162.95	6.85	119	135.18	10.96	156	110.31	15.63	198	87.58	20.92	245	67.65	27.21	300	50.00	34.64	17 604.9

注：当 $i \geqslant 2$ 时，第 i 个细分市场的客房分配数量为 $q_i - q_{i-1}$

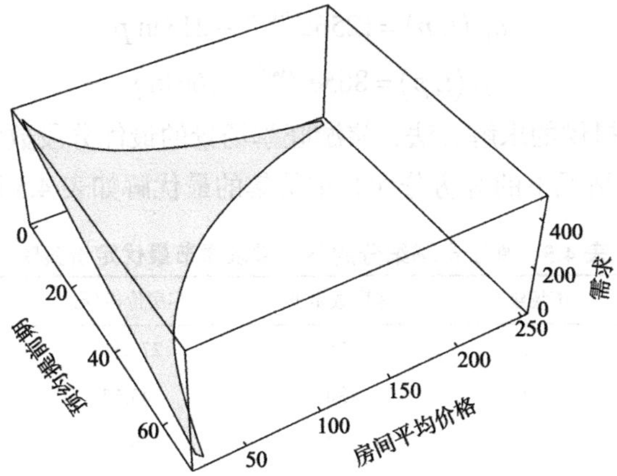

图 4.8　酒店关于预约提前期和平均客房价格的客房需求函数

基于市场细分的最优定价策略如表 4.4 所示，在此价格政策下，如果消费者在入住前 10 天预订，可以获得至少 30%的折扣。此外，如果客户能提前一个月安排行程，理论上可以获得超过 70%的折扣。

表 4.4　基于市场细分的定价策略的最优解

部分	分配给每个部分的客房数/间	响应价格/元	提前期/天
1	30	220.44	0
2	63−30=33	183.88	3.76
3	99−63=36	150.88	8.03
4	139−99=40	121.11	12.87
5	185−139=46	94.06	18.47
6	238−185=53	70.30	25.23
7	300−238=62	50.00	33.51

综上所述，该定价策略通过使服务提供商充分利用其服务能力，并为客户提供可观的价格折扣，从而达到服务提供商和消费者的均衡双赢。

4.4.2　不同需求水平下的最优决策

为了显示所提出的定价模型在不同需求季节的适用性，本节考虑了两种需求场景，即旅游旺季的客房需求和旅游淡季的客房需求，两种场景的需求函数定义如下。

$$q_H(t,p)=1256e^{-0.008t}-218\ln p$$

$$q_L(t,p)=865e^{-0.008t}-166\ln p$$

利用 4.4.1 节提供的求解方法，旅游旺季场景的最优分段数为 $n^*=8$，淡季场景为 $n^*=6$，两种情况下的客房分配和定价集的最优解如表 4.5 所示。

表 4.5　基于市场细分的不同需求季节最优定价策略

需求季节	市场细分	客房数量/间	客房价格/元	提前期/天
旅游旺季（需求较高）	1	28	279.51	0
	2	30	243.57	3.51
	3	32	210.32	7.38
	4	34	179.95	11.64
	5	38	151.16	16.34
	6	41	125.25	21.80
	7	46	101.42	27.98
	8	51	80.26	35.30
旅游淡季（需求较低）	1	34	149.31	0
	2	38	118.76	4.27
	3	43	91.66	9.22
	4	50	67.82	15.08
	5	60	47.25	22.24
	6	75	30.07	31.43

以上得出的结论与基本示例中的结果一致：结果表明，本章提出的定价模型可以适用于不同的情况，且没有任何适用性的损失。少量的细分市场使得酒店在旅游旺季和旅游淡季都能获得最大的利润。无论是旺季还是淡季，提前两周预订的消费者都可以享受不低于 30%的房费折扣。

4.5　总结与展望

本章以酒店为例研究了数字化环境下使用在线预订系统销售服务产品的动态定价策略，分别分析了需求函数为线性和非线性两种情况下的最优定价策略。在线性情况下，通过切比雪夫不等式的帮助给出了模型的解。对于非线性需求场景，采用动态规划模型来求解问题，对服务提供商更实用。计算结果表明，市场细分对服务提供商的利润有利，并且有唯一的最优细分数，可使服务提供商利润最大化。非线性情况下的数值结果表明，如果细分数大于最优段数（如基本例中的 $n^{*}=7$），总利润下降，这是因为增加细分带来的额外利润不能弥补由此产生的额外运营成本。经过分析，研究发现通过在线预订系统运作基于细分市场的动态定价策略，是一个双赢的策略，对服务供应商和消费者都有利。并且数值结果表明，该定价策略可以使服务提供商充分利用他们的服务能力，并为消费者提供相当大的价格折扣，如表 4.3 显示，定价策略可以为酒店带来三倍以上的利润（表 4.4 和表 4.5），如果消费者在目标日期前两周预订，可以获得 50%的折扣。

虽然本章对在线酒店定价策略的研究有一定的创新性，但还存在一定的局限性，这些局限性可以进行拓展，形成一些有趣的研究方向。首先，假设通过目标日期的需求曲线经过平移可以得到时间 t 处的需求曲线，即所有具有不同提前时间的需求曲线都具有相同的形状，也就是说，所有潜在消费者对客房价格具有均匀的敏感性。那么，当消费者在目标日期之前的不同时间具有不同的敏感性时，动态定价策略又将如何实现呢？其次，并不是所有的消费者都只在酒店住一天，许多消费者需要长期停留，如需要住宿两晚或更多。因此，动态定价策略可以通过结合提前预订和长期停留来进行更新。最后，一些消费者可能在目标日期前临时取消造成客房无法及时售出，可以考虑采用动态的超额预订策略来解决这个问题。

第 5 章　酒店在线销售中的定价策略优化

为了提高酒店客房销售量并增加利润，酒店选择与 OTA 合作建立在线分销渠道。OTA 推广、销售酒店客房，酒店则向 OTA 支付销售佣金。通过序贯博弈模型，本章对酒店在线销售中的定价策略进行优化，得到酒店的最优单位佣金及 OTA 对单位佣金的最优响应，最后指出：酒店与 OTA 合作的重要指标是入住率，入住率较低的酒店会更倾向与 OTA 合作；如果 OTA 的在线顾客数很多或者与之合作的酒店数量较少，站在被研究酒店的视角，其将倾向于与这类 OTA 建立在线分销渠道。本章分为 5 节，5.1 节描述主要背景和回顾主要文献；5.2 节具体描述合作模型、酒店与 OTA 各自的利润；5.3 节就集中式决策和分布式决策展开分析；5.4 节进一步进行数值分析、敏感性分析，并进行扩展讨论；5.5 节总结本章研究并提供一些建议。

5.1　背景描述及问题提出

在信息技术飞速发展的背景下，越来越多的游客开始青睐在线预订旅行服务（Guo et al.，2013a），如机票、酒店客房和汽车租赁。根据 Wu 等（2013）的研究，三分之一的香港出境游客在网上搜索酒店信息，其中通过获取信息的网站预订酒店的游客约占 50%。Toh 等（2011a）调查了 249 位休闲游客，发现通过网络搜索酒店信息的游客约占 80%，这些之中一半以上游客选择从酒店托管网站或 OTA 预订客房。此外，约有 6.5% 的网络查询与旅行有关（Jansen et al.，2008）。在 2010 年，主要品牌酒店销售额的 50%以上来自在线销售渠道（Pan et al.，2013）。2020 年前瞻产业研究院发布的《中国互联网+酒店行业商业模式创新与投资机会深度研究报告》显示，2019 年下半年中国在线酒店预订行业订单中美团一家占比约 52%，随后是携程系占 31.6%（携程和去哪儿）、同程艺龙占 9.5%，阿里系的飞猪仅占 4.8%，中国在线酒店预订市场仍在增长升级，而 2019 年超 60%的酒店预订向着三线及以下城市下沉，各 OTA 的业务量尚未饱和。这些结果表明在线分销渠道在旅游业及酒店业中起着至关重要的作用。

在线分销渠道在便利的电子商务及游客对旅行信息的大量搜索访问中发展起来，实现了旅游业和酒店业的客流从线下分流到线上，越来越多的线上游客搜索到想要的旅行信息后亦会在线预订（Guo et al.，2013a），这在满足游客旅游需求的同时也带给服务提供者丰厚的利润。因此，许多学者在广泛研究在线游客的行为以深入了解游客的需求和愿望。研究人员从消费者行为研究中发现，一些游客从第三方网站或 OTA 获取酒店信息后，会通过酒店的托管网站预订客房（Garrow et al.，2006）。此外，相比于 OTA 的在线预订渠道（如 Expedia，hotels.com，以及 Kuoni），许多酒店市场规模较小且人气较低（Bastakis et al.，2004；Ling et al.，2011），所以一些酒店会选择与 OTA 合作销售客房并向后者支付销售佣金。在实践中，OTA 通过其网页向在线游客展示酒店信息。Pan 等（2013）的研究表明，通常情况下，搜索结果中位于 OTA 网页顶部附近的酒店会获得更多游客的关注和点击。因此，搜索结果页面中的顶部及其附近位置是在线游客预订酒店客房概率较高的理想位置，但位置越理想，需要支付给 OTA 的销售佣金越高，酒店需要对此进行权衡。所以，如果酒店希望与 OTA 合作建立在线分销渠道，那么酒店必须知道如何以适当的佣金获取搜索结果列表中的最佳位置。但新酒店与 OTA 合作来开放其在线分销渠道这一问题少有研究涉及，然而解决这一问题对于缺乏在线市场信息和经验的酒店却极为重要，对帮助酒店增加盈利和收益管理具有重要意义。

在促使在线顾客预订客房更加便利从而增加酒店利润方面，也有许多研究。Ting 等（2013）和 Pan 等（2013）关注及研究网站和酒店能够吸引游客的特征。在帮助酒店节省佣金费以增加利润方面，Toh 等（2011b）对酒店吸引游客访问网站和呼叫中心的方法进行了研究。Grønflaten（2009）首先使用卡方检验方法来确定影响在线顾客预订酒店客房意愿的重要因素，然后建立逻辑回归模型并依据信息来源和购买渠道来预测游客的选择。此外，定价对酒店利润的影响也很大。Ling 等（2011）通过批发定价模型研究了酒店与第三方网站合作时的最优定价策略。Guo 和 He（2012）及 Dong 等（2014）则研究了酒店客房被视作一揽子交易时的部分定价问题。尽管涉及酒店定价策略的研究很多，但酒店和旅游领域的合作定价问题方面的研究还较少，而这对于旅游供应链而言具有重要意义。

本章通过博弈模型描述酒店与 OTA 组成的旅游供应链，供应链中双方参与委托代理博弈进行决策互动。酒店决策单位销售佣金，而 OTA 则根据佣金情况分配酒店排名并在线销售酒店客房。此外，本章考虑了 OTA 的努力程度，即为吸引游客通过自己的销售渠道在线预订，OTA 会为此付出额外努力，如旅行套餐折扣（Toh et al.，2011a），优惠券或现金返还（Guo et al.，2014）。

5.2 酒店与 OTA 的合作模型描述

本节首先具体描述酒店与 OTA 的合作，之后通过建模来描述双方的利润函数。

5.2.1 酒店与 OTA 的合作描述

在旅游业和酒店业中，在线旅游市场份额巨大、市场前景光明，在此背景下，本章对由一个酒店与一个 OTA 合作而开放的在线分销渠道展开描述。记酒店客房总数为 C，假设所有客房同质，且每个客房可容纳一位顾客（Ling et al.，2011；Guo et al.，2013b），此假设不影响本章研究结果。未开放在线分销渠道之前，酒店以标准房价 p 销售客房，每日的传统顾客（即不是通过 OTA 得知这家酒店的顾客）数量为 x，其以概率密度函数 $f(x)$ 和累积分布函数 $F(x)$ 连续分布，且均值 $\mu<C$。酒店每天的固定成本为 F，每个客房的可变成本为 υ。此外，因为可变成本的影响可包含在房费之中，故设定 $\upsilon=0$，不影响模型结果。

酒店和 OTA 合作开放在线分销渠道后，酒店通过 OTA 网站及自有渠道销售客房，费用仍为标准房价 p。此时，为实现利益最大化，酒店将决策支付给 OTA 的单位销售佣金，OTA 则决策酒店信息在其网页上的位置排名及额外付出的吸引游客通过其预订酒店客房的努力水平，努力水平会极大影响通过 OTA 网站预订酒店客房的在线游客数量。

在模型中，OTA 为包含被研究酒店在内的 n 个酒店提供分销服务，每个酒店的服务水平一样，且 n 个酒店有 N 个潜在顾客。已知单位销售佣金 p_0（酒店为每个通过 OTA 售出的客房而支付的费用），OTA 将决策酒店在其网页中的位置排名。实践中，大部分顾客习惯从顶到底阅读网页中的酒店信息，因此靠近网页顶部的酒店获得预订的概率更高（Pan et al.，2013）。需要提及的是，OTA 网页上的每个排名位置只能安排一家酒店，并且付费酒店希望被安排在顶部附近。当酒店被安排在位置 i 时，OTA 会遭受机会损失 $\varphi(i)$，这是一个 $\varphi'(i)<0$ 及 $\varphi''(i)>0$ 的凸减函数，并且 $\varphi(n)=0$（将酒店排在网页底部不会造成机会损失并且总有酒店处于较低位置）。依据潜在收益和机会损失构成的利润函数，OTA 将决策酒店在其网页排名表上的位置。

仅当网站获得在线顾客的酒店客房预订之后，OTA 才能获得酒店支付的销售佣金。然而，Toh 等（2011a）和 Wu 等（2013）指出，一些在线游客从 OTA 获得酒店信息后不会预订，而是从酒店托管网站或其他传统渠道预订客房。在这种情况下，OTA 无法获得销售佣金。

为了利润最大化，OTA 会付出额外努力来吸引游客从它的网站预订酒店客房。例如，知名 OTA Expedia（http://www.expedia.com）为游客提供价格合理的旅行套餐，如“机票+酒店”“酒店+汽车”“机票+酒店+汽车”等。此外，它也为预订客房的顾客提供在酒店附近旅行或购物的折扣。携程旅行（http://www.ctrip.com）和艺龙（http://www.elong.com）作为中国两家领先的 OTA，则将现金返还作为选择以鼓励游客从它们的分销系统而不是从酒店预订客房。经过努力，OTA 的在线游客中的 α 部分被它吸引，进而从它的网站预订客房，因此努力成本 $g(\alpha)$ 是一个 $g'(\alpha)>0$ 且 $g''(\alpha)>0$ 的凸增函数，并且 $g(0)=0$。假设 OTA 的机会损失和努力成本分别服从二次函数 $\varphi(i)=K_i(n-i)^2$ 和 $g(\alpha)=K_\alpha\alpha^2$，这种设定在成本管理文献中使用广泛（Huang and Li，2001；Chen，2005；Kim S H et al.，2007），不影响模型提供的管理启示，其中 K_i 和 K_α 分别是机会损失和努力成本系数。

OTA 的机会损失密切依赖与其合作的酒店支付的单位佣金所产生的边际收益。假设 $K_i=\bar{p}_0/n$，$\bar{p}_0=\sum_{i=1}^{n}p_{0i}\Big/n$ 是 OTA 的平均边际收益，其中 p_{0i} 是来自酒店 i 的单位佣金。在实践中，每个酒店都不知道其他酒店提供的单位佣金，但在决策时可以估计单位佣金的均值。假设 $p_{0i}(i=1,\cdots,n)$ 均匀地分布在 $[0,p]$ 上。因此，$\bar{p}_0=0.5p$ 视作 OTA 的期望边际收益，相应地，OTA 的机会损失为 $\varphi(i)=p(n-i)^2/(2n)$。与机会损失不同，OTA 为吸引所有潜在顾客通过其预订客房而付出的努力成本与酒店无关。在实践中，潜在顾客数量是随机的，本章以 $\tilde{N}=N+\varepsilon$ 表示，其中 N 是潜在顾客数均值，ε 是有限方差，因此 $\tilde{N}$ 是预订与 OTA 合作的酒店的客房的潜在顾客数，均值远大于方差，所以方差的影响可忽略不计，故本节视潜在顾客数为常数 N。

5.2.2　酒店与 OTA 的利润模型刻画

与 OTA 合作的酒店有三类顾客：①从 OTA 以外的其他来源获取酒店信息并通过酒店自己的渠道预订客房的 t 类顾客；②从 OTA 获取酒店信息但通过酒店自

己的渠道预订客房的 o 类顾客；③通过 OTA 获取酒店信息并直接预订客房的 d 类顾客。

N 个 OTA 的潜在顾客在其网页上访问 n 个同质酒店的信息，顾客的酒店选择与酒店在网页上的排名位置密切相关。依据前述，搜索结果页面的顶部附近的酒店能吸引更多顾客。尽管顾客的决策可能受到图片、照片、视频等因素的影响，但鉴于这些因素均由酒店提供和控制，因此相对于排名，其影响可被忽略。在线顾客选择排名在位置 i 的酒店的概率是 $\omega(i)$，对任意 $i=1,2,\cdots,n-1$ 均满足 $\omega(i)>\omega(i+1)$ 且 $\sum_{i=1}^{n}\omega(i)=1$。假设 $\omega(i)=2(n+1-i)/(n(n+1))$，于是 $y=N\omega(i)$ 个顾客预订酒店 i，$y_o=\alpha N\omega(i)$ 个顾客通过 OTA 预订酒店 i。因为酒店没有动机以支付极高的佣金来获取超过自身客房总数 C 的客房预订量，所以假设 $y<C$。

与 OTA 合作后，酒店获得了更多顾客，入住率也有所提高。但当全部顾客数（包括 t 类、o 类及 d 类）超过酒店客房总数时，酒店必须拒绝一些顾客的预订，这将带来客户关系管理与收益管理之间的冲突（Wang，2012）。为了建立长期且运营良好的合作关系，加之酒店重视的是比直接收益更重要客户的关系（Ling et al.，2011；Guo et al.，2013a），酒店会给予 d 类及 o 类顾客入住优先权。前述已有 $y<C$，所以所有 d 类及 o 类顾客优先入住，而 t 类顾客被安排在剩余的客房中，其数量最多只有 $\mathrm{Max}\{x,C-y\}$。故 t 类顾客的期望数量为

$$x_h=\int_0^{C-y}xf(x)\mathrm{d}x+\int_{C-y}^{\infty}(C-y)f(x)\mathrm{d}x=C-y-\int_0^{C-y}F(x)\mathrm{d}x$$

其中，$y=2(n+1-i)N/(n(n+1))$。

酒店和 OTA 的利润如下：

$$\pi_h=p(y+x_h)-p_0\alpha y-F=pC-F-p\int_0^{C-\frac{2N(n+1-i)}{n(n+1)}}F(x)\mathrm{d}x-\frac{2p_0\alpha N(n+1-i)}{n(n+1)}$$

$$\pi_o=\pi_0+p_0\alpha y-\varphi(i)-g(\alpha)=\pi_0+\frac{2p_0\alpha N(n+1-i)}{n(n+1)}-\frac{p(n-i)^2}{2n}-\frac{k\alpha^2}{2}$$

其中，常数 π_0 表示 OTA 在与被研究酒店合作前从其他 $n-1$ 个酒店获得的利润。

5.3 酒店与 OTA 的集中及分散定价决策分析

本节首先以集中式决策作为基准模型，考虑酒店和 OTA 整合为一家公司，以

最大限度实现整体目标。然后分析各方在分布式决策下的均衡。

5.3.1　基准模型：集中式决策

合作之前，酒店既不知道其在 OTA 网页上排名的详细信息，也不知道 OTA 决策的努力水平。但通过合作合同提供适当的激励，酒店可以促使 OTA 作出其需要的决策。此时，双方将最大化以下利润函数：

$$\max_{\{i,\alpha\}} \Pi = \pi_h + \pi_o = \pi_0 + pC - F - p\int_0^{C-\frac{2N(n+1-i)}{n(n+1)}} F(x)\mathrm{d}x - \frac{p(n-i)^2}{2n} - \frac{k\alpha^2}{2}$$

当整合利润最大化时，α 为 0。根据关于 i 的一阶条件，可得酒店的最优排名位置，因此得到以下命题：

命题 5.1　当酒店和 OTA 作为一个集成的决策主体时，上述问题的最优解是：

$$a^{\mathrm{FB}} = 0$$

$$i^{\mathrm{FB}*} = \arg_i \left\{ F\left(C - \frac{2N(n+1-i)}{n(n+1)} \right) = \frac{(n-i)(n+1)}{2N} \right\} \tag{5.1}$$

在等式（5.1）中，由于 $F\left(C - \frac{2N(n+1-i)}{n(n+1)} \right)$ 是 i 的增函数并且 $\frac{(n-i)(n+1)}{2N}$ 随着 i 减少，故有唯一解 $i^{\mathrm{FB}*}$。考虑 $i^{\mathrm{FB}*}$ 不一定是整数，因此需要将其四舍五入为使供应链利润最大化的整数。

5.3.2　酒店和 OTA 在分布式决策下的均衡

现在，考虑分布式决策模型，双方各自决策以最大化各自目标。酒店和 OTA 按如下事件顺序展开博弈：①酒店给 OTA 提供一份包含佣金的合作合同，该合同可采用可不采用；②OTA 接受合同，决策酒店在其网页的排名位置及吸引在线顾客预订所付出的努力水平；③在截止日期，顾客入住酒店客房；④酒店依据合同条款向 OTA 支付销售佣金。依据事件顺序，采用逆向归纳法分析 OTA 和酒店的最优决策。在单位佣金给定的情况下，OTA 将最大化其预期利润：

$$\max_{i,\alpha} \pi_o = \pi_0 + \frac{2p_0\alpha N(n+1-i)}{n(n+1)} - \frac{p(n-i)^2}{2n} - \frac{k\alpha^2}{2}$$

上述 OTA 的问题关于 i 和 α 不是拟凹的，但在结合实践情况放宽的参数假设下可以实现单峰。

命题 5.2 当$0\leqslant p_0<(n+1)\sqrt{pkn}/(2N)$时，有唯一的 OTA 最优响应，如下：

$$i^*=n-\frac{4p_0^2N^2}{pkn(n+1)^2-4p_0^2N^2}$$

$$\alpha^*=\frac{2p_0Np(n+1)}{pkn(n+1)^2-4p_0^2N^2}$$

依据这个命题，可以从$y=\dfrac{2(n+1-i)N}{n(n+1)}$得到选择酒店的在线顾客数为

$$y^*=\frac{2Npk(n+1)}{pkn(n+1)^2-4p_0^2N^2}$$

推论 5.1 当命题 5.2 的条件成立时，有$\dfrac{\partial i^*}{\partial p_0}<0$和$\dfrac{\partial \alpha^*}{\partial p_0}>0$。

推论 5.1 说明了为什么 OTA 对酒店佣金激励的最佳响应是存在的。当佣金更高时，OTA 从销售酒店客房中获取的利润更大，并会将酒店信息放在更加醒目的位置以吸引在线顾客的注意。此外，假使顾客从酒店托管的渠道预订客房，OTA 将无法收取这部分佣金，所以 OTA 会提高努力水平以鼓励在线顾客从其系统预订酒店客房。已知 OTA 对佣金的响应，酒店将决策p_0以最大化自身利润。

$$\max_{p_0}\pi_h=pC-F-p\int_0^{C-2N(n+1-i)/(n(n+1))}F(x)\mathrm{d}x-\frac{2p_0\alpha N(n+1-i)}{n(n+1)}$$

将 OTA 的响应i^*和α^*替换进酒店的目标函数，可得到以下一阶条件，

$$F\left(C-\frac{2Npk(n+1)}{pkn(n+1)^2-4p_0^2N^2}\right)=\frac{(n+1)\left(pkn(n+1)^2+4p_0^2N^2\right)}{2N\left(pkn(n+1)^2-4p_0^2N^2\right)}\qquad(5.2)$$

因为$0\leqslant p_0<(n+1)\sqrt{pkn}/(2N)$，故等式（5.2）左边是$p_0$的减函数，右边是其增函数，所以存在等式（5.2）的最优解使得酒店的期望利润最大。这里以上标 SB 表示分布式的解决方案。由于不能从等式（5.2）中得到明确的p_0^{SB}的解析形式，所以为了得到更多的管理启示，在下一节中采用数值进行说明。

5.4 数值分析、敏感性分析及扩展性分析

本节对提出的问题进行数值示例分析，其中，t类游客人数服从正态分布。示例对前述发现进行了说明，并说明了在实践中模型如何应用于酒店和 OTA 的战

略及运营决策。本节首先介绍基本示例，其次进行模型参数的敏感性分析，最后扩展模型并进一步分析。

5.4.1 基本示例：数值分析

在基本示例中，一家酒店与一个 OTA 合作建立在线分销渠道。酒店客房总数 C 等于 250，每日固定成本 F 等于 15 000，酒店的 t 类顾客的需求服从 $\mu=100$ 且 $\sigma=50$ 的正态分布。拥有 $n=50$ 个酒店及 $N=5\,000$ 个潜在顾客的 OTA 为酒店提供在线分销服务，OTA 在吸引在线顾客通过其预订酒店客房方面所付出的努力成本为 $k/2=4\,000$。合作后，无论客房是从 OTA 还是从酒店托管渠道售出，酒店均以标准房价 $p=100$ 向顾客销售客房。在不影响结果的前提下，假定 OTA 在与被研究的酒店合作前从其他 $(n-1)$ 个酒店获得的利润 $\pi_0=0$。需要说明的是，这里提到的 OTA 利润是通过其为被研究的酒店提供在线服务而获得的额外利润。

给定各参数的值后，尝试使用 Wolfram Mathematica 模拟以获得酒店付给 OTA 的最优佣金、酒店在 OTA 网页的最优排名位置及 OTA 的最优努力水平。模型的解如表 5.1 所示，此处的 i^* 是最优排名位置的理论解，而 i 是其四舍五入后的整数值。

表 5.1　不同情况下的最优解和利润

情况类型	p_0	$i(i^*)$	α	π_o	π_h	Π
集中式	—	4（3.605）	0	—	—	7 195.3
分布式	31.87	10（9.963）	0.640 3	40.04	5 260.7	5 300.7

如表 5.1 所示，相比集中式情形，分布式情形下的供应链总利润较小。此时，OTA 为了鼓励消费者通过其网站预订酒店客房，会增加额外的努力成本，这增加了 OTA 的收益但使酒店与 OTA 组成的供应链的收益受到损失。尽管如此，通过与酒店合作，OTA 还是可以获得丰厚利润。

5.4.2 敏感性分析

现在分析酒店和 OTA 的特征参数对决策变量和利润的影响，图 5.1 和图 5.2 分别展示了集中式情形和分布式情形下各参数对供应链总利润及酒店最优排名位置的影响，图 5.3 和图 5.4 分别展示了分布式情形下的各参数对酒店向 OTA 支付的最优佣金影响和对 OTA 最优决策的影响。最后，图 5.5 展示了分布式情形下的各参数对酒店和 OTA 利润的影响。

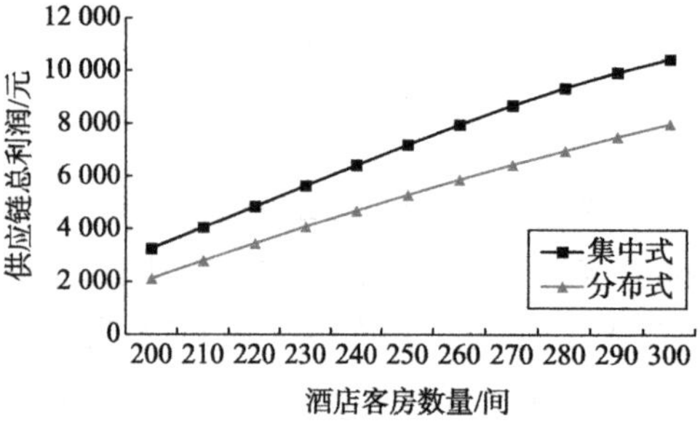

（a）酒店客房数量

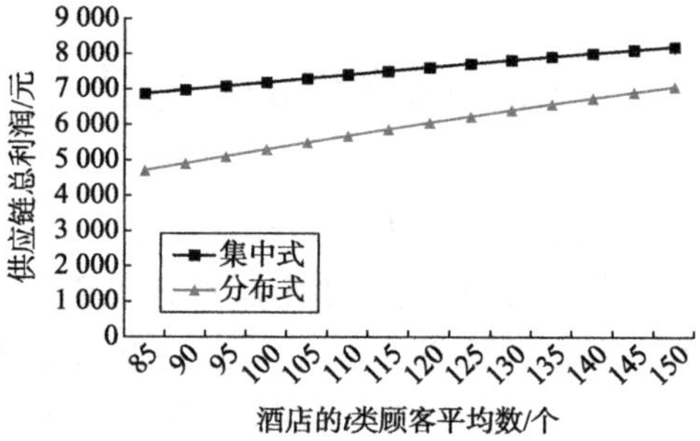

（b）酒店的 t 类顾客平均数

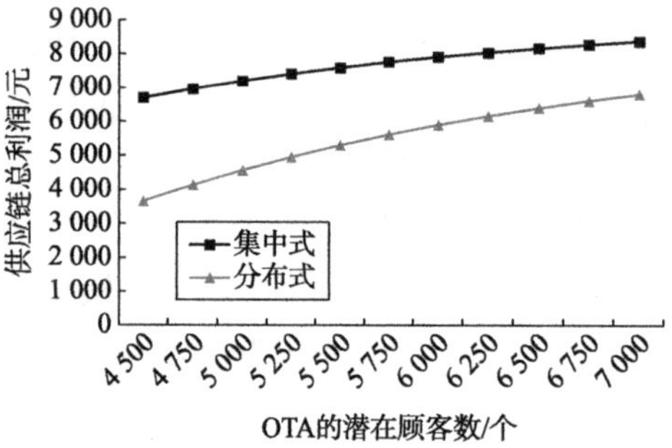

（c）OTA 的潜在顾客数

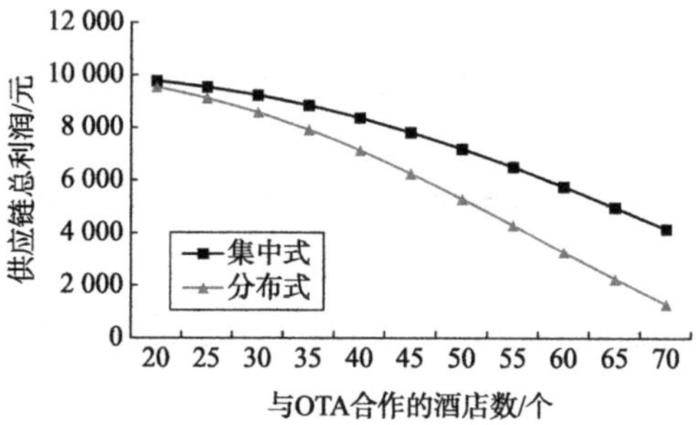

（d）与 OTA 合作的酒店数

图 5.1　不同情况对供应链总利润的影响

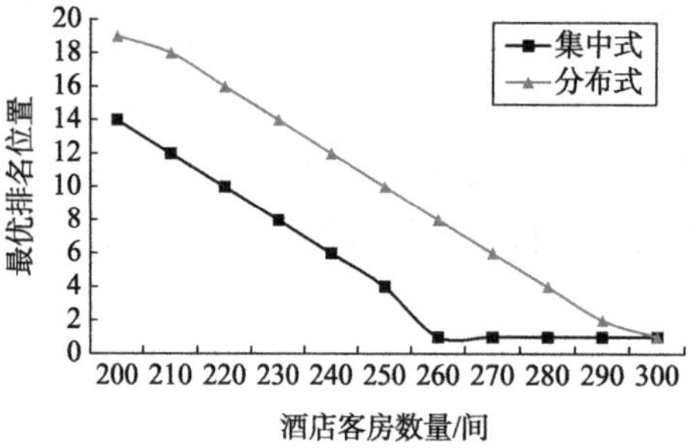

（a）酒店客房数量

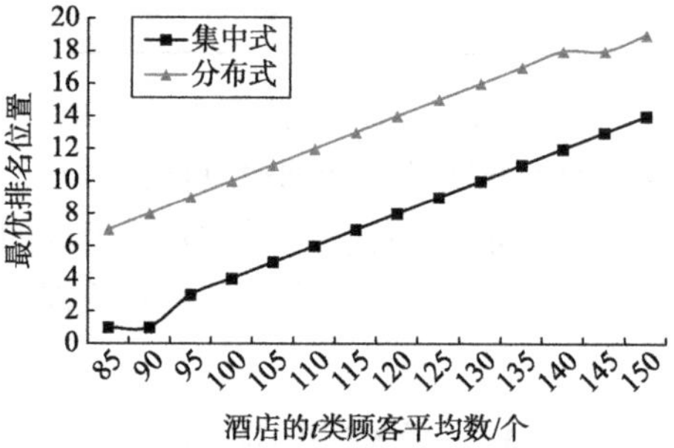

（b）酒店的 t 类顾客平均数

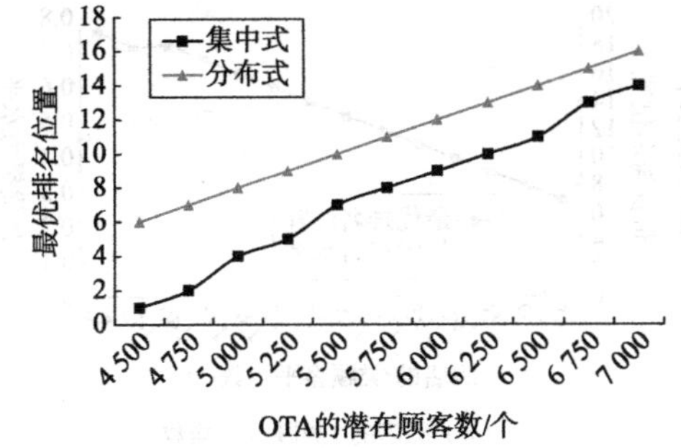

（c）OTA 的潜在顾客数

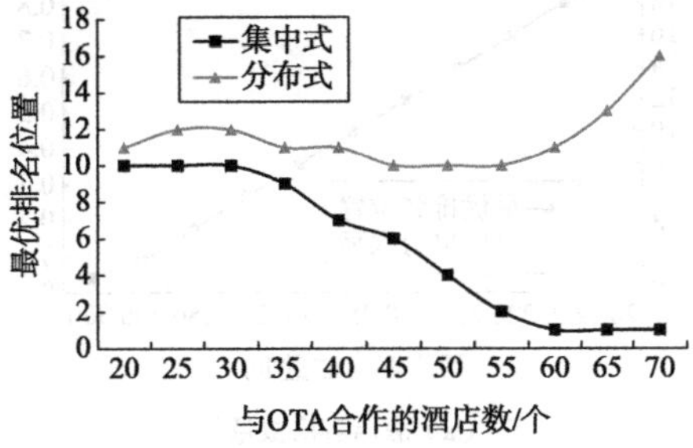

（d）与 OTA 合作的酒店数

图 5.2　不同情况对最优排名位置的影响

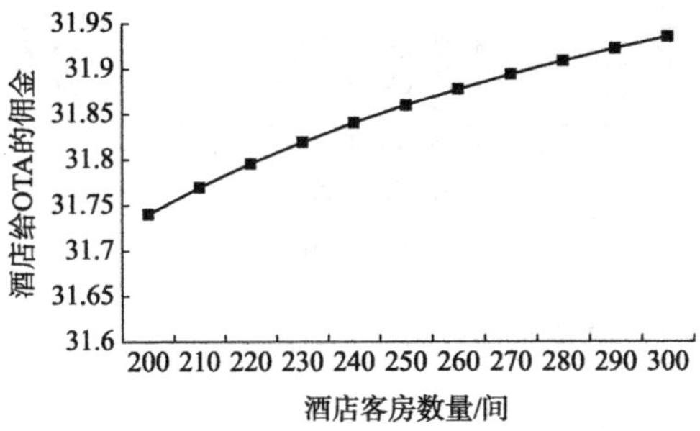

（a）酒店客房数量

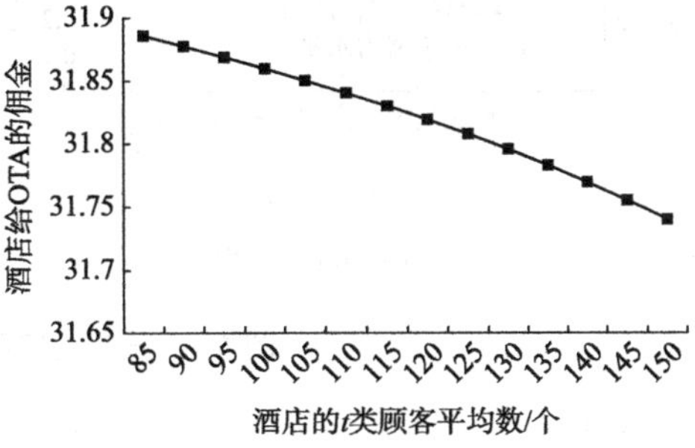

（b）酒店的 t 类顾客平均数

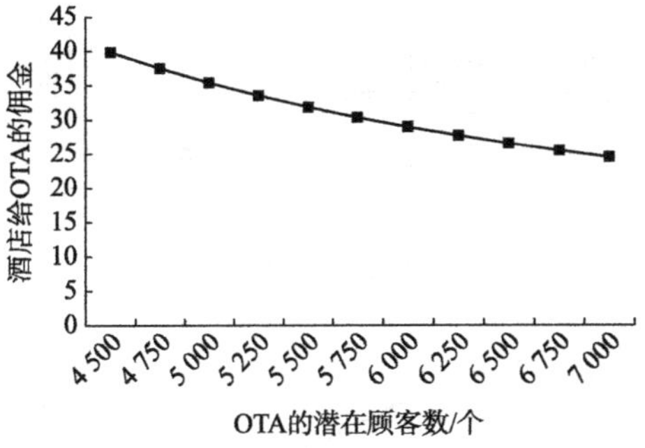

（c）OTA 的潜在顾客数

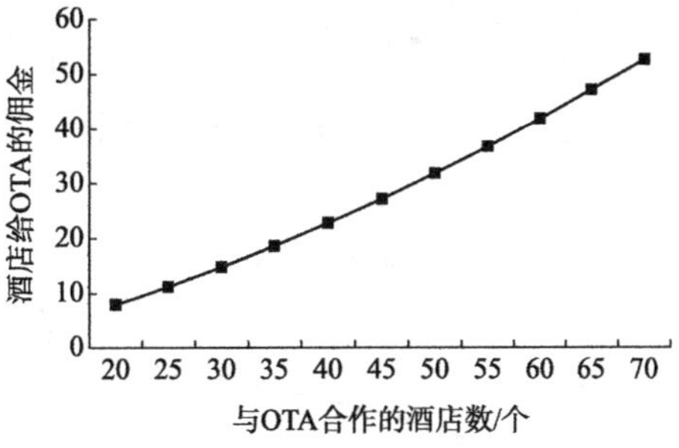

（d）与 OTA 合作的酒店数

图 5.3　分布式情形对最优佣金的影响

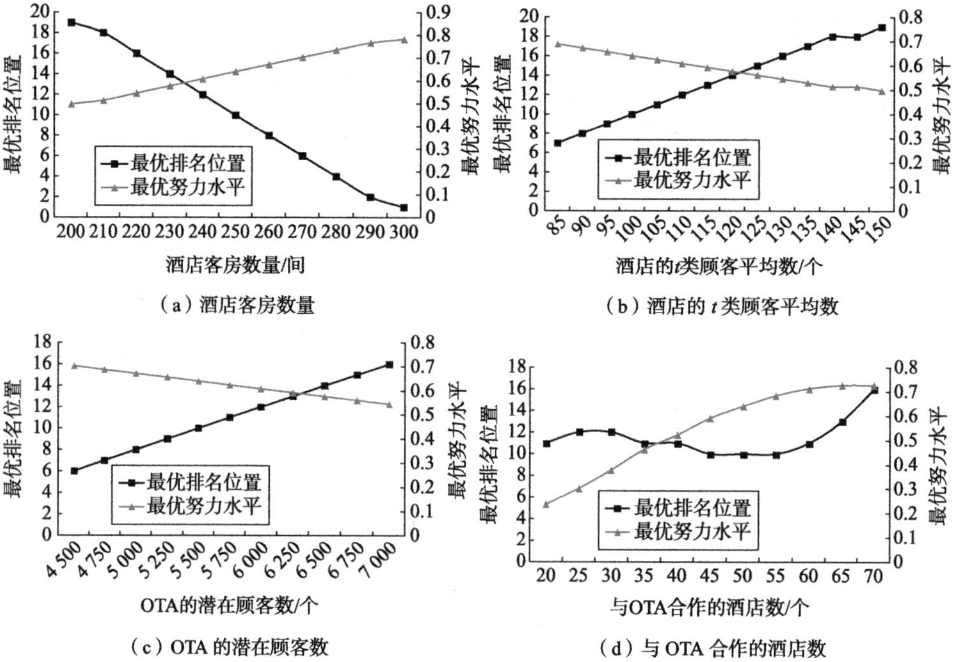

（a）酒店客房数量　（b）酒店的 t 类顾客平均数

（c）OTA 的潜在顾客数　（d）与 OTA 合作的酒店数

图 5.4　分布式情形对 OTA 响应的影响

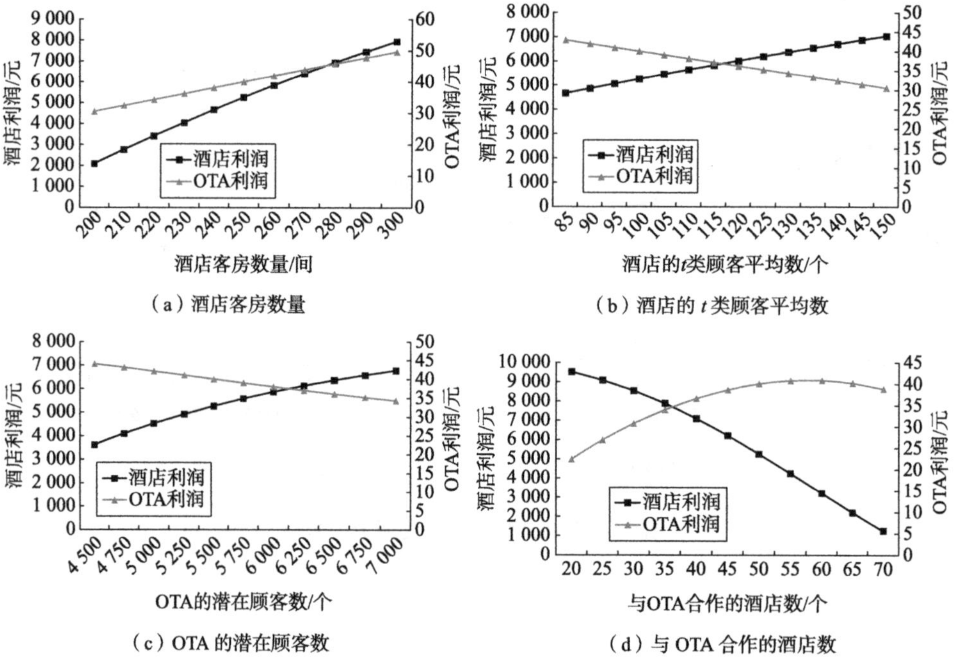

（a）酒店客房数量　（b）酒店的 t 类顾客平均数

（c）OTA 的潜在顾客数　（d）与 OTA 合作的酒店数

图 5.5　分布式情形对酒店及 OTA 利润的影响

如图 5.1 所示，由于双重边际化效应及 OTA 的预订渠道与酒店的托管渠道之间的竞争，分布式情形下的总利润少于集中式情形。需要特别提及的是，供应链总利润会随着酒店客房、t 类顾客及 OTA 潜在顾客数量的增加而增加。然而，与 OTA 合作的酒店数量越多，供应链总利润反而越少，这是由于 OTA 与更多酒店合作会招致更高的机会损失。

图 5.2 展示了分布式情形和集中式情形下各参数对最优排名位置的影响。集中式情形下的酒店排名（排名数字较小）高于分布式情形。排名数字随着酒店客房数量增大而减小（也就是说，酒店排名位置更接近于 OTA 网页顶部），并且随着 OTA 潜在顾客数量及酒店 t 类顾客数量的增加而增加。但是与 OTA 合作的酒店数在这两种情况下并没有展现相同的趋势，在集中式情形下，酒店的排名随着合作酒店数量的增加而减小，这是由于整合公司在集中式情形下获得相对较多的利润；在分布式情形下，当 OTA 与少于 60 个酒店合作时，酒店的排名数将在 10 到 12 之间波动，否则，此排名数会随着合作酒店数量的增加而增加，这是由于 OTA 必须在从酒店获得边际利润与相应的相当大的机会损失之间进行权衡。

在分布式情形下，各参数对酒店向 OTA 提供的最优佣金的影响如图 5.3 所示。佣金随着酒店客房数或与 OTA 合作的酒店数的增加而增加，却随着 t 类顾客数量或 OTA 的潜在顾客数的增加而减少。换句话说，当酒店待售的客房更多时，酒店会增加付给 OTA 的单位佣金以鼓励其提供有利于酒店客房销售的最佳排名。但 OTA 为更多酒店提供在线分销服务时，同样的排名位置要求酒店付出更高的佣金，这是因为此时 OTA 在同一排名位置的机会损失更高。同样，当顾客数量（包括 t 类顾客和 OTA 的潜在顾客）增加时，酒店的单位佣金反而减少，这是因为 OTA 只需要较低的努力水平即可获得足够多的顾客。

图 5.4 为 OTA 在分布式情形下的最优决策。OTA 更希望为靠近网页顶部的酒店付出更多努力以获取更多边际利润。此外，当与 OTA 合作的酒店数增加时，OTA 对酒店的努力水平不会降低，但酒店的排名会变差。在这种情况下，OTA 从酒店支付的较高的佣金中获得了较高的边际利润（参见图 5.3）。

图 5.5 展示了各参数对合作参与双方的利润的影响。在（a）部分，酒店和 OTA 的利润随着酒店客房数量的增加而增加。（b）和（c）两部分表明酒店利润随着 t 类顾客平均数或 OTA 潜在顾客数的增加而增加，但 OTA 利润反而下降，这是因为酒店拥有的顾客数很多时，给 OTA 的单位佣金会减少（参见图 5.3）。（d）部分表明酒店的利润会随着与 OTA 合作的酒店数的增加而减少，而 OTA 的利润则先增加后减少。当 OTA 与更多酒店合作时，酒店为网页上同一位置支付的佣金更高，但当与 OTA 合作的酒店数超过某个阈值（示例中为 60）时，酒店会因为其在网页中的排名位置不断下降而减少佣金支付。

从数值分析的结果来看，如果 OTA 具有大量潜在客户（访问 OTA 网页的在线游客数量很大），并且同时期只有很少的提供同样水平服务的酒店与其合作，酒店会与 OTA 合作。同理，OTA 更倾向于选择与拥有客房总数多且入住率低的酒店合作。

5.4.3 模型扩展：酒店异质性情形

前面的分析基于所有合作酒店同质的假设，但为了验证模型的有效性，这里将模型扩展到酒店具有异质性的情形。此时，OTA 为不同服务级别的酒店提供在线分销服务，这些酒店的客房单价取决于酒店的服务，即高服务级别意味着高客房单价。例如，经济房以低价提供，舒适房以中等价提供，豪华房以高价提供。因此，OTA 的潜在客户将面对 m 种级别的客房并根据自己的喜好预订某一级别的客房（Chawla et al.，2015）。如 Chawla 等（2007）及 Chawla 等（2015）所述，可以根据潜在顾客对服务级别的偏好来对其分类。类型 l 的顾客喜好的客房级别是 l，$l=1,2,\cdots,m$，其中类型为 0 的顾客对任何级别的客房都不偏好且不会预订任何客房。给定客房价格后，依据 Chawla 等（2007）提到的方法，可以得到顾客选择级别 l 的概率 $L(l)$。

酒店 i 是 OTA 网页上排名位置为 i 的酒店，对酒店 i 的潜在需求不仅取决于酒店的服务级别 l 也取决于酒店的排名位置 i。这里，一个喜好级别 l 的在线顾客从网站选择酒店 i 的概率是 $\varpi(i)$，且 $\varpi(i)>\varpi(i+1)$，OTA 潜在顾客数量记为 $\mathbb{N}$。

基于此，选择酒店 i 的在线顾客中喜好级别 l 的数量为 $y(l,i)=\varpi(i)L(l)\mathbb{N}$。从本质上讲，$y(l,i)$ 类似于 $y=N\omega(i)$，即酒店同质性情形下的酒店 i 的在线顾客数。因此，酒店的异质性不会影响结果的有效性。接下来分析如何得出酒店 i 的期望需求。

假设有 n_l 个提供 l 级别服务的酒店客房单价是 p_l，$l=1,2$。根据 Thanassoulis（2004）和 Chawla 等（2015）的结果，服务级别为 l 的客房对每个潜在在线顾客的效用是相互独立且均匀分布在 $[\underline{v}_l,\overline{v}_l]$，$l=1,2$。根据图 5.6，$L(l)$ 可以表示为：

$$L(1)=\frac{R(1)}{R(0)+R(1)+R(2)}=\frac{(\overline{v}_1-p_1)(\overline{v}_2+p_2-2\underline{v}_2)}{2(\overline{v}_1-\underline{v}_1)(\overline{v}_2-\underline{v}_2)}$$

$$L(2)=\frac{R(2)}{R(0)+R(1)+R(2)}=\frac{(\overline{v}_2-p_2)(\overline{v}_1+p_1-2\underline{v}_1)}{2(\overline{v}_1-\underline{v}_1)(\overline{v}_2-\underline{v}_2)}$$

这里，$R(l)$ 表示喜好客房服务级别 l，$l=1,2$ 的在线顾客期望数量，其中 $R(0)$ 表示不喜好任何级别客房服务的在线顾客数量。

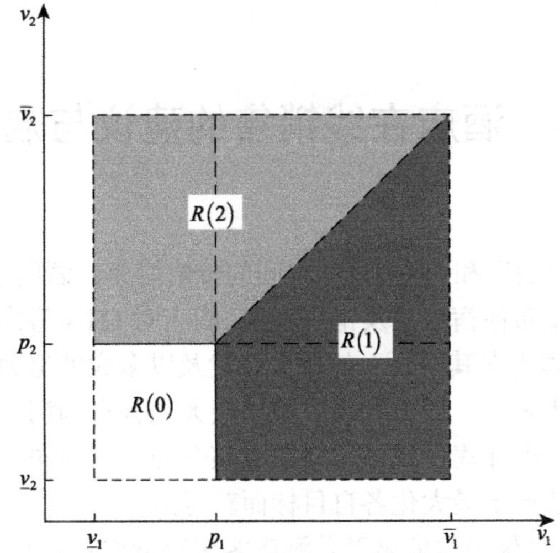

图 5.6　不同客房服务下的潜在在线顾客的估值集

考虑 OTA 网页上排名位置的影响，酒店 i 的预期需求如下（图 5.7）：

$$y(l,i) = L(l)\varpi(i)\mathbb{N}$$

其中，$\varpi(i)\mathbb{N}$ 表示喜好酒店 i 的潜在在线顾客的期望数量。

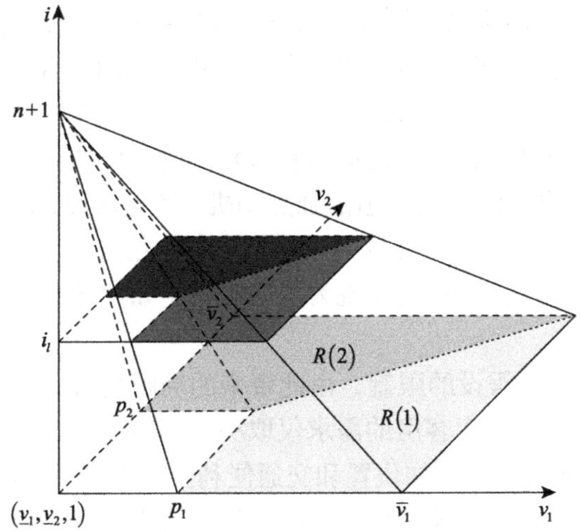

图 5.7　排名位置在 i 的酒店的期望需求

酒店的服务级别会影响潜在在线顾客的数量及被研究的网页上排名位置为 i 的酒店所产生的机会损失 K_i。然而，由于 $\varphi(i) = K_i(n-i)^2$，服务级别不会对 $\varphi(i)$ 产生重大影响。因此，从模型得到的结论在酒店异质性情形下仍然有效。

5.5　酒店在线销售的建议与启示

本章研究了一个酒店和一个 OTA 之间的价格博弈，酒店通过与 OTA 合作开放在线分销渠道来发布住宿信息及销售客房。酒店对 OTA 售出的每一间客房支付佣金，OTA 会决策酒店在其网页上的排名位置及以多大的努力水平来鼓励消费者通过其网页预订酒店客房，双方各自决策以最大化各自利润。本章将集中式的方案设定为基准方案，即在集中式情形下双方整合为一家公司，而分布式方案是从合作双方在分布式情形下最大化各自目标而获得的。

分析表明，酒店最优单位佣金随着酒店客房数量或者与 OTA 合作酒店数的增加而增加，而随着 t 类顾客人数或 OTA 的潜在顾客数的增加而减少。当酒店拥有更多可用客房时，OTA 在其网页上安排给酒店的排名位置更好，但当酒店有更多 t 类顾客或 OTA 拥有更多潜在顾客时，酒店的排名位置会变差。值得关注的是，当酒店的排名位置更高时，OTA 会付出更多的努力以吸引顾客通过其网站预订酒店客房。也就是说，OTA 的努力水平与酒店的排名位置有关。

此外，合作双方的利润受到许多因素的影响。拥有高访问量的 OTA 有助于提高酒店的收益。但是，当 OTA 与许多服务水平相同的酒店合作时，给酒店带来的利润很低，这是因为酒店必须支付给 OTA 高单位佣金才能在其网页上获得理想位置。此外，OTA 能够从入住率低的酒店获得较高的单位佣金，这一发现表明这类酒店有通过 OTA 建立在线分销渠道的强烈动机。换句话说，建立在线分销渠道之前，酒店入住率是其与 OTA 合作的一个非常重要的指标，因此建议入住率低的酒店与 OTA 合作以提高利润。这些发现为酒店提供了如何选择合作伙伴以建立及扩展其在线市场的建议。

本章模型受到一些假设的限制，由此带来的局限性可以在以后的研究中进行探讨。第一，假设顾客对酒店客房的需求仅取决于酒店在 OTA 网页上的排名位置。如果需求取决于位置和属性（如位置和交通便利性），那么酒店又该怎样进行定价决策？此扩展可能需要对需求函数附加更加复杂的假设，但值得从酒店管理的角度进行研究。第二，该模型可以扩展到多个 OTA 与提供不同水平服务的几家酒店合作的网络情形。在这种情况下，顾客可以根据客房价格、酒店的服务水平及 OTA 的服务水平来选择酒店客房。第三，模型和分析主要关注分布式情形下酒店和 OTA 的最优决策，但相应的供应链利润远未达到基准情形（集中式情形）。因此，值得去研究能够实现最优情形的有效协调合同，这也是旅游供应链管理的主题

（Chen，2012）。第四，酒店业总是面临顾客临时取消或未入住的问题，因此，在合作方案中考虑超额预订策略以提高酒店入住率很有研究价值。第五，客户自主定价（name-your-own-price，NYOP）（Wang et al.，2009；Shapiro，2011）是另一种能够提高旅游产品利用率的有效策略。因此，在实践中有望将 NYOP 策略应用于酒店与 OTA 之间的合作。第六，可以通过 OTA 分销渠道实施基于预订提前期和客房入住率的动态定价（Guo et al.，2013b）。

第三篇：数字环境下的餐饮服务定价决策创新

随着信息技术的发展和电子商务的普及，传统餐饮行业的分销方式发生了迅速的变化，第三方网站作为基于互联网的分销渠道出现了。本篇主要研究在这样的背景下，餐馆与第三方网站如何达成最优的合作决策。合作决策主要包括双方是否合作，以及合作后采用何种机制才能使双方收益最大化。本篇在博弈理论的基础上进行细化研究，具体内容如下。

第 6 章主要研究餐馆在线服务在竞争环境下的定价策略。随着社会的发展与科技的进步，餐饮业的营销策略在不断调整与创新。线上支付的兴起与电子产品的流行使得越来越多的餐馆选择与第三方网站建立业务合作伙伴关系。由于餐馆的决策者们不仅仅满足于线下业务，线上渠道逐渐普及。本书探讨在竞争环境中餐馆与第三方网站建立这种关系时的最佳定价策略。结果表明，并不是所有餐馆都应该与网站合作，或者是提供在线价格折扣。特别是，很多餐馆具有固定的服务能力，在线下忠实顾客的数量相对较少时，会更推荐其参加线上折扣活动来促进销量。在这种策略下，一段时间后线下的回头客数量会增加，商家降低网络在线折扣率，但此时第三方折扣网站的单位佣金保持不变。在最佳折扣率达到零时，餐饮的最佳决策是减少单位佣金。基于这些发现，本书提供了餐馆的最佳定价策略及该策略集合的相应边界。针对类似的问题，第 7 章将通过另一种模型研究餐馆与第三方网站合作时采用的最优定价策略。

第 8 章研究餐馆与第三方网站的在线合作机制。越来越多的餐馆付出额外的费用寻找第三方网站建立业务关系，来获取替代传统线下销售的销售渠道。并且，在新销售方式冲击带来的新问题中，餐饮企业最关心的问题为是否建立合作关系及如何制定相应的网络营销策略。针对这些问题，我们基于 Stackelberg 博弈建立一个模型来研究餐馆的在线定价策略，以及第三方网站的最优努力水平。在不同的场景下，我们得到了两种最优的合作策略，且这两种策略受到餐馆零售价格与网站用户群体的综合影响。

第 6 章　竞争环境下的餐馆在线定价策略

现代科技的进步和互联网的引入使得如今的生活有了翻天覆地的变化，对餐饮业而言，餐馆的决策者们已经不仅仅满足于传统的线下销售渠道，他们将目光转向第三方网站平台，寻求与这些平台的合作。这种新型合作模式既可以使餐馆自身被推广，获得更多客流量；又可以方便顾客，使其足不出户便可以了解餐馆信息，提前预订并在线上渠道获得更多优惠信息。此外，线上支付方式与线下相比，更加透明、安全、便捷，可以获得顾客更多的信任与青睐。

但在实际生活中，并不是所有餐馆都应与第三方网站积极合作，并且也不鼓励所有参与合作的餐馆都发起线上折扣活动。餐馆的相关决策与其自身的潜在线上顾客数量、客容量等因素息息相关。本章旨在探讨在何种情况下，餐馆应当选择与第三方网站合作，应当如何设定线上优惠的折扣率以及如何设定支付给第三方网站的佣金，以确保自身利益最大化。此外，本章阐明了在合作过程中，第三方网站应当如何分配对于每家餐馆的努力水平，作出最优决策。

本章的主要研究内容如下：6.1 节阐述这项研究的背景，总结概括历史研究进展并提出新的问题；6.2 节对餐馆与单个第三方网站组成的餐饮服务供应链进行建模，给出模型中的重要参数及相关原理解释；6.3 节分情况给出餐馆及第三方网站的最优决策，确定何种情况下餐馆需要与第三方网站进行合作、是否应该提供在线折扣，以及第三方网站如何为各餐馆分配努力水平。为了更清晰地展示结果，这一节的最后给出了一个算例分析。6.4 节总结了本章内容，给出未来的研究方向。

6.1　研究背景以及问题的提出

有别于传统的雇用员工及现金交易的手段，互联网的兴起使服务行业的交易方式得到创新与发展，比较典型的代表就是如今的网上购物及线上支付，与此同时，相应的保护顾客权益的规章条例也逐渐被提出和完善。互联网的应用使得交易过程更加便捷、安全，顾客可以在网络平台中清晰地看到商品详情及库存量，通过对比多家线上店铺进行决策，并且线上支付较现金支付也更加安全与透明。

如今，许多服务行业选择使用互联网进行交易以降低交易成本（Wymbs，2000；Freund and Weinhold，2002）。在旅游业中，互联网为电子旅行者及提供旅行服务和产品的供应商开辟了一种渠道，进行信息交互和产品销售（Law et al.，2004）。许多旅行网站除了提供景点介绍及地区游玩攻略以外，也与景区、当地餐馆、旅馆等进行合作，为旅客提供一站式便利服务。网站从中收取部分中间商费用，合作商提供一些线上折扣吸引顾客预订，增加线上渠道的竞争力。

在餐饮业中，客户使用在线渠道可以访问餐馆信息，获得价格折扣并且完成交易订单的提交与支付（Kimes，2008，2009）。网络的引入使得交易更加透明、即时、便利、安全，消费者可以足不出户获得海量商品信息。于商家而言，网络的引入使得人力成本大大降低，同时提供了更广泛的宣传平台，因此如何制定策略在诸多极具竞争力的同行中取胜以及如何分配线上与线下的服务能力达到利益最大化成了难题。如今，在线分销渠道应用广泛，成为连接客户和服务运营商的重要桥梁，特别是在中国，越来越多的用户通过在线渠道完成预订，大大提高了运作效率，促进经济发展。根据中国互联网络信息中心的报告，中国的在线旅行预订用户在 2021 年 6 月已达到 3.67 亿人（中国互联网络信息中心，2021）。

在线分销渠道具有流行性与功能性两个重要特点，基于此，服务运营商选择与第三方网站达成合作伙伴的关系并从中获得收益，在服务行业中，这种收益是早已得到认可的（Kimes，2011）。在线分销策略可以为餐馆带来好处，最重要的是可以吸引更多顾客。对于顾客来说，这种模式较线下渠道而言更加便利，同时可以满足个人偏好。

餐馆与各种第三方网站建立业务合作伙伴关系，开发在线分销渠道。第三方网站种类繁多，如 OpenTable 之类的第三方网站可提供餐馆预订信息，并提示顾客餐馆的营业时间。与在线餐馆预订的领先供应商 OpenTable 不同，Groupon 是出售每日折扣现金券的交易网站。与其他预订网站不同，Groupon 会在客户完成预订时提供用餐折扣，这些折扣可以在相应的餐馆兑换。诸如 Groupon 之类的在线团购网站通过聚集消费者的购买力，对特定的顾客提供具有吸引力的价格的针对性服务。实际上，预约出售的餐馆优惠券的数量总是远远超过截止日期之前要求的最小团体人数。因此，团购被认为是提供折扣价格的一种销售策略（Zhang et al.，2013）。许多顾客在选择餐馆用餐之前，往往会去第三方网站查询该餐馆的相关信息，提前团购优惠券以获得比线下更优惠的折扣价。为了描述这两种类型的代理网站，我们使用“团购网站”代表在线团购网站，如提供价格折扣的 Groupon，用“纯预订网站”代表无折扣的第三方网站，如 OpenTable，这些网站不提供价格折扣。

在竞争激烈的在线环境中，我们对餐馆与第三方网站之间的业务关系的了解仍然很少。因此，我们在多个竞争性餐馆和某个第三方网站之间建立了代理模型，在这种模型下，餐馆通过向第三方网站提供佣金并向在线顾客提供价格促销的方式，与第三方网站建立业务合作伙伴关系；第三方网站确定针对餐馆的努力程度以吸引合作餐馆的顾客。第三方网站考察餐馆的指标有很多，比较主要的有餐馆的位置是否能带来商机、在同类餐馆中排名是否靠前、是否投放广告及投放广告的力度和广告投放的反响。在接下来的内容中我们旨在解决三个问题：①在什么情况下应鼓励餐馆与第三方网站建立合作伙伴关系？如果餐馆参与到这种合作机制中，那么是否所有餐馆都应通过这种在线分销方式提供价格折扣，从而最大限度地提高利润？②在第三方网站的参与下，面对如今激烈的竞争环境，餐馆应当如何决定最佳定价策略？③第三方网站如何根据与合作餐馆商定的佣金确定其努力水平（即对其总努力水平的分配）？

我们将餐饮服务供应链建模为多家餐馆通过一个第三方网站建立业务合作伙伴关系，在此基础上建立多餐馆市场和代理商网站之间的序贯 Stackelberg 博弈模型。作为主要参与者，餐馆通过竞争的纳什博弈确定第三方网站的佣金，而网站确定努力水平之后将决定对每个餐馆付出的努力程度。这种努力包括但不限于对餐馆的地理位置和图片进行排名，因为这些因素可能会影响客户的购买决策，从而影响销售量。

虽然从之前的分析可以看出，这种合作机制对餐馆来说有诸多收益，但实际结果表明，与第三方网站建立合作关系并提供在线折扣这种策略并非适用于所有餐馆。特别是，对于线下需求相对低于其服务能力的餐馆，建议提供线上折扣。此外，最佳折扣率随线下需求的水平而变化。与线下需求较低的餐馆所对应的情况相反，我们鼓励具有较高线下需求的餐馆通过传统渠道进行服务销售，因为这些餐馆具有较多忠实线下客户，而消费渠道的改变很可能影响忠实用户的去留，通过在线渠道获得的利润增长并不能弥补这种损失。也就是说，餐馆提供在线折扣并不能保证其盈利增加，决策者需要根据餐馆的现实情况权衡利弊慎重决定。对于第三方网站而言，应确定分配给容量有限的餐馆的相应努力水平，并将剩余的努力水平平均分配给其他容量足够的餐馆。

针对在线销售和定价管理的研究已经比较丰富，但针对服务行业（尤其是餐馆服务）的研究相对较少。现有研究表明互联网已被广泛用作制造业和服务业中传统零售商的通信和分销渠道（Buhalis，1998；Xia and Zhang，2010），互联网和服务产品（如餐馆服务、旅游业和旅游产品）具有很好的契合性（Christian，2001；Buhalis and Licata，2002；Law et al.，2004；Kimes，2008）。电子渠道为信息传输提供了便捷有效的渠道（Boyer and Hult，2005）。消费者通过虚拟渠道及时获得复杂的信息，这些信息会协助消费者作出决策。此外，互联网还为服务供应商提供了一种可以在任何时间、任何地点向潜在客户出售其产品的方式。Dennis 等（2002）指出，电子渠道提供了丰富的产品，并使客户能够利用互联网所带来的便利和优惠的价格来满足自己的需求。

从服务供应商的角度来看，在线分销渠道的成功因素是巨大的市场份额和高收入（Law et al.，2004）。先前的研究表明，餐馆与在线第三方网站建立业务合作伙伴关系具有长远的影响（Schulz，1994；Göymen，2000；Yoon et al.，2006）。与此同时，在探寻使餐馆所有者获利的重要商业策略的过程中，餐馆的在线分销发挥的重要作用引起了研究人员的注意。Kimes（2011）指出，随着第三方网站进入市场，餐馆的分销正在发生变化。此外，Zhang 等（2013）强调了在线团购促销策略对餐饮业的影响。

作为一种流行的餐饮服务零售的在线分销渠道，在线团购行业在全球范围内发展迅速，因此近年来引发了越来越多的关注（Jing and Xie，2011），现有的研究已经引入并分析了这种基于网站的团购机制（Anand and Aron，2003；Chen and Roma，2011）。在线团购是一种在线零售方式，它通过利用一些个体组成一个群体的购买力来提供价格相对低廉的服务或产品（Liu et al.，2013）。网上团购已成为企业销售服务和产品的重要方式，尤其是对于中小型企业而言，这种线上销售方式可以有效地营销其品牌（Liu et al.，2013）。与以前的研究相比，本章着眼于在线团购平台和服务提供商之间的博弈视角，探讨参与者的最佳定价决策，包括多家餐馆和一个第三方网站的餐饮服务供应链。尽管本章使用在线团购网站作为参与的第三方网站的代表，但该研究并不局限于探索团购机制。

价格折扣作为一种促销策略可以使短期销量急剧增加，并进一步保持或增加市场份额，从而最终实现利润增长（Gijsbrechts et al.，2003；Ruiz and Descals，2008）。Nusair 等（2010）进一步证明了在低端价格服务（如餐馆等）中价格折扣方式和价格折扣水平对客户购买意愿的影响；Lee 等（2010）证明，在网络环境中，包含餐馆电子信息的第三方网站的潜在用户更喜欢获得折扣、促销信息和电子优惠券。正如 Dholakia（2010）所述，尽管第三方网站提供的价格折扣增加了客户的购买意愿，但是这些在线折扣服务（如 Groupon）的迅速发展与进步将餐馆运营商置于一种流量与边际收益两难的境地。从相关研究者的报告中可以看出，一些使用 Groupon 的餐馆发现促销并不能使自己获得较大的收益，并对参与促销活动感到后悔。这些餐馆不能获得较大收益的原因有很多。例如，通过第三方网站购买在线优惠券的客户通常不会全额付款，而现有客户开始通过在线分销使用折扣。

为了解决这个问题，我们提供了一个代理模型来分析餐馆的最佳定价策略，并且讨论了它们是否应当与第三方网站建立合作伙伴关系，以及是否应当在该网站提供价格折扣，从而帮助餐馆所有者获得最优决策。在本章中，我们考虑了多个具有竞争性的餐馆与第三方网站建立业务合作伙伴关系的情况，并着重于餐馆的最佳定价决策的选取。为了使模型贴合实际，以便利用模型解决实际问题，我们在第三方在线团购网站的环境下对上述基本问题进行建模。根据最优决策的结果，我们对餐馆参与机制的选择进行了全面讨论，即餐馆应当如何与在线团购网站（如 Groupon）或纯粹的预订网站（如 Opentable）建立合作伙伴关系。

6.2　餐饮服务供应链建模

如前文所述，我们对 n 个具有竞争关系的餐馆和单个第三方网站的餐饮服务供应链进行建模。这些餐馆与第三方网站（如 Groupon 网站、大众点评网站等）建立了业务合作伙伴关系，第三方网站被用作餐馆营销服务和产品的在线分销渠道。通过本模型，我们能够得出这些相互竞争的餐馆及第三方网站可作出的决策，我们用下标 o 表示第三方网站，下标 i 代表餐馆，其中 $i=1,2,\cdots,n$。

我们考虑一个委托代理模型。n 家餐馆是进行纳什博弈的委托人，而第三方网站是与 n 个委托人进行 Stackelberg 博弈的代理商。随后，我们通过描述餐馆在线和线下渠道的客户数量来描述模型框架，并得出餐馆和第三方网站的预期利润。

6.2.1　业务关系和顾客数量的描述

在餐馆与第三方网站之间具有合作关系的前提下，每个餐馆都通过合作的第三方网站运营的双渠道分销机制（传统的线下和在线分销渠道）来分销其服务。餐馆i的有限服务能力（客容量）是固定的，我们令其等于C_i。对于传统的使用线下渠道购买产品和服务的客户，如通过呼叫中心预订餐馆或直接到店的客户，我们将此类服务和商品的单价标准化为p_i。同样，对于通过在线分销渠道获得商品或者服务的客户，我们将此类服务和商品的单价标准化为折扣价$(1-a_i)p_i$，根据以上对分销渠道的描述可以得到本问题的客户流（图 6.1）。

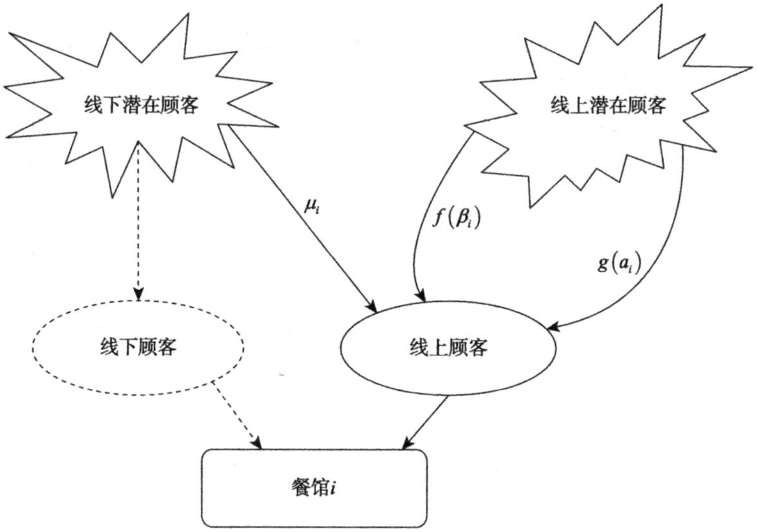

图 6.1　客户流示意图

在在线分销渠道中，餐馆每售出一件商品或一项服务，提供给第三方网站的单位佣金为$b_i p_i$。相应地，第三方网站付出宣传、推广餐馆的努力，这类努力包括但不限于网站网页上的排名、对餐馆的图片说明和视频介绍。选择线上渠道的顾客在选择餐馆时往往会根据网页给出的信息进行多方对比，顾客需要了解餐馆的地理位置、人均消费水平、餐馆口味及招牌菜等信息，网页上的视频与图片宣传要比单纯的文字广告及顾客间的口头介绍有更强的冲击力与吸引力。餐馆排名也是顾客考量与选择消费地点的一大重要指标，一些网站会依据商圈、餐馆消费标准、餐馆种类、销量等指标给出不同的排名，顾客倾向于选择经济范围内排名靠前的餐馆。以前面提及的大众点评网站为例，大众点评的美食排名页面有很多个子类，以便消费者精准定位，节省挑选餐馆的时间。排名页面中有关于美食的精确分类，如火锅、日料、西餐、江浙菜、粤菜等。在每种美食分类之下，有热门榜、好评榜、口味榜、环境榜、服务榜五种排名，参与排名的餐馆可以依据所在城市的不同地区决定。进入餐馆的详情页面，除了视频图片文字介绍、餐馆的地址、营业时间和联系方式等基本信息，页面上还显示了在餐馆有用餐经历的顾客推荐的菜品排名，网友评分及文字、图片评论。单纯的文字图片介绍也许并不能获得顾客的信任，但是有用餐经历的老顾客或者回头客的推荐将会使餐馆更具吸引力。由于大众点评网站的普及度很高，一些排名较高的餐馆在宣传时，会特意强调餐馆在大众点评网站的排名及热度，顾客也更青睐于评价数量较多并且好评较多的餐馆，在选择菜品的时候也会更倾向于选择网友推荐热度较高的招牌菜。一旦顾客对此餐馆非常满意，他们有可能成为回头客甚至忠实老客户；另外，这些顾客可能会在第三方网站上表扬这家餐馆，提高餐馆的热度与好评度，从而提高餐馆的排名及知名度，促使更多的顾客慕名而来，这就构成一个良性循环。因此，网页在吸引顾客及增加消费需求这方面起到非常重要的作用。

但是，第三方网站的工作能力是有限的，并且对于餐馆来说，这些努力是外来的，因为这些努力并不能使餐馆自身得到提升，只能从外部影响顾客对餐馆的看法。显而易见的是，仅仅有宣传却没有优秀的内核只会使餐馆的热度越来越低，吸引的顾客越来越少。也就是说，餐馆在把握住与第三方网站合作机会的同时，也要将主要精力放在提升菜品、改善经营等方面。

此外，不失一般性，我们将第三方网站能付出的努力限制为 1（Guo et al.，2013a）。根据 n 家餐馆提供的佣金，网站需要决定对每家餐馆付出的努力水平。其中 β_i 表示餐馆 i 对应的努力水平，并且对 β_i 有 $\sum_{i=1}^{n}\beta_i \leqslant 1$。

餐馆 i 的潜在客户被两个方面吸引，一是该第三方网站的营销努力 β_i，二是餐馆的折扣策略 a_i。特别地，我们将被第三方网站的营销策略吸引的客户数量表示为 $f(\beta_i)$，这是关于 β_i 的一个递增的凹函数［即 $f'(\beta_i)>0$，$f''(\beta_i)\leqslant 0$ 并且 $f(0)=0$；网站的营销工作的边际效用是递减的（Allen，1934）］。此外，本节采用对数函数形式 $f(\beta_i)=\ln[\beta_i+1]M$，$M>0$ 进行刻画。这种形式已在现有文献中得到广泛使用（Amir and Lambson，2000；Cowan，2004；Ozelkan and Cakanyildirim，2009），利用这种形式可以精确地解释模型，且不会从根本上改变研究模型的意义。假定被折扣价吸引的客户数量为 $g(a_i)=a_i\rho p_i$，其中 ρ 为潜在客户对餐馆服务的打折价格的敏感度因子，并且不失一般性，我们假设潜在客户对所有餐馆的敏感度因子相同，更大的折扣率意味着相应餐馆对顾客的更大吸引力。这种需求函数在现有文献中应用也非常广泛（Weng，2000；Savaskan et al.，2004；Lee et al.，2013）。

在线下市场中，潜在顾客被视为指定餐馆的忠实顾客，这是因为线下零售价格为一个常数且保持不变，决策过程中不会上调或下降线下价格。此外，根据客户们对最终购买渠道的选择，可以将忠实客户分为线下忠实客户和在线忠实客户。

拥有丰富在线购物经验的忠实客户会被吸引到在线渠道，因为理性的顾客在需要购买相同的服务或者产品时，会收集对比多个渠道的价格与商品的详细信息，在商品质量有保证的情况下，这类顾客更倾向于选择更低的价格进行购买（Ruiz and Descals，2008；Palazon and Delgado-Ballester，2009；Nusair et al.，2010）。在本章的研究中，我们将餐馆 i 的这种类型的顾客数量指定为 μ_i。另外，没有任何在线购买经验的客户更喜欢使用线下渠道购买商品或者服务，因为他们缺少通过在线渠道获取有关折扣价格信息的机会。这类顾客数量也很庞大，比较经典的代表就是一些老年顾客，他们很少甚至不会使用电子产品，从而无法浏览相关的第三方网站并完成线上预订或者团购支付，因此他们往往选择直接到店的方式进行消费。此外，现实中还有一部分顾客并不信任网络广告与信息，他们更倾向于到线下的店铺进行对比或者尝试，从而做出自己的判断。基于餐馆在线分销的快速发展及电子商务和移动商务的迅速普及（Kimes，2009；Noone et al.，2011），结合研究目的，本章不考虑没有任何在线购买经历的线下客户对我们的影响。这种假设是合理的，因为我们需要研究的是餐馆如何在与第三方网站合作方面作出最优的决策，从而收获尽可能高的利润。此外，线下的交易不通过线上渠道，并且这类线下客户从未有过购买经历，转变为线上客户的可能性非常小，从而可以认为两者是相互独立的。这种假设与许多餐馆在其接待台前提供二维码（QR code）的做法是一致的，具有线上渠道接入能力的线下客户可以在支付账单之前使用其智能手机扫描二维码来轻松加入在线渠道。通过在线渠道，用户可以轻松找到团购信息与优惠信息，以更加优惠的价格支付账单，这也提高了顾客的满意程度，一定程度上促使顾客成为忠实回头客。

下面给出以上讨论的客户分布，餐馆 i 的总需求可以通过如下表达式计算得出：$D_i = \mu_i + \ln[\beta_i + 1]M + a_i \rho p_i$。在这个表达式中，所有类型的客户都从第三方网站运营的在线渠道购买服务。因此，就餐馆的服务能力等于 C_i 的情况而言，餐馆 i 的预期顾客数量可以用如下表达式来估计：

$$q_i = \min\{C_i, \mu_i + \ln[\beta_i + 1]M + a_i \rho p_i\} \tag{6.1}$$

6.2.2　运营成本和预期利润

在不失一般性的前提下，餐馆 i 投资固定成本 F_i（如必要设施、人力资源成本及除个人服务外的其他一次性投资）以建立其服务能力 C_i。对于每项服务，餐馆均会产生可变的单位成本 υ_i，该成本与线下零售价格 p_i 类似，均进行了标准化。第三方网站还需要支付固定的费用 F_0，如 Web 服务器的构建和在线市场上的品牌促销，以建立其分配给 n 个餐馆的努力水平。

在业务关系中，第三方网站根据提供的参与餐馆的佣金费用 b_i 来设置分配给餐馆 i 的努力水平 β_i，其中 $i=1,2,\cdots,n$。除了单位佣金以外，餐馆 i 还为在线分销渠道确定折扣率，以吸引潜在客户，从而最大限度地利用其产能。

鉴于上述假设，具有最佳在线折扣率 a_i 和佣金率 b_i 的服务能力为 C_i 的餐馆 i 的预期利润可表示为

$$\begin{aligned}\pi_i &= (1-a_i)p_i q_i - b_i p_i q_i - \upsilon_i q_i - F_i \\ &= ((1-a_i-b_i)p_i - \upsilon_i)\min\{C_i, \mu_i + \ln[\beta_i+1]M + a_i\rho p_i\} - F_i\end{aligned} \tag{6.2}$$

式（6.2）中第一部分是餐馆从客户那里获得的收益，第二部分是餐馆支付给第三方网站的佣金，最后两部分是餐馆的运营成本。通过为餐馆提供在线分销服务，该网站获得以下预期利润：

$$\pi_0 = \sum_{i=1}^{n} b_i p_i \min\{C_i, \mu_i + \ln[\beta_i+1]M + a_i\rho p_i\} - F_0 \tag{6.3}$$

式（6.2）和式（6.3）表明，设置 $F_i = F_0 = \upsilon_i = 0$ 不会影响模型的结果。因此，不失一般性，在以下的分析中我们假定所有运营成本均为零。

6.3　决 策 分 析

本节首先介绍在餐馆与第三方网站有合作关系期间的相关事件顺序，随后，分析网站及餐馆的个体行为，以进一步研究每个参与者的决策过程。

6.3.1　事件顺序

本章旨在建立多个餐馆（委托人）和单个第三方网站（代理）之间的代理模型，分析各餐馆在该模型下的最优决策以及第三方网站分配给各餐馆的努力水平。根据 6.2 节中的模型描述，多个餐馆在内部进行纳什博弈，以争夺代理商网站的努力水平，尽可能获得代理商网站更多的推广与关注，从而有更大的机会吸引潜在顾客，在诸多具有竞争力的餐馆中脱颖而出，获得更高的热度及尽可能多的利润收入，而第三方代理商网站在全局序贯 Stackelberg 博弈中充当参与者。这里我们应该注意，第三方网站的利润很大程度上取决于餐馆的需求：如果餐馆停止营业，那么相应地，第三方网站也会停止营业；这是因为这类第三方网站的盈利来

源就是餐饮支付的佣金，餐馆停止营业就意味着这类网站失去了收入来源，只能停止营业；相反，如果第三方网站停止营业，餐馆并不会因此停止运作。这个结果也是非常显然的，因为餐馆可以通过线下交易盈利，第三方网站的关闭只会影响餐馆的推广促销及一部分线上顾客的交易，并不会中断餐馆的盈利。因此，第三方网站的利润获得仅来源于餐馆提供的佣金。在这种情况下，餐馆推动了业务发展，并成为序贯博弈中的渠道领导者。此外，我们应该注意，不能将第三方网站与餐馆之间的关系简单地建模为纳什博弈，因为这种情况下餐馆将设定佣金率 $b_i = 0$，而第三方网站将会设定努力水平 $\beta_i = 0$。因此，事件的详细顺序如下所述：①餐馆向第三方网站提供包括佣金和折扣率在内的“承揽或保留”合同；②第三方网站接受或拒绝合同；③第三方网站决定它向提供可接受合同的餐馆付出的努力水平，根据其努力能力最大化其总利润；④顾客在决策者的最优决策下做出选择，顾客数量得以实现；⑤餐馆为顾客提供餐饮服务，并根据合同条款向第三方网站付款。

6.3.2 博弈均衡

基于上述事件顺序，我们可以通过逆向归纳的方法来获得均衡解。下面分别介绍网站的最佳响应、餐馆的 Nash 均衡和全局博弈均衡。

1. 第三方网站的决策

在给定餐馆服务的佣金率 b_i 和餐馆的在线折扣率 a_i 的情形下，第三方网站将确定为每个参与餐馆提供的最优努力水平，以在固定努力水平的情况下最大化其预期利润。因此，该第三方网站解决以下问题。

$$\max_{\beta_i} \quad \pi_0 = \sum_{i=1}^{n} b_i p_i \min\left\{C_i, \mu_i + \ln[\beta_i + 1]M + a_i \rho p_i\right\}$$

$$\text{s.t.} \quad \sum_{i=1}^{n} \beta_i \leqslant 1, \quad \beta_i \geqslant 0 \tag{6.4}$$

引理 6.1 设餐馆 i 规定的合同条款为 $\{a_i, b_i\}$，那么在第三方网站的最佳解决方案下，有不等式 $\mu_i + \ln[\beta_i + 1]M + a_i \rho p_i \leqslant C_i$ 成立。

如果餐馆的预期利润是关于 a_i 和 b_i 的递减函数，并且客户数量固定，则引理 6.1 直接成立。在这种情况下，第三方网站的问题可以简化为

$$\max_{\beta_i} \pi_0 = \sum_{i=1}^{n} b_i p_i \left(\mu_i + \ln[\beta_i + 1]M + a_i \rho p_i\right)$$

且 β_i 满足式（6.4）的限制条件

式（6.4）是网站总努力水平的约束，并且仅当满足约束条件 $\sum_{i=1}^{n}\beta_i = 1$ 时，才能获得最优解。因此，预期利润是 β_i 的非递减函数。令 θ 为与式（6.4）对应的拉格朗日乘数，以下命题是第三方网站依据餐馆给定合同条款的最佳响应。

命题 6.1　第三方网站问题存在唯一的内部最优解，即网站为餐馆 i 付出的努力水平为

$$\beta_i^*(\theta) = \frac{b_i p_i M}{\theta} - 1 \tag{6.5}$$

$$\sum_{i=1}^{n}\beta_i^*(\theta) = 1 \tag{6.6}$$

餐馆 i 的最优努力水平随佣金率的增加而增加，但是与餐馆服务价格的在线折扣率无关。换句话说，如果餐馆提供高佣金，则对应的第三方网站会增加其努力水平，从而吸引更多的顾客。但是，由于餐馆没有提供高佣金，而是提供了折扣价，该网站就不会增加其市场推广工作，不会为餐馆营销付出过多的努力。

2. 餐馆的决策

基于命题 6.1 的结论，第三方网站通过分析得出的努力水平做出相应响应，则餐馆 i 需要解决以下问题。

$$\max_{a_i, b_i} \quad \pi_i = (1 - a_i - b_i)\left(\mu_i + \ln[\beta_i + 1]M + a_i \rho p_i\right) p_i \tag{6.7}$$

$$\text{s.t.} \quad \mu_i + \ln[\beta_i + 1]M + a_i \rho p_i \leqslant C_i \tag{6.8}$$

$$a_i \geqslant 0\,,\quad b_i \geqslant 0\,,\quad a_i + b_i \leqslant 1$$

以及式（6.5）和式（6.6）

观察目标函数以及式（6.5）和式（6.6），我们注意到餐馆 i 所面临的问题取决于它自身的选择。为了解决这个问题，我们对所有的餐馆应用纳什博弈模型。

为了对餐馆的最佳决策有一个清晰的认识，我们首先假设餐馆拥有足够的容量来放宽式（6.8）的服务能力约束。对于单个餐馆 i 而言，以下命题给出了其最优决策。

命题 6.2　假设餐馆具有足够的服务能力来满足所有市场需求，那么，餐馆 i 唯一的最佳解决方案是将在线折扣率和佣金率设置为

$$a_i^* = \frac{\rho p_i - \mu_i - M\left(\ln\left[M^2/(\theta\rho)\right] + 1\right)}{2\rho p_i}$$

$$b_i^* = M/(\rho p_i) \tag{6.9}$$

将式（6.9）代入式（6.5），我们确定在这种情况下餐馆 i 的最佳努力水平为

$$\beta_i^*(\theta) = M^2/(\rho\theta) - 1 \tag{6.10}$$

此外，在考虑式（6.6）所示的$\sum_{i=1}^{n}\beta_i^*(\theta)=1$的限制下，与式（6.4）关联的拉格朗日乘数为$\theta = nM^2/(\rho(n+1))$，因此，$n$个餐馆与单个第三方网站之间的博弈均衡为

$$a_i^{*1} = \frac{\rho p_i - \mu_i - M\left(\ln\left[(n+1)/n\right]+1\right)}{2\rho p_i} \tag{6.11}$$

$$b_i^{*1} = M/(\rho p_i)$$

$$\beta_i^{*1} = 1/n$$

推论 6.1 如果餐馆有足够的服务能力来满足所有市场需求，那么

（i）$\frac{\partial a_i^{*1}}{\partial p_i} > 0$，$\frac{\partial a_i^{*1}}{\partial \mu_i} < 0$，$\frac{\partial a_i^{*1}}{\partial M} < 0$；

（ii）$\frac{\partial b_i^{*1}}{\partial p_i} < 0$，$\frac{\partial b_i^{*1}}{\partial \mu_i} = 0$，$\frac{\partial b_i^{*1}}{\partial M} > 0$；

（iii）$\frac{\partial b_i^{*1}}{\partial p_i} = \frac{\partial b_i^{*1}}{\partial \mu_i} = \frac{\partial b_i^{*1}}{\partial M} = 0$。

推论 6.1 总结了参数对均衡解的影响。基于（i），我们确定在线分销渠道中餐馆服务的最优折扣率随着忠诚客户数量和在线工作效率的降低而降低。一个有趣的结果是，最佳折扣率随标准线下零售价格的增加而增加，而在我们的直观认知中这并不划算，因为在线下销售价格增加时，上调折扣率使得对于单件物品或单项服务而言，商家获得的利润减少。因此，由本模型的结果可以看出，对于购买价格比普通餐馆更高的豪华餐馆的产品和服务，虽然从消费金额的角度来看似乎并不划算，但是如果从性价比的角度来看，选择豪华餐馆实际上可以使顾客节省更多的费用。

推论 6.1 的第（ii）部分显示，最佳佣金与网站的工作效率成正比，并随着线下零售价的降低而降低。第（iii）部分的结果可以解释为，在所有餐馆都具有足够服务能力的情况下，最佳努力水平不依赖于任何参数，如餐馆零售价格、忠实顾客的数量及工作效率。在这种情况下，第三方网站将其努力水平平均分配给 n 个参与合作的餐馆。但是，这个结果仅仅是理论上的，是基于餐馆具有无限容量的假设得出的。从实际的角度来看，每个餐馆或多或少都会有一定的接待能力约束，所有餐馆都达到无限容量是不可能的，所以这个理想的结果是难以实现的。因此，我们对这种较为理想化的模型进行一定的改进，在后续段落中将研究具有固定容量的餐馆的最优定价决策。

式（6.11）及$a_i \geqslant 0$表明最优折扣率只能在满足$\mu_i \leqslant \rho p_i - M\left(\ln\left[(n+1)/n\right]+1\right)$的

时候使用。当一家餐馆拥有数量高于 $\rho p_i - M\left(\ln\left[(n+1)/n\right]+1\right)$ 的来自潜在线下市场的忠实顾客时，我们不鼓励餐馆通过在线分销渠道提供价格折扣以扩大其市场份额的行为。这是因为虽然吸引在线客户能够使餐馆增加一定的利润，但是这类餐馆具有较多的线下忠实顾客，一旦这类顾客转向线上渠道进行消费，那么他们将以折扣价购买商品或者服务，这种利润的增加并不能弥补忠诚客户转向在线渠道所造成的利润损失。

在达到均衡时，基于式（6.1），餐馆 i 的需求为 $d_i^{*1} = \dfrac{\mu_i + \rho p_i - M\left(1-\ln\left[(n+1)/n\right]\right)}{2}$。如果餐馆的容量大于 d_i^{*1}，则认为该餐馆的容量已经足够。

如果餐馆 i 的容量小于 d_i^{*1}，则餐馆只能招待数量为 C_i 的顾客。只有在满足条件 $\mu_i + \ln\left[\beta_i + 1\right]M + a_i \rho p_i = C_i$ 的时候，才能达到餐馆的最大预期利润。考虑到命题 6.1 中阐述的网站的最优决策，a_i 和 b_i 之间的关系表示如下：

$$a_i = \frac{C_i - \mu_i - M\ln\left[b_i p_i M/\theta\right]}{\rho p_i} \tag{6.12}$$

将式（6.12）代入式（6.7）中的餐馆目标函数，则可以得到与命题 6.2 类似的最佳解决方案。

命题 6.3　如果餐馆 i 具有的服务能力满足 $C_i < \left(\mu_i + \rho p_i - M\left(1-\ln\left[(n+1)/n\right]\right)\right)/2$，则其唯一的最优决策方案是将在线折扣和佣金率设置为

$$a_i^{**} = \frac{C_i - \mu_i - M\ln\left[M^2/(\rho\theta)\right]}{\rho p_i}, \quad b_i^{**} = M/(\rho p_i)$$

由于 a_i^{**} 不应小于零，因此忠实客户的数量应满足 $\mu_i \leqslant C_i - M\ln\left[M^2/(\rho\theta)\right]$。为了达到唯一的博弈均衡，无论餐馆有无足够的容量，这两种情形之间的唯一区别应该是

$$a_i^{*2} = \frac{C_i - \mu_i - M\ln\left[(n+1)/n\right]}{\rho p_i}$$

当 $\mu_i > C_i - M\ln\left[(n+1)/n\right]$ 时，餐馆不为在线顾客提供价格折扣。此外，它还在满足条件 $b_i < 1 - \mu_i/C_i$ 的情况下向网站提供佣金 $b_i = \dfrac{\theta\exp\left\{(C_i - \mu_i)/M\right\}}{p_i M}$，从而确保参与合作可以提高利润。就其本身而言，该网站为此餐馆提供了努力水平 $\beta_i = \exp\left\{(C_i - \mu_i)/M\right\} - 1$。在这种情形下，餐馆 i 的最佳努力水平是与 θ 独立的，这与等式（6.10）中所示的先前情况下的最优决策不同。因此，应根据 $\sum_{i=1}^{n} \beta_i^*(\theta) = 1$

来重新计算拉格朗日乘数的值。

3. 均衡解

基于上述 1. 和 2. 小节中的所有分析，可以获得全局博弈均衡。假设与它们的有限服务能力相比，这 m 个餐馆具有较高的线下需求，其中 $\mu_i > C_i - M\ln\left[(n+1)/n\right]$，$i=1,2,\cdots,m$。因此，拉格朗日乘子可以由下面的表达式得出：

$$\theta = \frac{(n-m)M^2}{\rho\left(n+1-\sum_{i=1}^{m}\exp\left\{(C_i-\mu_i)/M\right\}\right)}$$

因此，餐馆的最佳选择是根据忠诚客户的数量选择在线折扣率和对应的佣金率。

$$a_i = \begin{cases} \left(\rho p_i - \mu_i - M\left(1+\ln\left[\dfrac{n+1-\sum_{j=1}^{m}\exp\left\{(C_j-\mu_j)/M\right\}}{n-m}\right]\right)\right)\Big/(2\rho p_i), & \text{if } \mu_i \leqslant \min\left\{\underline{\mu}_i, \underset{\sim}{\mu}_i\right\} \\ \left(C_i - \mu_i - M\ln\left[\dfrac{n+1-\sum_{j=1}^{m}\exp\left\{(C_j-\mu_j)/M\right\}}{n-m}\right]\right)\Big/(\rho p_i), & \text{if } \underline{\mu}_i < \mu_i \leqslant \hat{\mu}_i \\ 0, & \text{otherwise} \end{cases}$$

$$b_i = \begin{cases} \dfrac{M}{\rho p_i}, & \text{if } \mu_i \leqslant \min\left\{\hat{\mu}_i, \underset{\sim}{\mu}_i\right\} \\ \dfrac{(n-m)M\exp\left\{(C_i-\mu_i)/M\right\}}{\rho p_i\left(n+1-\sum_{j=1}^{m}\exp\left\{(C_j-\mu_j)/M\right\}\right)}, & \text{if } \hat{\mu}_i < \mu_i \leqslant \bar{\mu}_i \\ 0, & \text{otherwise} \end{cases}$$

其中，$\underline{\mu}_i = 2C_i - \rho p_i + M\left(1-\ln\left[\left(n+1-\sum_{j=1}^{m}\exp\left\{(C_j-\mu_j)/M\right\}\right)\Big/(n-m)\right]\right)$；

$\underset{\sim}{\mu}_i = \rho p_i - M\left(1+\ln\left[\left(n+1-\sum_{j=1}^{m}\exp\left\{(C_j-\mu_j)/M\right\}\right)\Big/(n-m)\right]\right)$；

$\hat{\mu}_i = C_i - M\ln\left[\left(n+1-\sum_{j=1}^{m}\exp\left\{(C_j-\mu_j)/M\right\}\right)\Big/(n-m)\right]$；

$$\bar{\mu}_i = \arg_{\mu_i}\left\{\mu_i = \left(1 - b_i\left(\mu_i\right)\right)C_i\right\}。$$

因此，可以通过以下方式获得网站的最佳努力水平分配：

$$\beta_i = \begin{cases} \left(m+1-\sum_{j=1}^{m}\exp\left\{\left(C_j-\mu_j\right)/M\right\}\right)\Big/(n-m), & \text{if} \quad \mu_i \leqslant \hat{\mu}_i \\ \max\left\{0, \exp\left\{\left(C_i-\mu_i\right)/M\right\}-1\right\}, & \text{otherwise} \end{cases} \tag{6.13}$$

基于前面的分析，餐馆与第三方网站合作的最优决策可以用图像刻画（图 6.2）。结果表明，并不能因为线上渠道的诸多优势而鼓励所有餐馆与第三方网站建立合作伙伴关系，这种合作关系的建立需要结合餐馆的实际情况来决定。此外，在与第三方网站有合作关系的餐馆中，我们也不建议所有餐馆都使用在线价格折扣，对于部分餐馆而言，它们使用第三方网站进行宣传推广，支付相对较少的佣金，就能够达到收益最大化。对于图中第 I 和第 II 区域的餐馆，建议与第三方网站建立合作伙伴关系并且提供在线折扣。但是这两个区域对应的在线折扣率不同，对于图中第 II 区域的餐馆，应采用较低的在线折扣。该策略为餐馆提供了一种参与模式的建议，这种模式类似于餐馆与团购网站（如 Groupon 和大众点评）之间的关系。对于图中第 III 区域的餐馆，我们仍建议其参加与第三方网站的合作。但是，不鼓励这类餐馆提供在线渠道中的价格折扣，并且这些餐馆的最佳佣金率应当低于第 I 区域和第 II 区域的餐馆。该策略提出了一种与餐馆和纯预订网站之间关系类似的参与模式，该模式仅提供餐馆的在线预订服务，但不为在线客户提供价格折扣（如 OpenTable）。最后，对于图中不属于这三个区域的餐馆，我们建议这类餐馆放弃与任何第三方网站的合作关系，因为合作关系带来的利润增加并不能弥补其线下忠实客户的渠道转移所带来的相应利润损失。

根据公式（6.13）所示的第三方网站的最优决策，网站应确定容量不足（即 $\mu_i > \hat{\mu}_i$）的餐馆的努力水平。在此基础上，如果所有容量足够的餐馆均向第三方网站提供相同佣金（$b_i p_i = M/\rho$ 在 $\mu_i \leqslant \hat{\mu}_i$ 的条件下对所有的 i 都成立）。网站可以将剩余的努力水平平均分配给容量足够（即 $\mu_i \leqslant \hat{\mu}_i$）的餐馆。

6.3.3 算例分析

为了加强对餐馆和第三方网站决策过程的理解，本节提供了一个算例分析，其中基础参数设置如下：$n=5$，$p_i=200$，$M=300$。表 6.1 列出了这 5 家餐馆的服务能力和线下客户的数量。此外，我们将潜在客户对有折扣的在线零售价格的敏感度系数值设置为 $\rho=4.2$。

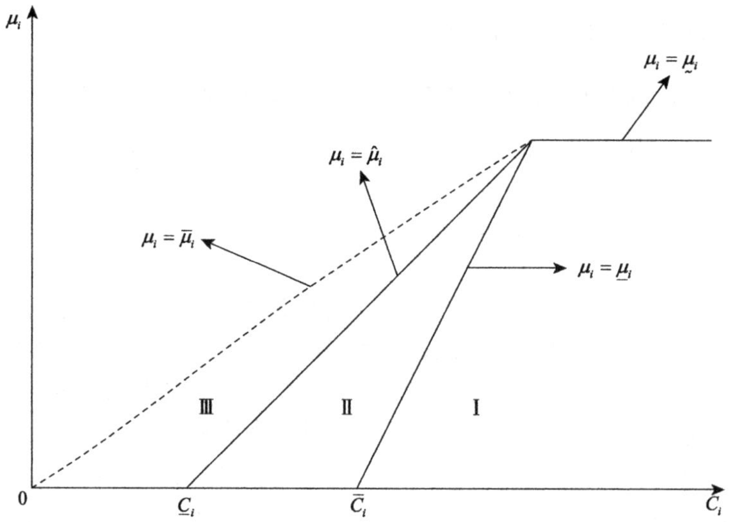

$$2\underline{C}_i=\bar{C}_i=\rho p_i-M\left(1-\ln\left[\left(n+1-\sum_{j=1}^{m}\exp\left\{(C_j-\mu_j)/M\right\}\right)\Big/(n-m)\right]\right)$$

图 6.2　针对拥有不同忠实顾客数量和服务能力的餐馆的最佳解决方案

表 6.1　餐馆的服务能力和线下需求信息

餐馆 i	餐馆 1	餐馆 2	餐馆 3	餐馆 4	餐馆 5
C_i	200	200	300	300	400
μ_i	50	120	50	250	180

基于上述参数，可以确定只有餐馆 4 满足条件 $\mu_i>C_i-M\ln\left[(n+1)/n\right]$，即在此参数设定中对应 $m=1$。此外，基于前面小节中的分析，可以得到各餐馆对应图 6.2 中的决策阈值与所属区域，结果如表 6.2 所示。

表 6.2　决策阈值以及餐馆对应的区域

餐馆 i	$\underline{\mu}_i$	$\underset{\sim}{\mu}_i$	$\hat{\mu}_i$	$\bar{\mu}_i$	区域
餐馆 1	—	484.14	144.14	—	Ⅱ
餐馆 2	—	484.14	144.14	—	Ⅱ
餐馆 3	4.14	484.14	244.14	—	Ⅱ
餐馆 4	4.14	484.14	244.14	246.75	区域外
餐馆 5	204.14	484.14	344.14	—	Ⅰ

根据图 6.2 中餐馆的区域及其最优决策，我们进一步获得餐馆及网站的最佳解决方案，如表 6.3 所示。

表 6.3　餐馆与网站对应的最优决策

决策		餐馆 1	餐馆 2	餐馆 3	餐馆 4	餐馆 5
餐馆决策	a_i	11.21%	2.87%	23.11%	0	18.11%
	b_i	35.71%	35.71%	35.71%	0	35.71%
网站决策	β_i	20.466%	20.466%	20.466%	18.136%	20.466%

数值结果表明，大多数餐馆通常会为客户提供 10%~20%的在线折扣。在此示例的五家餐馆中，餐馆 4 不为在线客户提供任何折扣；因此，与其服务能力相比，它拥有大量的线下消费者，这一发现与实际情况是相符的。因为除了餐馆 4 以外的餐馆向网站提供相同的佣金率，所以网站为餐馆 4 以外的其他餐馆提供了相同的努力水平。

6.4　总结与展望

6.4.1　研究结论及管理意义

这项研究探讨了在在线环境（尤其是在线团购）的大背景下，餐馆与第三方网站建立业务合作伙伴关系时，决策者应当如何制定营销策略及餐馆的最佳定价策略。通过分析由 n 个餐馆和单个第三方网站组成的餐饮服务供应链，我们得到了多个餐馆的最优定价策略。此外，我们也介绍了第三方网站的最佳努力水平分配策略。

在研究过程中我们发现，通过模型推导得出的一些结论是与我们的预期有所出入的，但这些结果在实践中能得到很好的解释。尽管在如今这样一个信息化智能化的时代，利用科技的便利与第三方网站建立合作伙伴关系能够给餐馆带来诸多益处，这些益处不仅仅在于帮助餐馆推广，更在于能够使餐馆通过线上折扣的方式吸引更多潜在忠实用户，但是我们并不鼓励所有餐馆都建立这种合作关系。同样，并非所有与第三方网站建立合作关系的餐馆都应提供在线价格折扣。餐馆的最佳策略取决于线下渠道的忠实顾客数量及该餐馆的服务能力。当餐馆的固定服务能力水平相对较高时，建议参与在线合作并提供在线价格折扣。当忠实客户的数量不断增加时，第三方网站的单位佣金不变，但是最佳在线折扣率会随之降低。因此，一个很好的建议是让餐馆与团购网站（如 Groupon 网站或大众点评网站）建立合作伙伴关系。当最优折扣率达到零时，餐馆应该降低单位佣金；同样，此时建议餐馆与没有在线价格折扣的纯预订网站（如 OpenTable）建立合作伙伴关系。如果忠实客户的数量继续增长并超过一个阈值，则其不应与第三方网站合作，因为参与线上活动虽然能从中获取利润，但这种利润增量并不能弥补忠实客户由于渠道变更导致的利润损失，并且餐馆也需要向第三方网站支付佣金，如此一来，整体收益会较合作前有所减少。值得注意的是，与第三方网站合作的决策仅仅是使餐馆获利的一个外在优势，在作出合理决策的情况下，餐馆并不能仅仅依赖第三方网站的宣传推广来增加销量。对于餐馆而言，自身的提高和改进往往更加重要，改良菜品、用餐环境及营销、服务方式等都是增加餐馆自身竞争力的有效手段，只有不断进步，才能结合这种合作机制达成良性循环，获得更大的利润。

此外，我们提供了餐馆的最佳定价策略及策略集合的相应边界。对于第三方网站而言，基于各餐馆的单位佣金，为服务能力不足的餐馆决定它们的最佳努力水平是最佳选择。此后，应将其剩余努力能力平均分配给具有足够服务能力的其他餐馆，因为这些餐馆提供相同的单位佣金。

6.4.2 局限性及未来的研究方向

虽然本章已经较为系统地为餐馆提出了是否需要选择与第三方网站进行合作及如何与之合作的最佳决策建议，但研究的范围是有限的，在未来的研究中，可以考虑更多有意义的方向，从而突破这些局限性。首先，我们关注的是具有确定性需求的餐馆定价问题。尽管在过去的研究中已经获得了重要的启示，但是研究具有随机市场需求的问题将带来更多的管理意义，相应的研究结论将使更多的从业者从中受益。其次，餐馆和第三方网站之间博弈互动中的完全信息很难实现。因此，基于不对称信息的博弈分析也是一个重要的研究方向。再次，本章的模型采用零售价格归一化的单一类型产品，而事实上几乎不会有提供单一类型商品或服务的餐馆，显然这种假设在现实生活中是难以实现的，因此可以考虑使用具有不同零售价格的多种类型产品的定价模型。尽管建立模型是一个不小的挑战，但可以从有关该主题的未来研究中获得相关启示，从而产生新的思路与想法。最后，为餐饮服务供应链制定整体最优的供应链协调契约也是一个重要的研究方向。

第7章　竞争环境下的餐馆在线定价策略：另一种模型

本章考虑与第 6 章类似的餐馆定价问题，考虑第三方网站在合作对象间的另一种需求分配方式。本章主要内容安排如下：7.1 节对研究问题进行重新描述，并且介绍研究中需要用到的一些参数；7.2 节建立第三方网站的最优努力水平分配模型及餐馆的最优决策分析；7.3 节对本章研究内容进行总结。

7.1　问题描述和表述

在互联网、电子商务迅速发展的时代，为抢占在线市场份额，餐馆与第三方网站（如 OpenTable.com、Groupon Inc.和 1688.com 等）合作从而提高进店的顾客人数，尽量使顾客数量达到餐馆的最大客容量，从而产生更多收入和利润。目前研究的第三方网站既包括不提供网上价格折扣的预订类网站，也包括提供在线价格折扣的团购类网站。本章通过餐饮服务供应链探讨与第三方网站合作时餐馆的最优在线定价决策，该模型由 n 家餐馆和 1 个单独的第三方网站组成，n 家餐馆为顾客提供同质化的餐饮服务，第三方网站为餐馆提供在线分销服务。对餐馆 i 设定以下参数：固定成本 FC_i，可变单位成本 υ_i，有限客容量 C_i，标准化单价 p_i（销售给每个通过线下渠道购买服务的消费者的价格，如电话预订或者线下直接到店）。因为我们重点关注餐馆在线定价决策，故不将成本考虑在内，这不会影响最终结果。

在餐馆与第三方网站合作的场景中，消费者、餐馆、网站之间的关系如图 7.1 所示。$G_1,\cdots,G_n$ 代表忠实的线下顾客，M 代表在线浏览者，$R_1,\cdots,R_n$ 代表 n 个餐馆，N 代表线下非忠实顾客。餐馆通过第三方网站支持的在线分销渠道，为在线顾客提供价格折扣。因此，一些有网购经验的忠实顾客为了省钱，更倾向于从线下渠道转向线上渠道。故对于餐馆 i 来说，市场上有四种类型的顾客（包括线上和线下）：D_{io} 代表没有在线购买经验只从线下预订（或者购买）服务的忠实顾客；D_{il} 代表熟悉互联网技术，熟悉网上购物，通过第三方网站提供的在线分销系统预订相应餐馆的忠实顾客；D_{ib} 代表通过第三方网站获取餐馆信息，并最终通过第三方网站预订餐馆 i 的在线浏览者；D_{ino} 代表非任何餐馆的忠实顾客的线下消费者。此外，鉴于在线分销已经迅速发展，并且本章的目的是为餐馆的在线预订定价，故线下需求（D_{io} 及 D_{ino}）可以不考虑在内。

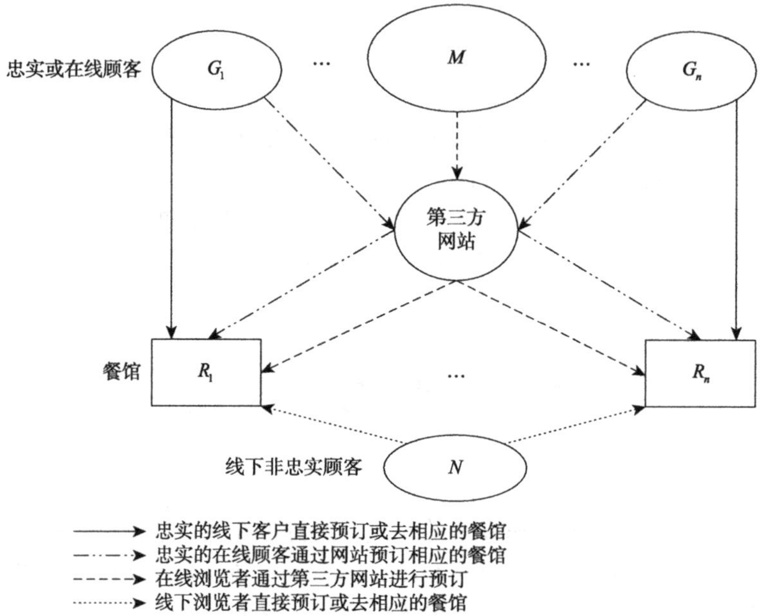

图 7.1　参与者与消费者关系图

合作过程中，餐馆通过第三方在线分销渠道决定提供给顾客的折扣率 a_i 和第三方网站的佣金率 b_i，第三方网站决定分配给餐馆 i 的努力水平 β_i，如改善网络购物环境、推荐产品宣传、提高餐馆在网页中的排名、制作精良的宣传图片等。这些因素本质上取决于餐馆给予第三方网站的佣金，佣金越高，第三方网站付出的努力水平就越高，从而为餐馆 i 吸引更多的顾客。在线浏览者的市场规模为 M，所以对于餐馆 i，来自在线浏览者的潜在顾客的数量为 $M\beta_i^{\gamma}$，其中 β_i 是第三方网站付出的努力水平，γ 是努力水平对潜在客户数量的影响程度。考虑边际效用递减规律（Hirschey，2009），实践中 γ 的取值为 $0<\gamma\leqslant 1$，在本章模型中假设 $\gamma=0.5$。为方便起见，第三方网站的努力水平总和设为 1，

固定成本设为W，这与 Guo 等（2013a）文章中的模型设置一致。最后，我们令$W=0$，这样处理不会影响第三方网站对于努力水平分配的决策，故不影响后续研究。

对于同样的产品/服务，理性消费者倾向于选择价格较低者（Ruiz and Descals，2008；Palazon and Delgado-Ballester，2009；Nusair et al.，2010）。因此，在n个餐馆都提供同质化服务的条件下，所有的顾客都会通过第三方网站进行餐馆预订，以获得折扣。令餐馆i的忠实顾客数为$D_{il}=\mu_{il}$，这些忠实顾客不会因为受到其他餐馆的在线折扣率或网站的努力水平的影响而直接选择通过第三方网站预订餐馆i的服务。然而，不忠实于任何一家餐馆的在线浏览者可以选择从其中一家与第三方网站合作的餐馆预订。因此，这类顾客的决策过程会受到第三方网站提供的努力水平和餐馆的在线折扣率的影响，并且影响较为显著。结合第三方网站为餐馆i付出的努力水平β_i，当$\gamma=0.5$时，可以得到餐馆i于在线浏览者群体中拥有的潜在顾客数为$\sqrt{\beta_i}M$，再根据餐馆i提供的折扣价格做出是否预订的最终决定。在线浏览者对餐馆i的需求如式（7.1）所示。

$$D_{ib}=\sqrt{\beta_i}M-\varphi_i p_i+\varphi_i a_i p_i \tag{7.1}$$

其中，φ_i代表价格弹性，表示餐馆的零售价格越高，该餐馆的顾客就越少。且由式（7.1）可知，网上价格折扣率提高，客户数量也会随之增加。因此，若要确保餐馆i有足够的潜在顾客，需在在线折扣$a_i=0$时，保证在线浏览者对餐馆i的需求$D_{ib}>0$，即$\sqrt{\beta_i}M>\varphi_i p_i$；否则，餐馆$i$将不与第三方网站合作。

因此，市场对餐馆i的服务总需求可以用$D_i=D_{il}+D_{ib}$表示。餐馆i在客容量约束下的顾客数量可表示为

$$q_i=\text{Min}\left\{C_i,\mu_{il}+\sqrt{\beta_i}M-(1-a_i)\varphi_i p_i\right\}$$

在客容量为C_i、在线折扣为a_i、佣金率为b_i的条件下，餐馆i的收入可以表示为

$$\pi_i=(1-a_i)p_i q_i-b_i p_i q_i$$

其中，第一部分是来自顾客的收入，第二部分是支付给第三方网站的佣金。通过为n家餐馆提供在线分销服务，第三方网站的收入可表示为

$$\pi_w=\sum_{i=1}^{n}b_i p_i q_i$$

根据上面所示的餐馆和第三方网站的收入表达式，我们进一步分析参与者（餐馆与第三方网站）的决策过程，接下来将建立混合博弈模型并进行决策分析。

7.2 决 策 分 析

在n家餐馆与单一第三方网站的合作关系中，n家餐馆作为 Stackelberg 博弈领导者，提供价格（折扣率与佣金率），而第三方网站作为跟随者决定为每家餐馆付出的努力水平。为争取网站有限的营销努力水平，n家餐馆进行着纳什博弈。博弈的过程如下：①餐馆通过与其他餐馆的纳什博弈，向网站提供一份“不容讨价还价”的合同（即第三方网站若同意合同中的条款，则建立合作；若不同意合同中的条款，则无法建立合作，不会就合同内容进行商讨），合同条款包括餐馆为顾客提供的在线折扣率和网站的佣金率$\{a_i,b_i\}$；②第三方网站选择接受或拒绝该合同；③接受合同后，第三方网站根据自己有限的努力水平，决定为合作餐馆提供的最优努力水平；④餐馆按合同条款支付第三方网站费用。

接下来将建立模型求出第三方网站的最优努力水平分配，n个餐馆在第三方网站的最优决策的基础上实现纳什均衡，做出最优定价决策。

7.2.1 供应链中第三方网站的决策分析

餐馆i（$i=1,2,\cdots,n$）给第三方网站提供的在线折扣率和佣金率为$\{a_i,b_i\}$，并受到有限客容量C_i、标准化单价p_i、忠实顾客数μ_{il}、在线浏览者M、价格弹性φ_i等参数的影响。因此，就餐馆i的最大收入而言，为求第三方网站给它提供的营销努力水平（取决于网站总努力水平），建立以下模型：

$$\max_{\beta_i} \quad \pi_w=\sum_{i=1}^{n} b_i p_i q_i$$

$$\text{s.t.} \quad \sum_{i=1}^{n}\beta_i \leqslant 1\text{ , and } \beta_i \geqslant \left(\varphi_i p_i/M\right)^2 \tag{7.2}$$

$$q_i=\text{Min}\left\{C_i,\mu_{il}+\sqrt{\beta_i}M-(1-a_i)\varphi_i p_i\right\}$$

引理 7.1 只有当餐馆的客容量满足$\mu_{il}+\sqrt{\beta_i}M-(1-a_i)\varphi_i p_i \leqslant C_i$，即客容量不小于顾客总数量时没有客容量的限制，餐馆i才可以实现其理论上的最优决策。

引理 7.1 表明在有客容量限制的条件下，餐馆无法达到其最优决策（若餐馆的座位数不能满足顾客的需求，将会有一部分顾客无法在店内消费，这会使得餐馆的收入减少），所以在客容量无法满足顾客需求的时候，餐馆无法实现其最优决策。故后文重点关注餐馆客容量能满足顾客需求的情况。

在餐馆作为博弈领导者的情况下，由于其决定了佣金率和在线折扣率，故第三方网站的努力水平和顾客数量受到餐馆决策的影响。因此，当客容量不小于顾客数量时，以上模型可修改为

$$\max_{\beta_i} \quad \pi_w = \sum_{i=1}^{n} b_i p_i \left(\mu_{il} + \sqrt{\beta_i} M - (1 - a_i) \varphi_i p_i \right)$$

$$\text{s.t.} \quad \sum_{i=1}^{n} \beta_i \leqslant 1 \text{，and} \quad \beta_i \geqslant \left(\varphi_i p_i / M \right)^2$$

第三方网站需要将自己的总努力水平合理分配给各个餐馆，以实现收益最大化。因此，该问题可以看作一个资源分配的优化问题，其中资源（总努力水平）受到式（7.2）的约束。θ 为与式（7.2）相关的拉格朗日乘子，当给定 $\{a_i, b_i\}$ 时，以下命题给出了第三方网站的最优决策。

命题 7.1　基于餐馆为在线消费者和第三方网站提供的在线折扣率和佣金率，第三方网站分配其总努力水平从而得到最大收入的唯一最优解可以通过下式求得：

$$\beta_i^*(\theta) = \left(\frac{b_i p_i M}{2\theta} \right)^2 \tag{7.3}$$

$$\sum_{i=1}^{n} \beta_i^*(\theta) = 1 \tag{7.4}$$

证明：首先表示出带有相关乘子 θ 的拉格朗日函数：

$$L = \sum_{i=1}^{n} b_i p_i \left(\mu_{il} + \sqrt{\beta_i} M - \varphi_i p_i + \varphi_i a_i p_i \right) - \theta \left(\sum_{i=1}^{n} \beta_i - 1 \right)$$

$$= \theta + \sum_{i=1}^{n} \left(b_i p_i \left(\mu_{il} + \sqrt{\beta_i} M - \varphi_i p_i + \varphi_i a_i p_i \right) - \theta \beta_i \right)$$

由于 θ 不是一个决策变量，故每个餐馆都可以单独实现最大化，相应的拉格朗日函数为

$$L_i \equiv b_i p_i \left(\mu_{il} + \sqrt{\beta_i} M - \varphi_i p_i + \varphi_i a_i p_i \right) - \theta \beta_i$$

当第三方网站的收益是关于 β_i 的递增函数时，最优解总是在端点处取得，且是在 $\sum_{i=1}^{n} \beta_i^*(\theta) = 1$ 约束下的最优解，其中 $\theta > 0$。

与此同时，$\partial^2 L_i / \partial \beta_i^2 = -b_i p_i M \Big/ \left(4\sqrt{\beta_i^3} \right) < 0$ 确保了所要求解的拉格朗日函数是一个凹函数，从而保证了最优解的唯一性。基于一阶条件，第三方网站的最优努力水平分配为：$\beta_i^*(\theta) = \left((b_i p_i M) / (2\theta) \right)^2$，最优决策 β_i^* 是 θ 的函数，且需满足条件：

$\sum_{i=1}^{n}\beta_i^*(\theta)=1$。

基于命题 7.1 可以得出以下结论，表明了餐馆的决策对第三方网站决策的本质影响。

推论 7.1　根据求得的第三方网站的最优决策 $\beta_i^*(\theta)$，可知其与餐馆 i 提供的佣金率 b_i 以及在线折扣 a_i 的关系有 $\frac{\partial\beta_i^*(\theta)}{\partial b_i}>0$，$\frac{\partial\beta_i^*(\theta)}{\partial a_i}=0$。

推论 7.1 表明当第三方网站就餐馆给出的在线折扣率和佣金率作出决策时，第三方网站给餐馆提供的努力水平与餐馆 i 提供的佣金率呈正相关。即如果餐馆提供较高的佣金率，第三方网站会提高营销努力水平帮助餐馆吸引更多的顾客。此外，式（7.1）表明为了给餐馆提供足够的潜在顾客，第三方网站付出的努力水平需要大于 $(\varphi_i p_i/M)^2$。相应地，为达成合作，第三方网站对餐馆所给佣金率的要求为：$b_i\geqslant 2\theta\varphi_i/M^2$，等号成立时的佣金率即门槛佣金率。如果餐馆 i 提供的佣金率低于门槛佣金率 $2\theta\varphi_i/M^2$，则第三方网站将拒绝合作。此外对于 $\frac{\partial\beta_i^*(\theta)}{\partial a_i}=0$，说明第三方网站的决策与餐馆提供的在线折扣率无关，这是由于在线折扣的受益群体是消费者，而非第三方网站，故餐馆提供的在线折扣并不会影响第三方网站做出的最优决策。

为了更好地理解上述结果，本节提供一个算例展示第三方网站的最优决策情况。假设供应链中有 10 家餐馆，第三方网站在线浏览者的市场规模 $M=100$，每个餐馆提供给顾客的在线折扣率 a_i、提供给第三方网站的佣金率 b_i、标准化单价 p_i、价格弹性 φ_i 及忠实顾客数 μ_{il}，如表 7.1 所示。

表 7.1　餐馆 i 的各项指标值

餐馆	1	2	3	4	5	6	7	8	9	10
a_i	0.1	0.15	0.12	0.09	0.05	0.10	0.11	0.20	0.11	0.15
b_i	0.05	0.08	0.10	0.04	0.05	0.05	0.05	0.05	0.10	0.08
p_i	5.0	6.0	5.5	5.0	4.5	6.0	5.0	7.5	5.5	6.0
φ_i	0.10	0.10	0.10	0.10	0.12	0.10	0.10	0.05	0.10	0.10
μ_{il}	50	55	50	55	50	50	40	45	50	50

将表 7.1 中的数值代入可求得第三方网站的最优决策，如表 7.2 所示。

表 7.2　第三方网站的最优努力水平分配

餐馆	1	2	3	4	5	6	7	8	9	10
$\beta_i^*(\theta)$	0.042	0.152	0.200	0.027	0.033	0.060	0.041	0.093	0.200	0.152

7.2.2　供应链中餐馆的决策分析

根据式（7.3）和式（7.4），第三方网站会就餐馆给出的合同条款（佣金率与在线折扣率）对付出的努力水平进行调整。因此，餐馆为实现其收入最大化，需要建立以下模型：

$$\max_{a_i,b_i} \quad \pi_i=(1-a_i-b_i)\left(\mu_{il}+\sqrt{\beta_i}M-\varphi_i p_i+\varphi_i a_i p_i\right)p_i \tag{7.5}$$

$$\text{s.t.} \quad \beta_i(\theta)=\left((b_i p_i M)/(2\theta)\right)^2 \tag{7.6}$$

$$\sum_{i=1}^{n}\beta_i(\theta)=1 \tag{7.7}$$

$$\mu_{il}+\sqrt{\beta_i}M-\varphi_i p_i+\varphi_i a_i p_i \leqslant C_i \tag{7.8}$$

$$a_i \geqslant 0\,,\quad b_i \geqslant 2\theta\varphi_i/M^2\,,\quad a_i+b_i \leqslant 1 \tag{7.9}$$

根据式（7.8），以及餐馆不同的客容量，该模型由不同场景下的两个子问题组成。（i）当餐馆的服务能力（客容量）大于市场需求，即：$C_i>\mu_{il}+\sqrt{\beta_i}M-\varphi_i p_i+\varphi_i a_i p_i$ 时，那么餐馆收入最大化的问题转化为：在约束方程（7.6）、（7.7）、（7.9）的条件下求解目标函数（7.5），下文中用 P1 来表示该子问题。（ii）当市场需求超过餐馆的服务能力（客容量）时，即：$\mu_{il}+\sqrt{\beta_i}M-\varphi_i p_i+\varphi_i a_i p_i \geqslant C_i$，餐馆的最大化收入问题（此时用 P2 表示）如下：

$$\max_{a_i,b_i} \quad \pi_i=(1-a_i-b_i)\,p_i C_i \tag{7.10}$$

$$\text{s.t.} \quad \mu_{il}+\sqrt{\beta_i}M-\varphi_i p_i+\varphi_i a_i p_i \geqslant C_i \tag{7.11}$$

以及约束函数（7.6）、（7.7）、（7.9）

从目标函数（7.10）可知：$\dfrac{\partial \pi_i}{\partial a_i}=\dfrac{\partial \pi_i}{\partial b_i}=-p_i C_i<0$，即在式（7.11）的约束下餐馆的收入是在线折扣率和佣金率的减函数，故达到最优解时式（7.11）应取等号。命题 7.2 给出子问题 P1 的最优解，命题 7.3 给出子问题 P2 的最优解。

命题 7.2　当餐馆 i 有足够的服务能力来满足市场需求时，餐馆 i 制定的最优在线价格为

$$a_i^*=0$$

$$b_i^* = \begin{cases} \dfrac{p_i M^2 - 2\theta(\mu_{il} - \varphi_i p_i)}{2p_i M^2}, & \text{if } \mu_{il} \leqslant \mu_{il}^a \\ 0, & \text{otherwise} \end{cases}$$

其中，$\mu_{il}^a = \dfrac{\left(M - \sqrt{2\theta\varphi_i}\right)^2 p_i}{2\theta}$，$\theta = 0.5M\sqrt{\sum_{i=1}^{n}\left(b_i^* p_i\right)^2}$。相应的最大收入为

$$\pi_i^* = \begin{cases} \dfrac{\left(p_i M^2 + 2\theta(\mu_{il} - \varphi_i p_i)\right)^2}{8\theta M^2}, & \text{if } \mu_{il} \leqslant \mu_{il}^a \\ \mu_{il} p_i, & \text{otherwise} \end{cases}$$

证明： 若餐馆i有足够的服务能力（客容量），餐馆面临的问题为

$$\max_{a_i, b_i} \quad \pi_i = (1 - a_i - b_i)\left(\mu_{il} + \sqrt{\beta_i} M - \varphi_i p_i + \varphi_i a_i p_i\right) p_i$$

且要求在约束方程（7.6）、（7.7）和（7.9）下成立。

注意到 $\dfrac{\partial^2 \pi_i}{\partial a_i^2} = -2\varphi_i p_i^2 < 0$，$\dfrac{\partial^2 \pi_i}{\partial b_i^2} = -\dfrac{M^2 p_i^2}{\theta} < 0$ 及 $\dfrac{\partial^2 \pi_i}{\partial a_i b} = \dfrac{\partial^2 \pi_i}{\partial b_i a_i} = -\varphi_i p_i^2 - \dfrac{M^2 p_i^2}{2\theta} < 0$。从集合$\left\{\dfrac{\partial \pi_i}{\partial a_i} = 0, \dfrac{\partial \pi_i}{\partial b_i} = 0\right\}$中获得的解并不是最大解，而最优解应在决策变量的边界取得。显然当$a_i + b_i = 1$作为决策边界时并不能提供这个问题的最优解，因为此时餐馆的收入为 0，故最优解在决策边界$a_i \geqslant 0$，$b_i \geqslant \dfrac{2\theta\varphi_i}{M^2}$处取得。因此，以下为该问题的两个潜在最优解：

$$\left\{a_i^{\#} = 0, b_i^{\#} = \frac{p_i M^2 - 2\theta(\mu_{il} - \varphi_i p_i)}{2p_i M^2}\right\}, \quad \left\{a_i^{\$} = \frac{(\varphi_i p_i - \mu_{il})M^2 - 2\theta\varphi_i^2 p_i}{2\varphi_i p_i M^2}, b_i^{\$} = \frac{2\theta\varphi_i}{M^2}\right\}$$

同时，其对应的最大收入为

$$\pi_i^{\#} = \frac{\left(p_i M^2 + 2\theta(\mu_{il} - \varphi_i p_i)\right)^2}{8\theta M^2}, \quad \pi_i^{\$} = \frac{\left((\mu_{il} + \varphi_i p_i)M^2 - 2\theta\varphi_i^2 p_i\right)^2}{4\varphi M^4}$$

对于潜在最优解，要求$b_i^{\#} \geqslant \dfrac{2\theta\varphi_i}{M^2}$，$a_i^{\$} \geqslant 0$（其决策变量的边界），且对这两组解$\left\{a_i^{\#}, b_i^{\#}\right\}$和$\left\{a_i^{\$}, b_i^{\$}\right\}$来说，分别要求$\mu_{il} \leqslant p_i M^2/(2\theta) - \varphi_i p_i$及$\mu_{il} \leqslant \varphi_i p_i - 2\theta\varphi_i^2 p_i/M^2$。通过比较上面介绍的两种与第三方网站合作时产生的收入和没有与第三方网站合作的收入$\pi_i^0 = \mu_{il} p_i$，可以得到命题 7.2，过程如下：

由$\pi_i^{\#} > \pi_i^0$可知$\mu_{il} < \mu_{il}^a \equiv \dfrac{\left(M - \sqrt{2\theta\varphi_i}\right)^2 p_i}{2\theta}$；同样地，根据$\pi_i^{\$} > \pi_i^0$可知$\mu_{il} <$

$\mu_{il}^{a1} \equiv \frac{\left(M-\sqrt{2\theta\varphi_i}\right)^2 \varphi_i p_i}{M^2}$，又因为 $\pi_i^{\$} > \pi_i^{\#}$，故 $\mu_{il} > \mu_{il}^{a2} \equiv \frac{\left(M^2-2\theta\varphi_i\right)\sqrt{\varphi_i}\,p_i}{\sqrt{2\theta}M}$。最后根据 $\frac{2\theta\varphi_i}{M^2} \leqslant 1$ 这一约束条件，即可证明 $\mu_{il}^{a} < \mu_{il}^{a2}$ 和 $\mu_{il}^{a1} < \mu_{il}^{a2}$，命题 7.2 得证。

命题 7.2 的结果表明，餐馆在服务能力足够的情况下，将线上价格与线下标准价格设为相等以获得最大收益。与此同时，是否与第三方网站合作取决于忠诚客户的数量。一方面，当忠诚客户的数量明显少于潜在在线客户的数量时，与第三方网站建立合作关系是一个可行的选择，因为与第三方网站合作所带来的收益大于支付给第三方网站的佣金和忠实客户渠道转移所带来的损失。另一方面，当客户数量大于在线客户数量时，不建议建立这样的合作关系，线下自有渠道为其最优选择。

命题 7.3　当餐馆 i 的服务能力小于市场服务需求时，餐馆最优的定价方式是设定在线价格为

$$a_i^* = 0$$

$$b_i^* = \begin{cases} \dfrac{2\theta\left(C_i-\mu_{il}+\varphi_i p_i\right)}{p_i M^2}, & \text{if} \quad \mu_{il} \leqslant \mu_{il}^b \\ 0, & \text{otherwise} \end{cases}$$

其中，$\mu_{il}^b = \frac{\left(p_i M^2 - 2\theta\left(C_i+\varphi_i p_i\right)\right)C_i}{p_i M^2 - 2\theta C_i}$，$\theta = 0.5M\sqrt{\sum_{i=1}^{n}\left(b_i^* p_i\right)^2}$。对应的最大收入为

$$\pi_i^* = \begin{cases} C_i p_i - \dfrac{2\theta C_i\left(C_i-\mu_{il}+\varphi_i p_i\right)}{M^2}, & \text{if} \quad \mu_{il} \leqslant \mu_{il}^b \\ \mu_{il} p_i, & \text{otherwise} \end{cases}$$

证明：当餐馆 i 的服务能力（客容量）有限时，即餐馆不会接受全部的市场服务需求。此时 a_i 和 b_i 的最优解满足 $\mu_{il} + \sqrt{\beta_i}M - \varphi_i p_i + \varphi_i a_i p_i = C_i$。考虑到目标函数是 a_i 和 b_i 的线性函数，即 $\pi_i = (1-a_i-b_i)p_i C_i$，故有两个潜在的最优解，分别为：$\left\{a_i^{\#}=0, b_i^{\#}=\frac{2\theta\left(C_i-\mu_{il}+\varphi_i p_i\right)}{p_i M^2}\right\}$ 和 $\left\{a_i^{\$}=\frac{C_i-\mu_{il}}{\varphi_i p_i}, b_i^{\$}=\frac{2\theta\varphi_i}{M^2}\right\}$，对应的收入为

$\pi_i^{\#} = C_i p_i - \frac{2\theta C_i\left(C_i-\mu_{il}+\varphi_i p_i\right)}{M^2}$，$\pi_i^{\$} = C_i p_i - \frac{\left(\left(C_i-\mu_{il}\right)M^2 + 2\theta\varphi_i^2 p_i\right)C_i}{\varphi_i M^2}$。进一步考虑到 $b_i^{\$} = 2\theta\varphi_i / M^2 \leqslant 1$，我们有 $2\theta\varphi_i \leqslant M^2$；在此条件下，总有 $\pi_i^{\#} \geqslant \pi_i^{\$}$，这表明当与第三方网站有合作时，餐馆的最优决策为 $\left\{a_i=0, b_i=\frac{2\theta\left(C_i-\mu_{il}+\varphi_i p_i\right)}{p_i M^2}\right\}$，而当餐馆与第三方网站无合作时，餐馆的最优决策为 $\{a_i=0, b_i=0\}$。与命题 7.2 相

似，命题 7.3 可以通过比较对应的收入（包括无合作情况）来证明。

命题 7.3 的结果给出了与命题 7.2 相似的关于餐馆在线定价策略的建议。当忠诚客户数量较少时，建议建立合作关系，但不为在线客户提供折扣；但当忠诚顾客数量大于 μ_{il}^b 时，并不建议餐馆与第三方网站合作，因为此时与第三方网站合作带来的额外收益小于支付第三方网站的佣金和由于客户的渠道转移带来的损失。在现实生活中亦是如此，某个店铺经营得当，口碑较好，拥有足够的忠实顾客，则建议其维持好线下渠道，这样才能带来更多的收益。

比较命题 7.2 与命题 7.3 的结论，我们可以得到两个子问题的策略边界，该边界取决于餐馆的零售价格 p_i、在线浏览者的市场规模 M 及相关的拉格朗日乘子 $\theta = 0.5M\sqrt{\sum_{i=1}^{n}\left(b_i^* p_i\right)^2}$，该拉格朗日乘子涉及除餐馆 i 以外的其他餐馆。最终，边界可表示为

$$C_i^0 = \frac{0.5p_iM\left(M - \sqrt{2\theta\varphi_i}\right)}{\theta}$$

因此，基于命题 7.2 和命题 7.3 的结果，可以得到餐馆 i 的最优决策，如图 7.2 及表 7.3 所示。

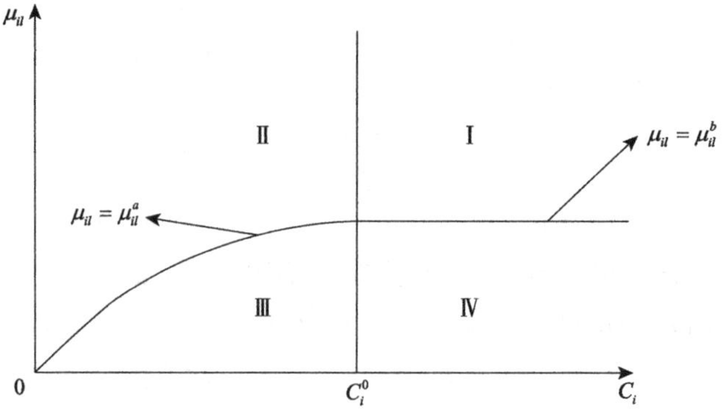

图 7.2　餐馆 i 的最优决策

表 7.3　餐馆 i 的最优决策集

服务能力	建立合作	不建立合作
$C_i \leqslant \frac{p_iM\left(M - \sqrt{2\theta\varphi_i}\right)}{2\theta}$	$\mu_{il} < \frac{\left(p_iM^2 - 2\theta\left(C_i + \varphi_i p_i\right)\right)C_i}{p_iM^2 - 2\theta C_i}$ $\begin{cases} a_i^* = 0 \\ b_i^* = \frac{2\theta\left(C_i - \mu_{il} + \varphi_i p_i\right)}{p_iM^2} \end{cases}$	$\mu_{il} \geqslant \frac{\left(p_iM^2 - 2\theta\left(C_i + \varphi_i p_i\right)\right)C_i}{p_iM^2 - 2\theta C_i}$

续表

服务能力	建立合作	不建立合作
$C_i > \frac{p_i M\left(M-\sqrt{2\theta\varphi_i}\right)}{2\theta}$	$\mu_{il} < \frac{\left(M-\sqrt{2\theta\varphi_i}\right)^2 p_i}{2\theta}$ $\begin{cases} a_i^* = 0 \\ b_i^* = \frac{p_i M^2 - 2\theta(\mu_{il} - \varphi_i p_i)}{2p_i M^2} \end{cases}$	$\mu_{il} \geqslant \frac{\left(M-\sqrt{2\theta\varphi_i}\right)^2 p_i}{2\theta}$

当餐馆的服务能力（客容量）$C_i \geqslant \frac{0.5p_i M\left(M-\sqrt{2\theta\varphi_i}\right)}{\theta}$，且忠诚顾客的数量为 $\mu_{il} < \frac{\left(M-\sqrt{2\theta\varphi_i}\right)^2 p_i}{2\theta}$ 时，该餐馆将与第三方网站合作，并向第三方网站提供的合同条款为 $\left\{a_i^* = 0, b_i^* = \frac{p_i M^2 - 2\theta(\mu_{il} - \varphi_i p_i)}{2p_i M^2}\right\}$。相比之下，当餐馆的服务能力（客容量）小于 $\frac{0.5p_i M\left(M-\sqrt{2\theta\varphi_i}\right)}{\theta}$，且忠实顾客的数量少于 $\frac{\left(p_i M^2 - 2\theta(C_i + \varphi_i p_i)\right)C_i}{p_i M^2 - 2\theta C_i}$ 时，餐馆同样会与第三方网站合作，但此时餐馆向第三方网站提供的合同条款则更改为 $\left\{a_i^* = 0, b_i^* = \frac{2\theta(C_i - \mu_{il} + \varphi_i p_i)}{p_i M^2}\right\}$；否则，餐馆将不与第三方网站建立合作。

7.3　总结与展望

本章研究了在电子商务时代餐饮企业通过与第三方网站合作来拓展分销渠道时的最优定价策略。通过对餐饮服务供应链的博弈分析，填补了电子商务环境下与第三方网站合作的餐馆定价机制的空白。引入在线第三方渠道的两大主流，即在线预订网站和在线团购网站，丰富了餐馆收益管理理论。此外，本章还通过博弈分析，将酒店和航空行业的定价策略机制扩展到餐饮行业。这将为研究者探索电子商务时代下的餐馆渠道合作问题提供新的途径。

本章首先提出了一个混合博弈模型，包括多家餐馆之间的纳什博弈和餐馆与第三方网站之间的 Stackelberg 博弈，用以描述餐饮服务供应链各参与者之间的合作与竞争关系。再对第三方网站和餐馆分别研究，建立最优决策模型，根据餐馆的服务能力是否能满足市场的服务需求分别求解餐馆的最优定价决策。第三方网站基于餐馆给出的最优决策，制定自己的最优努力水平分配决策，最终实现收益最大化。

结果表明，不鼓励餐馆对第三方网站提供价格折扣，因为这一行为会诱使忠诚客户由自有渠道（如公司自有网站、社交媒体网站）转向第三方网站。自有渠道中忠诚顾客的流失会导致餐馆的收入减少，因为在收入不变的前提下餐馆还需拿出一部分资金提供价格折扣和佣金。这一发现与一些公司所有者后悔使用团购促销的现实相一致（Dholakia，2011）。此外，我们的模型结果为每家餐馆引入了一个与忠诚顾客数量相关的合作阈值，该阈值取决于餐馆自身的能力及其他参与合作的参与者的参数。仅当忠诚客户数量低于该阈值时，建议与第三方网站建立合作关系。但当忠诚顾客的数量高于阈值时，建议餐馆维持其自有渠道，而不与第三方网站合作，这是因为额外的在线浏览者带来的收入增长无法弥补与第三方网站合作带来的佣金支出以及忠实客户渠道转移带来的损失。

本章得出的结论是：餐饮企业具有追求利润的保守本能。结果强调了与第三方网站合作可能带来的收益损失，提醒餐馆管理者在拓展分销渠道时注意可能带来的利润损失，特别是对于那些拥有大量忠实顾客的餐馆。总的来说，对于刚起步的新餐馆，在缺乏忠实顾客的情况下，利用第三方网站开发市场、开拓市场是非常有效的；第三方渠道的价格折扣也是吸引顾客、提升餐馆品牌的有效手段。但是，餐馆管理者应该意识到与第三方网站长期合作可能带来的收入损失。对于处于成熟阶段、拥有大量忠实顾客、容量有限的餐馆来说，只保留自有渠道是最优选择。

本章的模型也有一些局限，未来研究将致力于解决这些局限性。首先，该模型是基于餐馆在线浏览者的确定性需求函数，构造一个具有随机需求的扩展模型可以为我们提供更多的管理启示。其次，我们假设，如果网上价格较低，无论折扣率是高是低，所有的忠实客户都会转向网上预订渠道。如果在研究忠诚顾客的渠道转移行为时考虑在线折扣率的影响，那么就可以建立一个更现实的模型。再次，该模型可以扩展到每个参与者的私人信息对其他参与者不可见的场景，对于这种场景，可以考虑用非对称信息博弈来解决。最后，考虑到餐馆规模、地理区域、人口/餐馆密度等附加信息，还可以进一步扩展博弈模型，使研究更加具有现实意义。

第8章　考虑第三方网站促销努力的在线合作机制

近年来，越来越多的餐馆采用与第三方网站合作的方式来获取相对于传统线下销售的线上替代销售渠道。因此，在由新销售方式带来的冲击及所产生的新问题中，餐饮企业最关心的问题为是否与第三方网站建立合作关系及如何制定相应的线上销售策略。关于这些问题，在本章中，我们基于 Stackelberg 博弈建立了一个模型，用于研究餐馆的在线定价策略与第三方网站的最优努力水平，来激励第三方网站在提供在线渠道的同时加大促销努力。在不同的场景下，得到了两种最优的合作策略，这两种策略受到餐馆零售价格与网站用户群体的综合影响。本章的结构如下，8.1 节主要介绍相关的研究背景；8.2 节分别从餐馆、网站和顾客的角度对问题进行分析，揭示供应链中各参与方的关系；8.3 节运用博弈论分析供应链各参与方的模型及其最优决策；8.4 节则提供了一个具体的数值算例，8.5 节总结管理意义上的启示和未来更进一步的研究方向。

8.1　研究背景

2017 年，中国国际电子商务中心的报告显示，全球网上零售交易额达到了 2.304 万亿美元，占全球零售额的 10.2%。同时，该份报告还指出，与电子商务相关的第三方平台网站数量增长迅速，尤其是与服务业相关的部分。例如，Groupon、Yelo、携程、Priceline 和 Zaarly 等一系列新兴的专注于餐饮、娱乐和旅游住宿行业的一个或多个领域的第三方网站。现有文献表明利用第三方网站在线销售酒店和机票的定价策略已经很完善了（Tso and Law，2005；Garrow et al.，2006）。尽管众多学者已经注意到餐饮销售正迅速转向第三方网站，但餐饮在线销售方面仍很少受到学术界的关注（Heo，2016）。因此，如何将其他行业的知识更好地应用到餐饮业的问题上，是学术界和企业界共同关注的问题。

随着智能手机的普及和移动互联网技术的发展，由于能够获得更详细的餐馆信息（如餐馆评论、菜单、可用折扣和位置）以及便捷的体验（Zheng and Guo，2016），越来越多的客户选择通过在线渠道购买商品和服务。2018 年 6 月通过 iClick 调查获得的研究表明，85.1%的客户有通过第三方在线服务平台预订餐馆的经历。总的来说，通过第三方网站在线预订已逐渐成为客户首选的预订方式（艾瑞咨询，2018）。

第三方网站的快速发展为餐馆营销人员创造了越来越多的机会，他们可以建立和实施基于互联网的全新销售策略，以提高占据的市场份额（Guo and Zheng，2017）。现在，越来越多的餐馆正在寻求与第三方网站的多种形式的合作。例如，海底捞（Hidilao）、口碑（阿里巴巴的第三方服务平台网站）提供在线预订功能，而美团提供外卖服务功能。当然，餐馆与网站之间存在着多种类型的合作机制，其中最著名的是委托代理机制（Guo and Zheng，2017）。在本章模式中，餐馆（委托人）向第三方网站支付佣金以寻求合作，也可以进一步在线上提供折扣以吸引在线客户；同样，第三方网站（代理商）将根据餐馆所支付的佣金提供相应的努力来增加餐馆的流量，使用的宣传途径包括但不限于餐馆的文字、图片和视频信息。综上所述，本章的目的在于探讨以下问题：①餐馆应该何时选择与第三方网站合作？②如果与第三方网站合作，餐馆该如何定价来激励第三方网站提供服务？③为使其利润最大化，网站的最佳努力水平应当是多少？

本章应用 Stackelberg 博弈来分析由餐馆和第三方网站组成的餐饮服务供应链，餐馆（作为领导者）决定第三方网站的最佳佣金率和网上订购顾客的最佳网购折扣率，而第三方网站（作为跟随者）决定相应的最佳努力水平来为餐馆获取更多的客源。结果表明，只有当第三方网站拥有的用户基数相对较高时，才鼓励餐馆与第三方网站建立业务合作伙伴关系。此外，还得到了两种在不同场景下的最优合作策略，而这两种策略的关键区别体现在餐馆是否应该向在线顾客提供线上折扣。两者在实践中也有相关的案例：一个是只有在线预订功能的网站（无法团购），如 OpenTable，它提供在线预订的功能和查看餐馆信息的服务；另一个是团购网站，如 Groupon，通过团购网站，顾客也可以实现在线预订，并享受团购折扣。对于高级餐馆，由于其价位通常较高从而折扣空间较大，因此建议其提供线上折扣来推动餐馆流量的增加。随着零售价的进一步提高，餐馆可以逐步降低佣金率，为顾客提供一个较大的折扣率。同时，面对餐馆降低的佣金率，第三方网站并不会降低其努力水平，而是会保持不变。这是因为由于餐馆提供的价格折扣的增加将提高网站顾客的转化率，因此网站在面对降低的佣金率时仍愿意提供较高的努力水平。另一方面，网站在线用户的激增将形成一个较大的基础顾客群体，此时建议餐馆与第三方网站继续保持合作关系，但不再提供线上折扣用于吸引顾客，对于第三方网站来说，尽管餐馆不会选择继续提高佣金率，但随着其自身用户群的增长，提高努力水平仍然是一个提高收益的选择。

随着互联网技术的发展，网上零售和电子商务经历了爆炸性的增长。由于电子商务平台的便利性和舒适性，大量客户越来越喜欢将其作为购物媒介。近年来，以互联网技术和移动信息为依托的第三方平台网站层出不穷，如 OpenTable、Groupon、Priceline 和携程等。第三方网站作为在线销售渠道的新参与者，已经引起了从业者和学术研究者的关注（Zhang et al.，2013），许多相关研究已经进行了很好的探索，如很多学者从收益管理的角度对酒店管理和机票管理进行了研究（Sigala，2004；Garrow et al.，2006），研究结果表明，与第三方平台建立合作关系可以增加服务提供商的收入。随着第三方预订网站的普及，餐馆销售方式正在迅速变化，因此，以餐饮业为重点，探索与第三方网站的合作也具有重要意义。

餐馆与第三方网站有着不同的合作模式：一种是网站纯粹充当餐馆的在线预订平台（Taylor，2002）；另一种是，第三方网站通过互联网将服务或产品的供应商联系起来就实现的交易达成协议，从而获得折扣（Kimes，2009）。使用网站是不同合作模式下餐馆的有效营销策略，而定价是最常用的营销管理手段（Heo，2016）；价格折扣的方式和折扣水平都会影响客户对服务业产品的购买意向（Nusair et al.，2010）；当潜在用户通过第三方网站选择餐馆时，他们更喜欢接受折扣、奖励信息和电子优惠券（Lee et al.，2010）；此外，通过分析从 862 家餐馆收集到的数据，研究发现团购网站的效益可能会受到折扣多少、服务质量和受欢迎程度的影响（Zhang et al.，2013）。价格折扣是零售商的一种传统的促销策略，然而，这些研究大多从实证的角度定性地分析餐馆对售卖产品打折的影响。本章旨在定量地探讨餐馆与第三方网站在不同合作机制下更详细的定价策略，并进一步提供对餐馆收益管理的补充研究。

总体来说，本章探讨餐饮业在旅游管理领域的在线销售战略，这一问题在实践中非常重要，但目前却很少有研究关注。本章的研究丰富了上述领域，加深了对餐馆与第三方网站合作在学术上的理解。

8.2　问题描述和表述

8.2.1　业务关系的描述和客户的数量

本章在由客户、餐馆和第三方网站组成的餐饮服务供应链的背景下，探讨餐馆与第三方网站之间的最佳合作机制，即餐馆与第三方网站如何抉择来使自己的收益最高。本章考虑一个委托代理模型，其中餐馆作为委托人的角色寻求与第三方网站进行合作，通过第三方网站进行线上预订作为一个新的销售渠道，甚至可以进一步将其作为一种营销策略为线上客户提供线上折扣。在餐馆与第三方网站合作期间，餐馆通过在线销售渠道确定提供给线上客户的折扣率和支付给第三方网站的佣金率，第三方网站作为代理方的角色根据餐馆给定的佣金率给予相应的努力水平（如餐馆信息在其网页上的排名位置、评价、图片、视频显示等可能影响餐馆需求的因素），来最大化自身的收益。在该问题中，第三方网站本身无法脱离餐馆而独自将自身的流量转化为直接收益，需要通过餐馆一方才能获得利益，故在我们的模型中餐馆将占据更多主动权。但第三方网站本身拥有足够大的客流量，从而拥有足够的博弈资源，故也不一定完全会处于劣势地位，所以本章建立一个 Stackelberg 博弈模型来分析上述研究问题。

因为线上销售的服务是餐馆全权外包给第三方网站进行运作的，因此餐馆除了吸引线下的常客用餐外，不用付出除了佣金外任何额外的努力也可以吸引额外的线上客户前来用餐。由于本章主要讨论的是一家餐馆完成线上预订这个行为的定价，即应当与第三方网站达成的合作条件，而线下的需求等因素对预订结果没有影响，故可以不做考虑。此外，许多在餐馆就餐过的线上客户如果对餐馆的综合体验感到满意，那么自然可能会在未来多次到这家餐馆用餐甚至一直在这家餐馆用餐，本章称其为该餐馆的忠实客户。因此，面对网络上的市场时，一家餐馆面对的线上客户大致可分为两种类型：一种是频繁通过第三方网站的线上预订功能前来就餐的忠实客户，记作 D_l，该类型客户对应的数量记作 μ_l，是指熟悉网购流程并通过第三方网站支持的在线销售系统预订相应餐馆的客户数量，注意，忠实的客户会直接转变为需求；另一种是源于潜在线上浏览人群的客户（或称作潜在客户，非忠实客户），记作 D_b，其对应的数量记为 μ_b，指通过网站推荐而获取餐馆信息并浏览了餐馆信息的客户数量。应该注意到的是，第三方网站的所有线上浏览人群，也就是其基础用户，定义为 D_m，其对应的数量定义为 μ_m。显而易见，D_b 是由 D_m 的一部分用户组成的，即餐馆的潜在用户由第三方网站的所有线上浏览人群所决定，获得新的线上用户一定是通过第三方网站得到的。

为了方便后文的表达，我们将本章中使用的符号总结如表 8.1 所示。

表 8.1　本章中使用的符号及其含义

参数	含义
p	餐馆的零售价
μ_l	餐馆的线上忠实客户数量
μ_m	一个第三方网站所拥有的线上浏览人群的数量

续表

参数	含义
q	餐馆的总需求量
φ	顾客对餐饮服务价格的敏感系数
τ	第三方网站的技术水平
决策变量	**含义**
a	餐馆向网上客户提供的线上折扣率
b	餐馆支付给一个第三方网站的佣金率
e	网站为餐馆提供的努力水平

下面，为了方便理解我们的基本模型，我们给出了在餐馆与第三方网站合作期间，客户、餐馆、第三方网站之间的关系图，如图 8.1 所示。

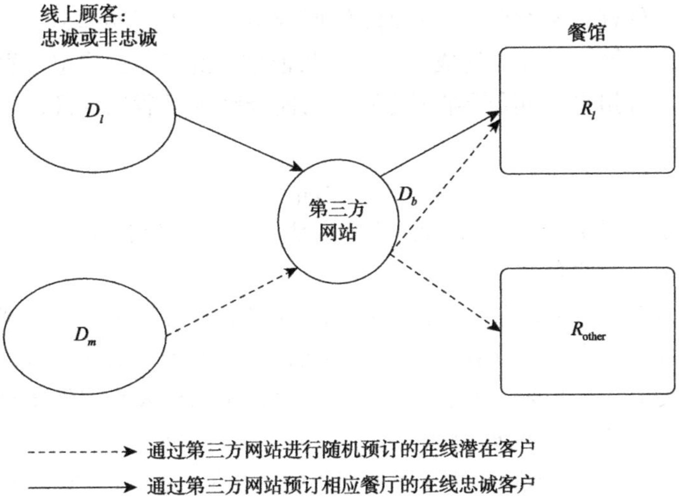

图 8.1　顾客、餐馆和网站之间的关系

从上述描述中可以发现，餐馆的客户包括其线上潜在客户 D_b 及其线上忠诚客户 D_l。一方面，线上浏览人群（非该餐馆的忠实客户的成员）会随机选择一家餐馆，影响其判断的主要外在因素是第三方网站提供的努力水平 e 及线上折扣率 a。根据第三方网站提供的努力水平 e 与该网站的基础用户 μ_m，得到来自在线上浏览餐馆的人群的实际浏览人数 $\mu_b=e\mu_m$（Guo et al., 2013a）。用户随后根据餐馆的折扣价格 a 来作出是否预订的最终决定，其中由于用户本身原因而影响判断的因素总结为顾客对餐饮服务价格的敏感系数 φ。最终餐馆的线上潜在客户的理论需求如下所示

$$D_b = e\mu_m - \varphi(1-a)p$$

其中，φ表示顾客对餐馆服务价格的敏感系数，p表示餐馆对每个顾客的零售价。与线上潜在客户不同的是，餐馆的线上忠实客户通过第三方网站在餐馆进行预订时不会受到其他任何因素影响，而是直接通过第三方网站完成了对目标餐馆的预订，在他们的选择中，第三方网站只是一个便捷的工具，而不需要它的推荐信息，故线上忠实客户可以直接转化为需求量。综上所述，该餐馆的总需求定义为D，满足$D = D_l + D_b$，则对应D的餐馆的顾客总数（总需求数）可以表示成如下等式。

$$q = \mu_l + e\mu_m - \varphi(1-a)p$$

8.2.2　运营成本和预期利润

不失一般性，我们假设餐馆拥有一个固定的成本和一个可变的单位成本。为了使其更易于处理，本章假设上述对模型结果没有影响的成本均为 0，而重点考虑对我们作出决策影响较大的成本。根据目前描述的模型，确定了提供给线上客户的最佳线上折扣率a和给予第三方网站的佣金率b的餐馆，理论上应当有以下预期收入：

$$\pi_r = (1-a)pq - bpq$$

其中，等式右边的第一部分代表经过折扣后从客户那里获得的收入，第二部分代表第三方网站抽取的佣金。

在第三方网站与餐馆合作期间，第三方网站会根据餐馆付出的费用来确定它应该付出多大的努力去帮助餐馆宣传（如我们使用美团外卖软件时，对于所搜索内容的相关度有一个列表，列表中的位置排序即可以代表美团外卖对这家餐馆作出的努力），简化统一之后即模型中第三方网站的努力水平e。为了简单起见，我们假设第三方网站为达成该努力水平所付出的成本是$c(e)$，且$c'(e) > 0$，$c''(e) > 0$。值得注意的是，一个网站的资源是有限的，它无法为一个餐馆的宣传投入无限的资源，故在本质上努力水平e是有界的。

与餐馆的预期收入相似，第三方网站通过向对应餐馆提供在线销售服务，理论上可以达到的预期收入为

$$\pi_w = bpq - c(e)$$

通过了解餐馆和第三方网站的预期收入，我们可以进一步分析博弈者的决策过程，并推导出对应的博弈均衡。

8.3　决策分析和博弈均衡

在餐馆与第三方网站之间的合作关系中，餐馆通过提供佣金或进一步提供折扣率占据着领导地位，然后第三方网站则作为跟随者根据餐馆给予的佣金来确定提供给餐馆的努力水平。因此，事件的顺序如下：①餐馆为第三方网站提供一份包含为客户提供线上折扣率和给予该网站的佣金率的合同；②第三方网站对接受或拒绝本合同两个选项进行抉择；③抉择后，若第三方网站接受了符合自身预期的合同，则决定提供可接受合同的餐馆对应的最佳努力水平；④餐馆收获了由于第三方网站宣传而获得的线上顾客的实际数量；⑤根据该数量，第三方网站获得了之前餐馆所提出的合同所对应的佣金收入。根据事件顺序，我们首先应当分析第三方网站的最优努力水平，然后根据该网站所带来的最优响应实现餐馆的均衡。

8.3.1　决策分析

根据之前合同所确定的线上折扣率和与第三方网站收入有关的佣金率(a,b)，第三方网站作为一家独立公司，应当考虑如何优化自己的努力水平来实现收益最大化。故该问题可以转化为

$$\max_{e}\ \pi_w = bpq - c(e)$$

$$\text{s.t.}\ \ 0 \leqslant e \leqslant 1,\ q = \mu_l + e\mu_m - \varphi(1-a)p$$

这里设置了努力水平e的界限，这个假设在理论上是成立的，就如我们之前所描述的一样，e应当是有界的，那么对应现实中经过一定处理可以简化为一个 0 到 1 之间的变量。

为了使预期收入最大化，第三方网站必须精确地决定其应当付出的努力水平。我们不妨假设$c(e) = ke^{\tau}, \tau > 2$。其中，$\tau$代表第三方网站所拥有的技术水平，$\tau$的值越高，该网站工作的效率越高；而$k$代表工作的成本系数。为了方便后面的计算，我们设置$k = \lambda / \tau$。因此，以下引理对于给定的$(a,b)$详细描述了网站的最佳服务水平决策。

引理 8.1　根据餐馆所提供的针对线上客户的线上折扣率和给予第三方网站的佣金率(a,b)，第三方网站为了最大化其期望收益而给餐馆的最佳努力水平的表

达式如下所示：

$$e = \left(bp\mu_m / \lambda\right)^{1/(\tau-1)} \tag{8.1}$$

通过观察表达式（8.1），发现随着餐馆给予的佣金率 b 的增加，最佳努力水平 e 也随之增加，故网站对餐馆确定的最佳努力水平随佣金率而增加；但在式（8.1）中，并没有出现与线上折扣率 a 有关的情况，故网站的最佳努力水平与餐馆提供的线上折扣率无关。事实上，也可以观察出，如果餐馆想吸引更多客户，只要它提供给第三方网站更高的佣金率，网站就会提高其努力水平来加大该网站基础人群转化为餐馆客户的比例。进一步观察这个结论，随着第三方网站技术水平 τ 的提升，在给出其他条件一致时，第三方网站提供给餐馆的技术服务水平 e 也会有小幅度的上升，因为 $0 \leqslant e \leqslant 1$，故 $0 \leqslant bp\mu_m/\lambda \leqslant 1$，则随着 τ 的增大，e 显然也是增大的，故餐馆会更喜欢技术水平高的第三方网站。同时，从这个式子可以明显看出，随着 μ_m 的增大，即第三方网站的用户基础的增大，在其他条件不变的情况下，第三方网站的努力水平 e 也会随之增大。通俗来讲，就是网站自身的基础用户量增加了，但网站要为餐馆做的努力却越多了，看起来似乎不符合现实逻辑，但实际上，因为第三方网站的用户基础的增大，网站若仍维持之前的努力水平强度，则会浪费这一资源，即收益无法最大化，虽然付出更强的努力水平会导致成本上升更大，但用户基础这一资源的增大会为餐馆提供额外的客流量，从而带来更大的收益。

在预期到第三方网站将根据等式（8.1）来确定最优的努力水平来响应餐馆给出的合同中的信息（网站的佣金率和线上客户的线上折扣率），餐馆为了使自己的收益最大化，则需要通过解决以下问题来优化其决策：

$$\max_{a,b} \ \pi_r = (1-a-b)pq$$

$$\text{s.t.} \ \ a,b \geqslant 0, \ a+b \leqslant 1, \ q = \mu_l + e\mu_m - \varphi(1-a)p$$

命题 8.1 当餐馆的零售价不低于其阈值，即 $p \geqslant \bar{p}$ 时，该问题的博弈均衡为：

（1）当线上浏览人群的数量超过一定阈值，即 $\mu_m > \hat{\mu}_m$ 时，餐馆和第三方网站的最优决策是

$$a_1^* = 1 - \mu_l / 2p\varphi - \tau\mu_m\left(\lambda(\tau-1)\varphi / \mu_m^2\right)^{1/(2-\tau)} \Big/ 2p\varphi(\tau-1),$$

$$b_1^* = \left((\tau-1)\varphi\right)^{(\tau-1)/(2-\tau)}\left(\lambda / \mu_m^\tau\right)^{1/(2-\tau)} \Big/ p,$$

$e_1^* = \left(\lambda(\tau-1)\varphi / \mu_m^2\right)^{1/(2-\tau)}$，我们将其定义为策略 1（strategy 1）。

（2）当线上浏览人群的数量不高于上述阈值，即 $\mu_m \leqslant \hat{\mu}_m$ 时，餐馆与第三方网站则没有合作（non-cooperation）的可能性。

其中，

$$\overline{p} = \left(\mu_l + \tau\mu_m \left(\lambda(-1+\tau)\varphi / \mu_m^2 \right)^{\frac{1}{2-\tau}} \Big/ (\tau-1) \right) \Big/ 2\varphi$$

$$\hat{\mu}_m = \{\mu_m \mid \mu_m^{\frac{\tau}{2-\tau}} - \mu_l(\tau-1)\left(\lambda(-1+\tau)\varphi\right)^{\frac{1}{\tau-2}} / (\tau-2) = 0\}$$

命题 8.1 中假设零售价不低于其阈值，这是合理的。在合作初始阶段，考虑 $\overline{p}$ 为餐馆的预计收入，若低于这个收入，则餐馆本身虽然可能仍能保持运作，但却无法继续支持线上折扣，即不会再考虑扩大需求来增大收益这个思路，这时就无须考虑线上折扣率了，故此时不做考虑，而在本节后面考虑了这种情况下的博弈决策，这便是本章中提到的两种情况的根本区别所在。餐馆与第三方网站业务合作能否达成还有一个重要决定因素，即第三方网站的基础用户，或者称其为网站自带的流量，这是一个第三方网站平台能否使一个餐馆对它心动的重要因素，虽然第三方网站自身的技术水平也很重要，但在现实中，在没有进一步讨论合作的可能时，网站的技术水平并不会得到餐馆的认可。

接下来，我们将对分别关于餐馆和网站属性的外生参数进行敏感性分析，其中 p 和 μ_l 分别反映餐馆的等级和流行程度，而 μ_m 和 τ 分别反映网站的流量大小和技术水平。同时，由于对 τ 的分析比较复杂，我们将在下面的数值说明中给出具体的分析。

推论 8.1　如果一家餐馆得到的最优决策符合命题 8.1 的情况，那么：

$$\partial a_1^* / \partial p > 0, \partial a_1^* / \partial \mu_l < 0, \partial a_1^* / \partial \mu_m < 0$$

$$\partial b_1^* / \partial p < 0, \partial b_1^* / \partial \mu_l = 0, \partial b_1^* / \partial \mu_m > 0$$

餐馆的最优线上折扣率随着餐馆的线上忠实客户的增加而下降，随着线上网站浏览人数的增加而下降，随着线下零售价格的上涨而增加。相比之下，除了线上忠实客户，最优佣金率与上述参数之间的关系与线上折扣率相反。最佳的佣金率与线上忠诚的客户无关。

推论 8.2　如果一个第三方网站得到的最优决策符合命题 8.1 的情况，那么：

$$\partial e_1^* / \partial p = 0, \partial e_1^* / \partial \mu_l = 0, \partial e_1^* / \partial \mu_m > 0$$

第三方网站的最佳努力水平是唯一的，并与在线浏览人数呈正相关。此外，它与网上的忠实客户或餐馆的价格无关。

结合推论 8.1 和推论 8.2，不难发现，随着零售价格的上涨，餐馆应在提高折扣率的同时降低佣金率，但网站仍应保持稳定的努力水平。尽管佣金率下降，但高档（高价位）餐馆可以带来更高的边际收益。因此，网站保持稳定的努力水平来维持客流量是最经济有效的选择。

推论 8.3　当餐馆的零售价低于 $\overline{p}$ 时，餐馆永远不为顾客提供折扣，也就是 $a \equiv 0$。

该推论表明，当餐馆的零售价低于一个门槛时，餐馆就不再有动力为顾客提供折扣来增加需求。此时，继续提供折扣，即 $a>0$，以提升需求后得到的总利润要低于不提供折扣的目前的利润。在这种情况下，餐馆无法继续加强薄利多销的行为，故考虑另一种从不给顾客打折的策略（$a\equiv 0$）并通过解决以下问题来实现其预期收入的最大化：

$$\max_{b}\ \pi_r=(1-b)pq$$

$$\text{s.t.}\quad 0\leqslant b\leqslant 1,\ q=\mu_l+e\mu_m-\varphi(1-a)p,\ e=\left(bp\mu_m/\lambda\right)^{1/(\tau-1)}$$

命题 8.2 当餐馆的零售价格低于其阈值，即 $p<\overline{p}$ 时，该问题的博弈均衡为：

（1）当在线浏览人群的数量超过某个阈值，即 $\mu_m>\tilde{\mu}_m$ 时，$a_2^*=0$，

$$b_2^*=\left\{b\,|\left(b\tau-1\right)\mu_m\left(bp\mu_m/\lambda\right)^{\frac{1}{\tau-1}}/\left(b\left(\tau-1\right)\right)-\varphi p+\mu_l=0\right\},$$

$e_2^*=\left(b_2^*p\mu_m/\lambda\right)^{\frac{1}{\tau-1}}$，我们将其定义为策略 2（strategy 2）。

（2）当在线浏览人群的数量不高于上述阈值，即 $\mu_m\leqslant\tilde{\mu}_m$ 时，餐馆和第三方网站两者不存在合作（non-cooperation）的可能性。

其中，$\tilde{\mu}_m=\{\mu_m\,|\,\mu_m\left(b_2^*p\mu_m/\lambda\right)^{\frac{1}{\tau-1}}-p\varphi=0,\left(b_2^*\tau-1\right)\mu_m\left(b_2^*p\mu_m/\lambda\right)^{\frac{1}{-1+\tau}}/\left(b_2^*\left(\tau-1\right)\right)-\varphi p+\mu_l=0\}$。

考虑到最优决策关于第三方网站所拥有的潜在浏览人群的敏感性和餐馆的零售价格的敏感性在策略 2 中难以证明，我们接下来仅分析线上忠实客户以及客户对价格的敏感系数的灵敏度。其他因素的影响在后续的数值算例中进行更为直观的展示。

推论 8.4 如果餐馆和第三方网站所得到的最优决策满足命题 8.2，那么

$$\partial b_2^*/\partial\mu_l<0,\partial b_2^*/\partial\varphi>0\text{；}\ \partial e_2^*/\partial\mu_l<0,\partial e_2^*/\partial\varphi>0$$

餐馆提供给第三方网站的最佳佣金率随着线上忠诚顾客的增加而减少，随着客户对价格的敏感性的增加而增加。该网站的最佳努力水平与上述参数之间的关系与最佳佣金率相同。

在餐馆与第三方网站的业务合作中，餐馆有两种定价策略。在策略 1 中，由于零售价较高，餐馆同时决定提供给客户的线上折扣率和给予第三方网站的佣金率，而在策略 2 中，因为零售价较低，餐馆不向客户提供线上折扣服务，只考虑提供给第三方网站的佣金率。通过推论 8.4 可以发现，客户对价格的敏感系数越高，餐馆制定的佣金率越高且第三方网站的努力程度也越高。这是因为餐馆为了维持客流量，在不改变价格的情况下只能从第三方网站入手，通过提高佣金率来保证自身的客流量输出，与此同时，第三方网站投入的努力水平也随之上升。

8.3.2　博弈均衡解

通过前文对餐馆决策和选择合作的第三方网站的决策分析，可以得到一个完全的博弈均衡解。具体来说，我们在图 8.2 与表 8.2 中总结了餐馆的最优决策，并给出了进一步的分析与解答。

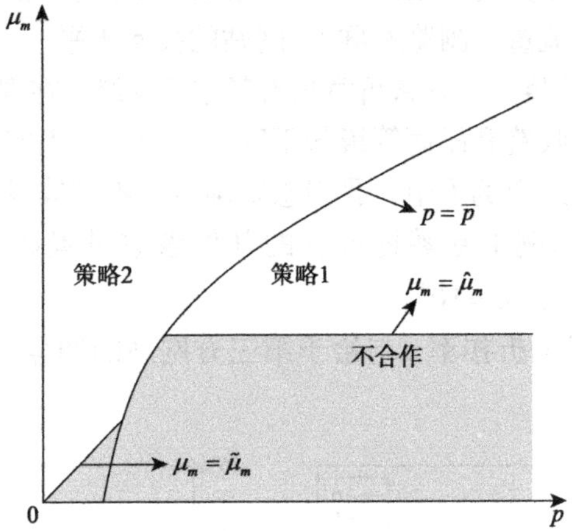

图 8.2　餐馆的最优决策集

表 8.2　不同条件下餐馆的战略选择

价格	合作	不合作
$p \geqslant \bar{p}$	如果 $\mu_m > \tilde{\mu}_m$，则选择策略 1	如果 $\mu_m \leqslant \tilde{\mu}_m$
$p < \bar{p}$	如果 $\mu_m > \tilde{\mu}_m$，则选择策略 2	如果 $\tilde{\mu}_m \leqslant \tilde{\mu}_m$

如图 8.2 所示，虽然策略 1 和策略 2 的选择也取决于网站的用户基础和其他参数，但选择不同策略的关键就在于 p 与 $\bar{p}$ 之间的关系，图中由关键线 $p = \bar{p}$ 分隔了两种可行的策略。在初始阶段，随着零售价格的上涨，餐馆将有更大的可能选择策略 1，并且对于线上折扣服务有着更大的可操作空间，这意味着高档餐馆能够提供不同的线上折扣服务来影响自己当前的客流量，拥有更多的选择空间。随着线上浏览人数的增长，策略 2（与第三方网站建立业务合作，但只提供给第三方网站佣金率而不提供给线上顾客任何折扣）将渐渐成为大量餐馆的主要选择。然而，当网站的基础用户量相对较低时，则餐馆无须寻求合作，因为付出佣金费而获得的线上忠实顾客的收益无法抵消花费的佣金费用。

8.4 数值实验

本节将提供 4 个典型的数值示例来说明和补充前文的分析。在这里，我们清楚地揭示了这些外生参数对决策的影响和关系，如零售价格、线上忠实客户的数量、第三方网站的总流量（浏览人群）、网站的技术水平。

示例 1　在某种程度上，零售价意味着餐馆的等级，在现实生活中，这也很容易发现，如果餐馆的收费高昂而等级却不匹配，则少有人问津，但高档餐馆基本上零售价都较高。在这个例子中，我们想要确定对不同等级的餐馆应该如何作出最优决策。本数值示例中除零售价 p 的其他参数设置如下：$\tau=5$，$\varphi=4$，$\mu_m=5\,000$，$\mu_l=200$，$\lambda=10^9$。

零售价格 p 对线上折扣率 a 与给予第三方网站的佣金率 b 的影响，如图 8.3 所示。

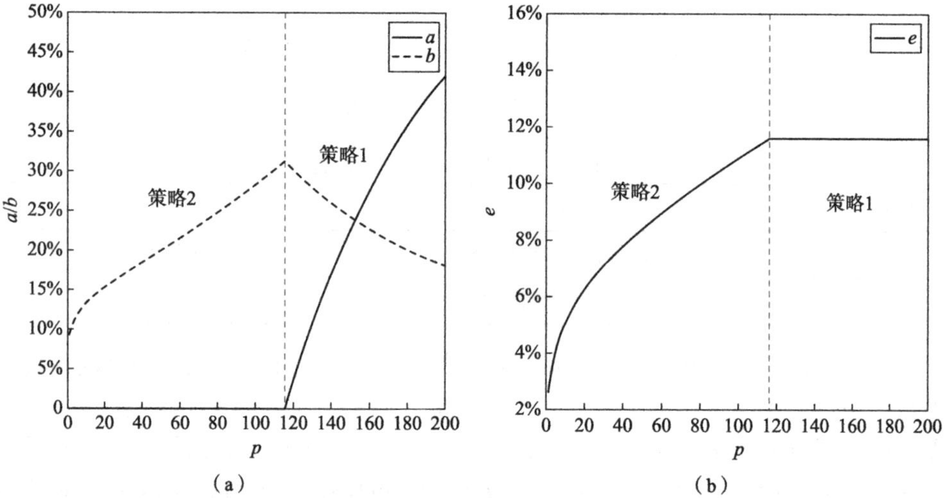

图 8.3　不同等级餐馆的最优决策和利润

当餐馆的等级相对较低时，为了保证基本收入，餐馆只能选择向第三方网站支付佣金，故图中只有佣金率 $b>0$。佣金率应该随着餐馆等级的增加而增加，因为随着价格的上升，为了保持最优收益，需要维持人流量，故需要提供给第三方网站更多的报酬以增大它们的服务水平系数。当餐馆的等级足够高时，则会采用混合的策略用于提高人流量。随着零售价格的上涨，餐馆应降低给予网站的佣金率，但应提高折扣率以吸引顾客。虽然餐馆提供给网站的佣金率会减少，但网站仍会提供稳定的努力水平，这是因为高档餐馆的利润率较高而保证了网站自身的收入，高档餐馆的影响力也能为网站吸引客流量。

示例 2　我们提供这个例子来展示线上忠诚客户的数量对餐馆和网站的最优决策的影响。本数值示例中的其他参数设置如下：$\tau=5$，$\varphi=4$，$\mu_m=5\,000$，$p=120$，$\lambda=10^9$。结果如图 8.4 所示。

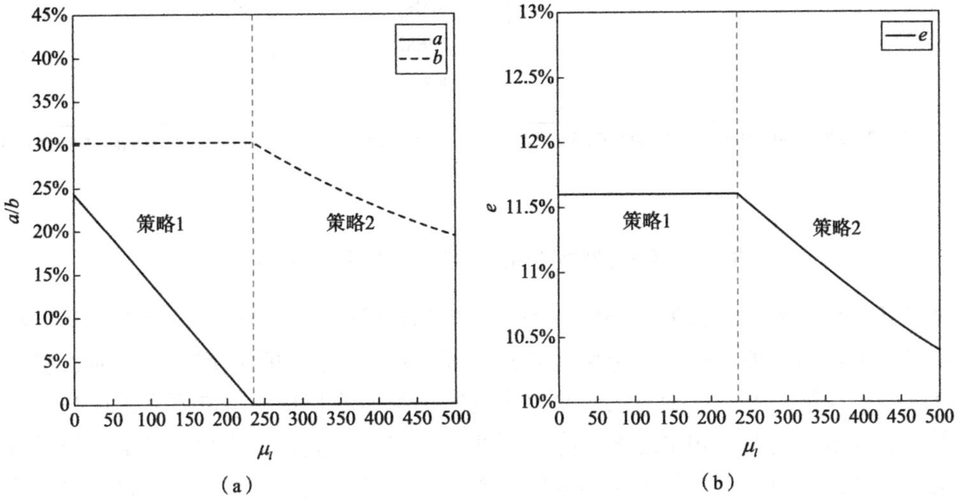

图 8.4　线上忠诚客户 μ_l 对双方最优决策的影响

当餐馆所拥有的线上忠诚客户低于门槛值时，餐馆会选择向网站支付固定的佣金率以在网站处获得稳定的服务水平来获得稳定的客流量。同时，因为此时餐馆的零售价高于预期，故为了收获更多的客流量来达到最大收益，餐馆还应向线上顾客提供线上折扣。当然，随着忠实客户的增加，餐馆应当降低其折扣率，直至降至零。在 μ_l 值超过门槛值之后，意味着餐馆拥有了足够的线上忠实顾客，此时餐馆可能会逐渐脱离其对第三方网站流量的依赖。随着忠实顾客数量的增加，由于餐馆对第三方网站流量的依赖性减少，餐馆给予的佣金率降低，第三方网站也会随之调整自身提供给餐馆的努力水平。

示例 3　该例目的在于研究第三方网站的用户基础对最优决策的影响，它以线上浏览人群的数量 μ_m 表示：我们确定了对其他参数的初始设置：$\tau=5$，$\varphi=4$，$p=100$，$\mu_l=200$，$\lambda=10^9$。结果如图 8.5 所示。

如果第三方网站的用户基础达不到对应等级餐馆的要求，则餐馆不可能选择与该网站建立业务合作关系，这样只对餐馆有负面影响，任何餐馆不会与比它低级（即用户基础数量等级）的第三方网站合作。当网站用户基础处于中级水平时，

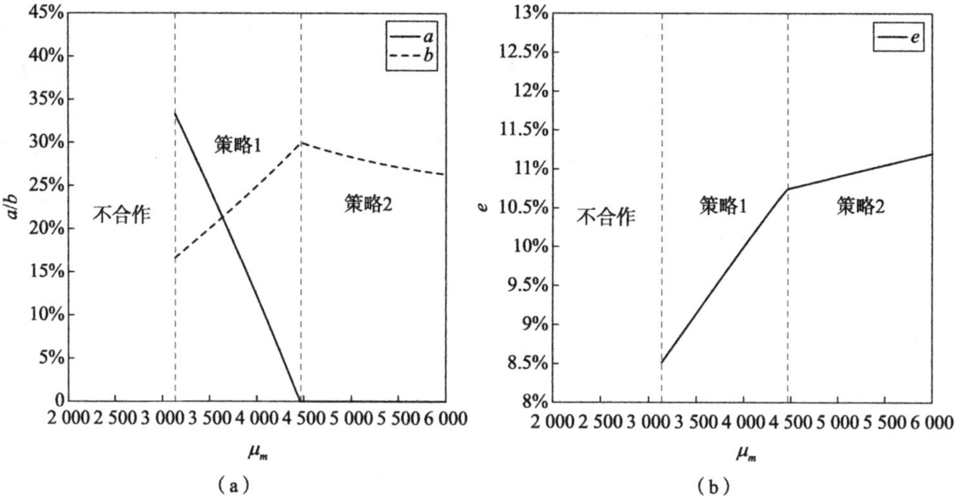

图 8.5　第三方网站的用户基础对双方最优决策的影响

餐馆可以直接采取混合策略提供一个线上折扣来吸引网站中自带的潜在顾客。随着网站用户的增加，提高佣金率的收益逐渐比提供折扣的收益增大，此时，餐馆更倾向于让第三方网站给自己带来更多的客流量而不是自主争取更多的客户，在图像上显示为线上折扣率逐渐下降，而佣金率却逐渐上升，此时提供给餐馆的建议也是如此。当最佳折扣率降至零时，意味着网站的用户群足够高，这时餐馆不仅应该取消折扣，还应该随着 μ_m 的进一步增加而减少给予网站的佣金率。对于网站来说，随着它自己的用户基础的增加，提高努力水平仍然是一个具有成本效益的选择，因为网站本身无法将自身流量转换为收益，需要将客户推荐给餐馆才能抽取佣金，所以就算餐馆不会继续提高佣金率，它仍会提高自己的努力水平。

示例 4　我们最后考察第三方网站的技术水平对双方最优决策的影响。本数值示例中的其他参数设置如下：$p=100$，$\varphi=4$，$\mu_m=5\,000$，$\mu_l=200$，$\lambda=10^9$，结果如图 8.6 所示。

图 8.6 明确地展示了餐馆和第三方网站的最优决策。当网站技术水平足够高时，有两种合作策略可供餐馆考虑，这也表明如果网站技术水平太低，餐馆就不会考虑寻求与它的业务合作，因为第三方网站技术水平过低，为了小部分的客流量，餐馆需要付出的额外代价过高，若餐馆选择与该第三方网站合作会导致获得的收益为负。当技术水平达到双方合作的基础要求时，餐馆需要通过价格折扣吸引顾客，否则达不到餐馆预期的收益，这是由于技术水平相对较低，只通过第三方网站引进的客流量与已有零售价格，还存在可进行薄利多销的操作空间，故此时餐馆通过折扣的方式来吸引更多的客流量以提升顾客数量。随着技术水平的提高，餐馆会逐渐降低折扣率 a，但会增加佣金率 b。同时，网站应提高其努力水

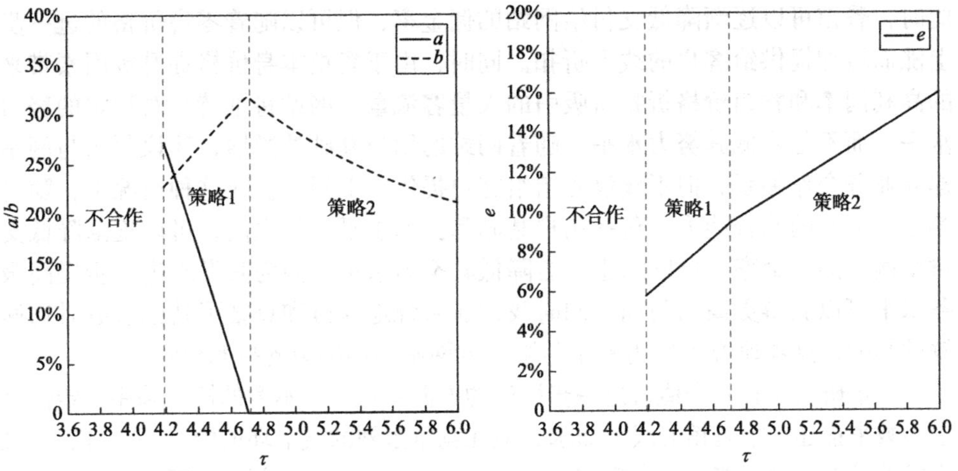

（a）　　（b）

图 8.6　第三方网站的技术水平 τ 对双方最优决策的影响

平 e 以保证餐馆能够获得足够的人流量维持双方的收益达到最高。随着网站技术水平的不断提高，最佳折扣率降至零时，餐馆不仅应该取消线上折扣率，还应该减少给予网站的佣金率。与餐馆提供的报酬相反，网站却继续提高其努力水平，因为其技术水平的上升使得其成本减少，但由于网站自身无法将潜在的浏览人群直接转化为收益，而需要将他们推荐给餐馆来抽取佣金，因此网站选择提高努力水平，用以抽取佣金来创造更大的收益。

8.5　总结与展望

本章着重研究了餐馆与第三方网站之间的合作策略问题，以实现餐馆线上销售的拓展。本章通过一个 Stackelberg 博弈模型来描述该餐饮服务供应链的关系和机制，使用博弈理论分析的方法为探讨餐馆如何制定其定价策略来实现与第三方网站的合作提供了一个新的视角。本章不仅丰富了收益管理理论，而且扩展了餐饮服务供应链的定价策略机制。

通过分析模型，得到了两种不同情况下可实现的最优合作策略，其中餐馆是否应该向线上顾客提供线上折扣是这两种策略之间的关键区别。结果表明，当第三方网站的用户基础相对较低时，餐馆无须与其建立合作关系。对于价格较高的高档餐馆，建议为线上客户提供线上折扣，用于吸引网站上的潜在客户。

此时，餐馆可以逐渐降低支付给网站的佣金率，但可以随着零售价格的进一步上涨而增加提供给客户的线上折扣。同时，由于餐馆本身价格提升等因素带来的高利润率和餐馆价格折扣所吸引的大量客流量，网站将维持相对稳定的努力水平，而不是降低其努力水平。随着网站的用户基础的激增，建议餐馆与网站建立业务合作关系，但不建议餐馆给客户提供线上折扣。在这种情况下，随着第三方网站的综合能力（包括用户基础和技术水平）的提高，可以逐渐降低支付给网站的佣金率，但网站也不会降低其努力水平，因为其发现进一步提高服务水平可以获得更高的利润。同时我们还系统地探讨和总结了其他参数对均衡解的影响，这项研究可以为餐馆与第三方网站提供决策支持和建议。

本章研究还有几个值得进一步探讨的方向：首先，本章的模型采用确定性需求函数来描述一家餐馆的线上需求，但在竞争激烈的线上环境中，一个具有随机需求的扩展模型可能更符合现实，这可以为实践提供一些新的管理启示。其次，出于研究目的，本章着重于餐馆的在线合作策略，而对于餐馆容量限制的地方考虑不足，故如何进一步地平衡线上和线下销售渠道能进一步扩展本章主题。此外，线上到线下环境中的一些新现象也越来越普遍，如何衡量客户的消费选择，并提供相应的决策支持，可能是未来的另一个研究方向。

第四篇：在线旅行社的运营能力建设创新

旅行市场的快速发展，使得OTA之间的竞争日益激烈。为了在激烈的市场竞争中脱颖而出，如何扩大市场份额、采取合适的运营策略吸引新客户、保留老客户、提高客户忠诚度等就显得尤为重要。利用现代化的信息技术，平台运营的设计方式和表现形式变得十分丰富。例如，通过投放广告，推广活动信息、强化品牌形象；加强平台建设，鼓励客户积极参与平台的评论、分享等互动行为；又或者最直接的，通过合适的价格策略，增加平台的客户规模……OTA可以采取多样化的运营方式，在吸引新客户、留住老客户及扩大市场规模等方面做出努力。本篇主要从运营能力建设的角度，研究OTA如何利用创新手段，在竞争中获得优势。

具体地，第9章考虑客户（主要指消费者、有时也包括入驻商家）在线上平台的参与行为，如评论、分享、与OTA进行互动反馈等，顾客的在线参与，会增加他们对平台的好感和偏好。OTA通过对客户的在线参与度进行投资，能促进这种偏好，进而提高客户的忠诚度。通过分析一个双寡头的在线旅行市场，研究OTA进行在线参与投资在减少客户转移、维持客户忠诚方面的作用，在此基础上，为两家OTA提供最优的投资决策。进一步地，利用博弈模型，分析两个竞争的OTA在考虑投资的情况下如何达到均衡，对市场的演化过程进行分析，并给出OTA进行在线参与投资方面的管理启示。

第10章从用户规模的角度分析OTA的动态定价问题。为了吸引新用户，一种常见的方式是为新注册的用户提供较低的产品或服务价格。一方面，较低的进入价格能吸引更多的新用户加入OTA的在线平台中，扩大平台的用户规模；但另一方面，降低价格会损害OTA的利润，带来经营风险。本章考虑OTA优化新用户价格以扩大用户规模的情形，以决策最优的动态定价策略。首先，对该问题的动态规划方程进行分析，证明了最优进入价格关于用户规模是单调的；其次，确定了关于用户规模的收支平衡点，给出采取低价方式的进入条件；最后，论证在线用户池规模和最优定价策略的收敛性，并根据收敛形式给出两种动态定价策略：①先在早期收取极低的价格然后逐步提高进入价格直至达到稳定状态；②在用户规模处于稳定状态时，利用价格继续维持稳定。

依托电子商务平台，OTA提供产品和服务、进行公司运营的形式也越来越多元化。在旅行市场的竞争环境中，吸引新用户、留住老用户、增加用户忠诚度，是进行客户管理及关乎企业盈利的重要问题。在本篇中，首先从消费者忠诚度的角度分析OTA的投资决策，接着考虑利用价格手段吸引新用户，给出最优的动态定价策略，为上述问题提供相应的管理启示。

第9章　基于消费者忠诚度的 OTA 投资决策优化

互联网的广泛普及，使得越来越多的消费者通过线上平台订购旅行产品和服务。为了增加市场份额、获得更多利润，OTA 需要通过合适的策略来维持忠诚客户，同时吸引新客户。本章从 OTA 进行在线参与投资的角度考察了顾客忠诚度的管理与维护。很多市场营销的文献都描述了客户参与对其忠诚度的影响，但这些文献大多依赖于理论概念框架或实证研究，并没有提供对参与投资的优化。因此，本章将考察 OTA 如何在鼓励顾客在线参与方面作出投资决策，并进一步分析给定在线旅行市场的市场演化和博弈均衡时，对最优决策结果的影响。我们相信，研究结果对电子商务研究人员和从业者，特别是 OTA 经营者有重要的启示。本章的主要内容安排如下：9.1 节对研究背景和科学问题进行描述；9.2 节给出模型设定和决策问题；9.3 节基于博弈模型对研究问题进行计算求解，给出最优的决策结果，并利用数值实验进行分析比较，进一步地，在此基础上给出市场演化的均衡分析；9.4 节给出研究问题的建议与启示，并对未来研究进行展望。

9.1　研究背景与科学问题

日益增长的旅行需求和网络技术的发展，使得 OTA 成为连接消费者和产品（服务）的关键角色，也是销售旅行产品（服务）的重要分销渠道。通过信息技术提供复杂和多样化的功能，OTA 的优势凸显，它为消费者提供了随时随地购买旅行产品（服务）的在线平台，甚至可以提供定制化的产品（服务）（Clemons et al., 2002；Anderson，2011）。

面对激烈的市场竞争，OTA 会采取一些方式以提升业绩，如提供定制化的服务。

近年来，越来越多的消费者开始在 OTA 上设计他们的旅游路线（Guo et al.，2013a）。据统计，美国在线旅行市场的预订量已经超过了 1 500 亿美元（Trefis，2015）。中国 2018 年的在线旅游市场交易规模为 15 122.4 亿元，较 2017 年增长了 29%（艾瑞咨询，2019）。这些统计数据表明，在线旅行市场为旅游公司提供了商机。以 Priceline、Expedia、Orbitz、携程为代表的众多 OTA 在全球互联网上蓬勃发展。为了获得高收入并维持市场份额，OTA 需要进行更大的投资以吸引新客户、保留忠诚客户。

在营销领域，客户参与度近年来受到了越来越多的关注（Bowden，2009；Brodie et al.，2011；Brodie et al.，2013；Stibe et al.，2013）。随着互联网的发展，学者们开始分析在线环境中参与度在提高消费者忠诚方面的作用。Cheung 等（2012）论证了用户参与行为会影响其忠诚意向（包括再购买意向和推荐意向）。目前的研究将参与度概念化为在线平台用户体验的表现形式（Brodie et al.，2013），即消费者在 OTA 中对某项活动或互动的愉悦程度和参与程度的心理状态。具体表现为，高参与度的消费者往往对 OTA 的用户体验表现出愉悦的偏好，并最终转化为顾客忠诚度（Cha，2011；Shim et al.，2015）。因此，OTA 需要增加对在线参与度的投资，以保持用户的持续消费。

在本章中，对在线参与的投资是指鼓励 OTA 对消费者体验的愉快、愉悦偏好的投资。例如，提供各种支持互动和有效沟通的工具（如评级按钮、在线评论和图片分享），为忠诚用户提供定制化的服务（如旅游路线设计），允许消费者表达他们的意见和分享他们的经验（如反馈评分）。此外，OTA 也可以用优惠券和度假套餐等方式奖励积极参与的消费者。

尽管学者们强调了在在线环境中探索“参与”概念的重要性（Nambisan and Baron，2007；Zheng et al.，2015），但是关注 OTA 提高在线平台消费者参与的投资决策的研究依旧十分有限，特别是对于参与行为的最优投资决策。本章试图分析 OTA 应如何在鼓励消费者在线上平台的在线参与方面作出投资。通过分析有两个 OTA 竞争的旅行市场，研究首先强调了在线参与在保留忠诚消费者和防止消费者转移方面的作用，并且为每个 OTA 提供了最优的在线参与的投资决策。此外，还研究了有两个 OTA 的在线旅行市场的稳定状态，以及两家 OTA 之间存在博弈均衡时的市场演化。

9.2　基于博弈论的 OTA 投资决策优化

一般情况下，一个地区最大的少数几家 OTA 几乎占据了整个旅行市场的份额，如中国的艺龙和携程网，或是美国的 Expedia 和 Priceline 公司。来自相同地区的两个 OTA 通常针对的是同一个在线旅行市场，他们向相同的消费者群体销售类似的产品和服务。在网络环境下，消费者能很容易地以较低的搜索成本获取价格信息，因此为了在商业竞争中生存下来，两个 OTA 经常以相似或者相同的零售价销售其产品或服务（Toh et al.，2011b；Guo et al.，2014）。为了简化研究问题，假设两个 OTA 以相同的价格 p 销售同一种基本效用为 v 的产品或服务，如同一家酒店的客房。为了方便起见，我们将其中一个 OTA 表示为 OTA1，消费者在其平台上获得的购买体验为 s_1，另一个 OTA 表示为 OTA2，消费者对应获得的购买体验为 s_2。不失一般性地，进一步假设 s_1、s_2 之间满足 $s_1 > s_2$。考虑到每个消费者对于购买体验的偏好不同，假设对于任一给定的 OTA，消费者偏好均服从 $[0,1]$ 上的均匀分布（García and Tugores，2006；Song et al.，2009）。

根据消费者的购买行为，可以将其分为三组：

第一组（G1）：在最近一次购买记录中从 OTA1 预订的消费者；

第二组（G2）：在最近一次购买记录中从 OTA2 预订的消费者；

第三组（G3）：从未在两家 OTA 购买过任何旅游产品的消费者。

根据 Patterson 等（2006）的研究和实践观察，在线参与和消费者的忠诚度正相关。利用消费者对 OTA 所提供服务购买体验的偏好代表其在线参与水平。通过 OTA 对在线参与的投资，可以提高消费者对于购买体验的偏好。为了描述 OTA 对在线投资的影响及消费者的需求，根据消费者对每个 OTA 的偏好，我们引入消费者和两个 OTA 的关系。在这种设定下，G1 组消费者对于 OTA1 的偏好 θ_{11}，可以通过在 OTA1 的在线参与来改善，如提供支持互动和有效沟通的工具、提供旅游路线的设计、允许消费者表达他们的意见和分享他们的经验。设 θ_{11} 服从 $[\alpha_1,1]$ 上的均匀分布，其中 α_1 是 OTA1 参与水平的基准。G1 消费者对于 OTA2 的偏好 θ_{12} 不受 OTA2 对在线参与投资的影响，因为他们只参与 OTA1 上的活动，而不参与 OTA2 的活动。因此，我们认为 θ_{12} 服从 $[0,1]$ 上的均匀分布。类似地，G2 组的消费者对于 OTA1 的偏好 θ_{21} 服从 $[0,1]$ 上的均匀分布；而 G2 组的消费者对于 OTA2 的偏好 θ_{22} 服从 $[\alpha_2,1]$ 上的均匀分布，其中，α_2 是 OTA2 参与水平的基准。消费者和不同 OTA 之间的偏好关系如图 9.1 左图所示。鉴于 G3 组的消费者既未参加 OTA1 的活动，也未参加 OTA2 的活动，他们对于两个 OTA 有着相同的偏好 $\theta_3 \in [0,1]$。即 G3 类消费者的偏好并不影响任何 OTA 的在线参与投资决策，因为这类消费者从未在两家 OTA 的平台上购买过任何旅游产品。为了在不影响分析结果的基础上简化表达形式，假设 G3 组的客户数量为零。因此，消费者和 OTA 之间的关系可以简化为图 9.1 右图。

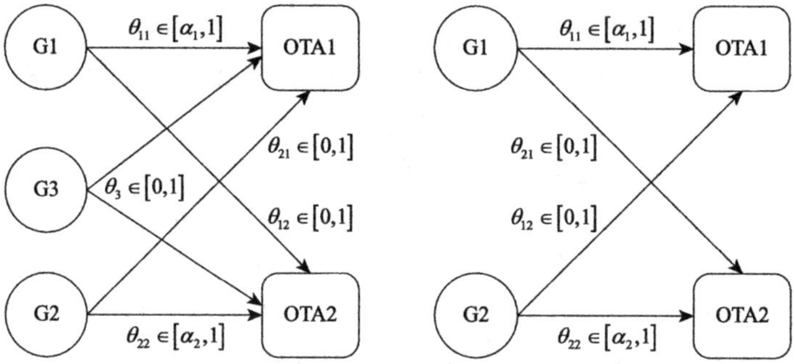

图 9.1 消费者和 OTA 之间的关系

根据以上描述和假设可以得到，第 i 组的消费者通过 OTA j 购买产品获得的效用为

$$U_{ij}=v+\theta_{ij}s_j-p$$

这里我们只对在线参与影响下的消费者忠诚度及其保留和转移行为感兴趣，在不影响结果的情况下，进一步假设 $v>p$ 以保证所有消费者都会从两家 OTA 中的一家进行预订。因此，通过比较在两家 OTA 的购买效用（即 U_{11} 和 U_{12} 的购买效用值），G1 组消费者的选择情况如图 9.2（a）所示。类似地，通过比较从两家 OTA 获得的购买效用（即 U_{21} 和 U_{22} 的购买效用值），G2 组消费者的选择如图 9.2（b）所示。

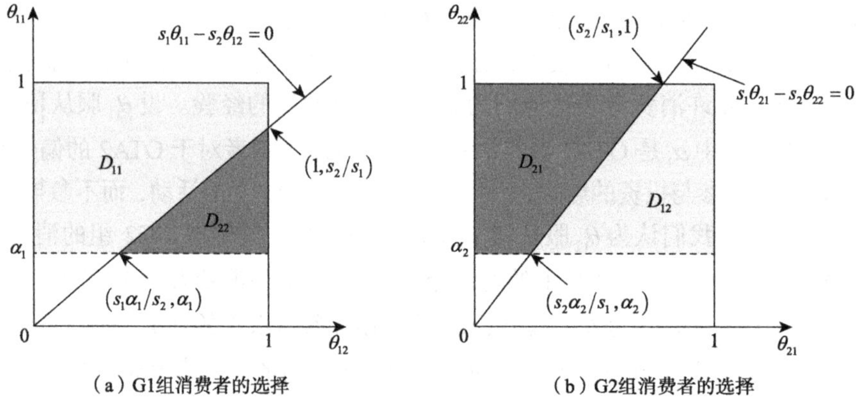

（a）G1组消费者的选择　（b）G2组消费者的选择

图 9.2 消费者在两个 OTA 之间的选择和需求

从图 9.2 可以发现，G1 组中，D_{11} 表示仍然从 OTA1 进行预订的消费者，而 D_{12} 表示从 OTA1 转移到 OTA2 的消费者，因为他们更喜欢在 OTA2 的购买体验。同样地，在 G2 组中，只有 D_{22} 数量的消费者留在 OTA2，并且有 D_{21} 的消费者从 OTA2 转移到 OTA1。将 G1 组的消费者数量记为 a，G2 组的消费者数量记为 b，两个

OTA 实现的消费者需求分别如下：

$$D_1 = D_{11} + D_{21} = \frac{\left(2s_1s_2 - s_2^2 - s_1^2\alpha_1^2\right)a}{2s_1s_2\left(1-\alpha_1\right)} + \frac{\left(2s_1 - \left(1+\alpha_2\right)s_2\right)b}{2s_1}$$

$$D_2 = D_{12} + D_{22} = \frac{\left(s_2 - s_1\alpha_1\right)^2 a}{2s_1s_2\left(1-\alpha_1\right)} + \frac{\left(1+\alpha_2\right)s_2b}{2s_1}$$

引理 9.1　假设 $0 \leqslant \alpha_1 \leqslant s_2/s_1$ 且 $0 \leqslant \alpha_2 \leqslant 1$，则有 $\partial D_j/\partial\alpha_j > 0$，其中 $j=1,2$。

引理 9.1 的结果表明，对给定的 OTA 参与投资水平，每个 OTA 的消费者数量随着其在线参与基准水平的增加而增加。也就是说，OTA 的在线参与投资有助于提高消费者的忠诚度，并最终保留消费者，防止消费者转向其他的 OTA。

为了维持其在线参与度基准水平处于 α_j，OTA 会产生相应的成本 $f_j\left(\alpha_j\right)$，是关于 α_j 的凸增函数（$f_j'\left(\alpha_j\right)>0$ 且 $f_j''\left(\alpha_j\right)>0$ 且 $f_j\left(0\right)=0$）。在后续的描述中，我们引入一个二次函数形式 $f_j\left(\alpha_j\right)=k_j\alpha_j^2/2$ 代表 OTA j 在线参与对应的投资，其中 k_j 表示参与投资输入与参与效应产出的效率因子。这种函数形式在文献中被广泛地用于表示投入和产出之间的关系（Little，1979；Huang and Li，2001；Chen，2005）。

根据上述分析，OTA j 进行在线参与投资的预期利润可以表示为

$$\pi_j = \rho_j D_j - k_j\alpha_j^2/2$$

其中，ρ_j 表示 OTA j 销售产品和服务的单位收益，可以理解为服务提供商（如酒店、航空公司）通过 OTA 销售每单位产品或服务支付的佣金（Guo et al.，2013a；Wu et al.，2013）。

9.3　决策分析与讨论

在这部分中，我们首先在 9.3.1 中分析两家 OTA 的最优决策，然后在 9.3.2 中给出一个数值实例来分析它们之间的博弈关系，最后在 9.3.3 展示二者基于市场演化的博弈均衡。

9.3.1　最优决策

本小节分析 OTA1 和 OTA2 的在线投入投资的最优决策。OTA 的参与度投资可

以吸引消费者达到基准的参与水平，由 OTA 的利润表达形式可知，$\partial^2\pi_j/\partial\alpha_j^2<0$。因此，根据一阶条件可知，两家 OTA 的最优投资水平如命题 9.1 所述。

命题 9.1　假设引理 9.1 中的条件成立，那么

（1）对于 OTA1，最优的投资水平 $\alpha_1^*\in[0,s_2/s_1]$，可由下式唯一确定：

$$\alpha_1^*=\underset{\alpha_1\in[0,s_2/s_1]}{\arg}\left\{a\rho_1s_1^2(1-\alpha_1)^2-2s_1s_2k_1\alpha_1(1-\alpha_1)^2=a\rho_1(s_1-s_2)^2\right\}$$

（2）对于 OTA2，最优的投资水平 $\alpha_2^*\in[0,1]$，可由下式唯一确定：

$$\alpha_2^*=b\rho_2s_2/(2s_1k_2)$$

特别地，因为 OTA1 的一阶条件是 α_1 的高阶函数，我们无法找到最优解 α_1^* 的闭合解形式。然而，幸运的是，最优解的唯一性是可以证明的。π_1 关于 α_1 的一阶导数是

$$\frac{\partial\pi_1}{\partial\alpha_1}=\frac{a\rho_1}{2s_1s_2}\frac{(s_2-s_1\alpha_1)(2s_1-(s_1\alpha_1+s_2))}{(1-\alpha_1)^2}-k_1\alpha_1$$

对于 $\alpha_1=0$ 且 $\alpha_1=s_2/s_1$，我们有 $\partial\pi_1/\partial\alpha_1|_{\alpha_1=0}=a\rho_1(2s_1-s_2)/(2s_1)>0$ 且 $\partial\pi_1/\partial\alpha_1|_{\alpha_1=s_2/s_1}=-k_1s_2/s_1<0$。根据 OTA1 利润 π_1 关于 α_1 的二阶导数可知利润是 α_1 的凹函数（$\partial^2\pi_j/\partial\alpha_j^2<0$）。因此，我们能确定存在唯一的 $\alpha_1^*\in[0,s_2/s_1]$ 实现 OTA1 的利润最大化。

9.3.2　数值实验

在本节中，我们用数值算例演示前一节的结果，并展示两家 OTA 之间的博弈互动和市场演变。根据表 9.1 给出的基本参数和命题 9.1 给出的最优决策，两家 OTA 的最优决策、投资投入和利润的最优结果，如表 9.2 所示。

表 9.1　两家 OTA 的基本参数

在线旅行商	消费者数量	购买经历（s_j）	单位收益（ρ_j）	投资因子（k_j）
OTA1	$a=150$	100	10	$20a$
OTA2	$b=100$	801	7	$20b$

表 9.2　两家 OTA 的最优决策结果

在线旅行商	α_j^*	D_{1j}^*	D_{2j}^*	$D_j^*=D_{1j}^*+D_{2j}^*$	π_j^*	$f_j(\alpha_j^*)$
OTA1	0.287 9	115.47	54.40	169.87	1 574.42	124.29
OTA2	0.140 0	34.53	45.60	80.13	541.31	19.60

根据参数可知，OTA1 为消费者提供的购买体验高于 OTA2。因此，OTA1 比 OTA2 拥有更多的消费者数量和更高的单位收入。最优结果表明，OTA1 愿意投入更多资金建立与消费者的在线参与关系，以提高消费者忠诚度，直到消费者的体验偏好达到最优的基准参与水平。为了考察输入参数的影响，表 9.3 给出了灵敏度分析的结果。

表 9.3　灵敏度分析

参数		α_1^*	α_2^*	$f_1(\alpha_1^*)$	$f_2(\alpha_2^*)$	D_1^*		D_2^*		π_1^*	π_2^*
符号	值					D_{11}^*	D_{21}^*	D_{12}^*	D_{22}^*		
a	130	0.287 9	0.140 0	107.72	19.60	100.07	54.40	29.93	45.60	1 437.03	509.08
	170	0.287 9	0.140 0	140.86	19.60	130.87	54.40	39.13	45.60	1 711.80	573.54
s_1	90	0.274 7	0.155 6	113.15	24.20	106.11	48.64	43.89	51.36	1 434.40	642.52
	110	0.292 7	0.127 3	128.47	16.20	122.46	59.01	27.54	40.99	1 686.22	463.52
ρ_1	8	0.233 0	0.140 0	81.43	19.60	110.70	54.40	39.30	45.60	1 239.40	574.67
	12	0.340 5	0.140 0	173.92	19.60	119.99	54.40	30.01	46.60	1 918.72	509.69
k_1	$15a$	0.374 1	0.140 0	157.46	19.60	122.83	54.40	27.17	45.60	1 614.86	489.78
	$25a$	0.233 0	0.140 0	101.79	19.60	110.70	54.40	39.30	45.60	1 549.25	574.67

表 9.3 的结果是根据表 9.1 给出的基本参数值和表 9.3 前两列给出的各参数的变化值得出的。结果表明，OTA1 的最优投资金额随着 G1 组的规模（a）、购买经历（s_1）、产品单位收益（ρ_1）的增加而增加；然而，最优投资金额随着投资因子（k_1）的增加而降低。尽管 OTA2 的最优决策不受 OTA1 的消费者类型规模、单位收益、投资因子（即 a、ρ_1 和 k_1）的影响，但它随着 OTA1 购买体验（s_1）的增加而降低，这是由于 s_2 不变，同时 s_1 增加带来的体验差异增加的结果。

此外，表 9.2 和表 9.3 的结果还表明，在均衡状态下，$D_{12}^* < D_{21}^*$。即从 OTA1 转移到 OTA2 的消费者数量小于从 OTA2 转到 OTA1 的消费者数量。这一发现表明，两家 OTA 之间的需求状态是不稳定的。也就是说，两家 OTA 的消费者数量都是随时间动态变化的。为了检测两家 OTA 之间市场需求的稳定状态，我们在下一小节中讨论在线市场的演变和 OTA 之间的博弈均衡。

9.3.3　市场演化和两个 OTA 之间的博弈均衡

从数值结果可以看出，由于两家 OTA 之间转移的消费者数量不平衡，所以市场状态不稳定。但是，若经过长期经营，并通过调整最优投资水平进行若干轮决策后，两家 OTA 之间可以达到稳定的状态。

发现 1 基于表 9.1 中的基础参数，当 OTA1 的消费者数量等于 175.67，且两家 OTA 之间的消费者转移数量均等（即 $D_{12}=D_{21}$）时，两个 OTA 之间可以达到均衡状态。

发现 1 表明，在线市场的稳定状态将在演化过程中经过几轮决策后实现。即对于一个共有 250 个消费者的在线市场，无论 OTA 的初始需求状态如何，经过足够的演化迭代，两家 OTA 的需求都达到了一个稳定水平，其中 OTA1 的需求为 175.67，OTA2 的需求为 74.33。

对于每个处于稳定市场状态的 OTA 而言，其在线参与投资只是与处于在线旅游市场中的其他 OTA 交换消费者，而不是获得整个市场的总需求。那么，为什么 OTA 还在投资在线参与度呢？这可以用决策过程中两家 OTA 之间的博弈均衡来解释。在这个博弈中，两家 OTA 都有两个选择：投资或不投资在线参与。对应的稳定市场状态和 OTA 利润如图 9.3 所示：（a）部分为稳定的市场状态；（b）部分为相应的最优 OTA 利润。

OTA2 \ OTA1	投资	不投资
投资	（175.67，74.33）	（144.07，105.93）
不投资	（180.68，69.32）	（150，100）

（a）

OTA2 \ OTA1	投资	不投资
投资	（1 611.10，505.77）	（1 440.68，720.76）
不投资	（1 657.09，485.24）	（1 500，700）

（b）

图 9.3 不同行动下的市场均衡状态和 OTA 利润

如图 9.3 所示，在博弈均衡中当 OTA 都选择“投资”在线参与的策略集是市场中最糟糕的组合。这种组合的结果是每个 OTA 都进行在线参与投资，投资在线参与是严格占优策略，因为投资总是带来 OTA 更高的利润，但却减少了市场的总利润。也就是说，两家 OTA 之间的竞争会因其自私的利润最大化而降低市场的盈利能力。然而，投资确实增加了消费者效用，提高了消费者对于相应 OTA 的忠诚度。这可以很容易地根据公式中所示的消费者效用函数来验证。换句话说，OTA 对在线参与的投资会增加消费者的购买意愿。在利润最大化的驱动下，OTA 可以通过提高产品的零售价格来收回在线投资，最终实现盈利。

9.4　建议与启示

本章研究了 OTA 在竞争激烈的在线旅游市场中对在线参与投资的最优决策。考虑一个有两家 OTA 的旅游市场，首先分析了在线参与在留住忠诚客户和减少转移客户方面的重要作用，然后给出各 OTA 的最优在线投入投资决策，并通过分析 OTA 之间的市场演化，最终得到市场的博弈均衡。

正如博弈均衡的结果所示，投入更多的资金去增加在线用户的黏性将会降低整个在线旅游市场的盈利能力，这与囚徒困境类似（Kreps et al.，1982；Ouksel and Eruysal，2011），因为当两家 OTA 不采取任何措施提高在线参与度时，才能为整个市场带来最大利润。然而，OTA 的在线参与投资将逐渐提升其消费者的体验偏好，这最终将积极影响消费者的购买效用进而促进消费者忠诚。这种博弈均衡的演化不仅使 OTA 在竞争激烈的在线市场中获得最大利润，而且为发展更高的在线购买体验偏好、扩大市场规模及最终提高利润奠定了基础。因此，在线投入并不会损害市场利益，反而有利于市场的发展。本章所采用的模型可以很容易地推广到航空公司等其他电子商务企业。

据我们所知，这是第一个为 OTA 确定最优在线投入投资决策的研究，该研究结果对于大多数服务提供商/代理商在网络营销环境下都是有效的。未来关于在线参与的研究可以从以下几个方面展开。第一，在本章中，我们只考虑了参与投资，但是 OTA 在改善购买体验上的投入（如改善网页视觉和操作友好性）也值得关注。第二，在我们的模型中，零售价格被认为是一个定值，内生化零售价格可能会产生更多有趣的结论。第三，本章只考虑了某一特定在线旅游市场中规模最大的两家 OTA。尽管它们占据了大部分的市场份额，但是如果有第三家 OTA 可能会带来不同的启示，进一步指导管理者的决策。第四，在线分销产品的单位收入（单位佣金）是模型中的外生变量。如果让供应商（如酒店/航空公司）参与到与 OTA 的博弈中，由于供应链网络的扩展，会获得更多更有意义的结果。

第 10 章　基于在线用户池规模的 OTA 动态定价策略

在现代旅行市场中，在线用户是支持 OTA 实现长期生存与发展的重要资源。因此，为了获取更多在线用户，OTA 们往往会展开激烈的竞争，一部分 OTA 甚至会采取一些激进的定价策略以扩张自己的在线用户池规模。他们会为新注册用户提供极低的进入价格以吸引其成为在线用户池的一员。然而，这样的定价策略会为 OTA 带来新的问题，其中最直接的影响就是极低的进入价格所产生的财务负担。因此 OTA 在定价策略中考虑在线用户池规模的影响具有重要的意义。

本章提出了一个动态定价问题，考虑了 OTA 主动优化新注册用户的进入价格以鼓励其加入在线用户池的情况。这一问题的核心在于通过动态定价的方式优化进入价格帮助 OTA 达到一个适当的在线用户池规模，以支持其实现长期利润最大化的目标。通过对动态定价问题的分析，我们得到了一些定价策略与在线用户池规模之间相互作用的重要结论。本章的主要内容安排如下：10.1 节介绍本章研究的现实背景，并提出科学问题；10.2 节详细描述 OTA 动态定价问题的数学模型；10.3 节具体分析动态定价问题的主要性质与最优定价决策；10.4 节通过一个数值模拟，进一步探讨理论结果；10.5 节总结研究结论，为 OTA 提供建议与启示，并指出潜在的未来研究方向。

10.1　研究背景与科学问题

在网上购物日益普及的今天，旅游电子商务逐渐兴起，有大量顾客，也就是游客，会选择在在线旅游市场中了解出行信息，挑选旅游目的地、酒店、航班、餐食，并最终在线上直接进行购买。由此，建立起游客和旅游服务提供商之间线上渠道的 OTA 在近几年如雨后春笋般大量涌现并迅速发展壮大（Tsai et al., 2005; Kim D J et al., 2007; Koo et al., 2011）。在线旅行市场繁荣现状的背后是 OTA 对在线用户资源的激烈竞争，原因在于在线用户资源是 OTA 长期发展的后盾和保障。通过运营自己的在线用户池，OTA 能够借助诸如提供附加值服务、广告业务等方式赚取更多利润，赢得竞争优势。此外，OTA 能够从这些用户身上提取有用的信息（如网络口碑营销和用户购买记录）来识别和把握新的商业机会（Tseng et al., 2015）。

为了在用户资源的竞争中取得领先地位，一些 OTA 会采取激进的定价策略来鼓励用户加入他们的在线用户池。例如，携程网在 2014 年推出了出租车服务项目。该项目通过高额补贴的方式向有意愿成为在线用户的新顾客提供极低的进入价格。这样的定价策略帮助携程网在短时间内建立起一个庞大的在线用户池。然而，由于项目产生的巨额补贴，这个定价策略也为携程网带来了相当大的经济损失。因此，我们可以将携程网的这一举措看作是用经济损失换取在线用户资源的典型案例。

在线市场的定价策略一直是研究者和从业者关注的热点问题。例如，Kim 等（2008）考虑了旅游产品在线渠道的价格捆绑策略。Tso 和 Law（2005）及 Guo 等（2013b）研究了酒店客房的在线定价策略。此外，Tanford 等（2012）评估了旅游套餐在线定价策略的消费者感知。尽管已有大量关于在线市场定价策略的文献，但是现有研究很少涉及在线用户池规模对于定价策略的影响。然而，从携程网的例子中我们可以看出，对于从业者而言，在制定价格决策时在线用户池是非常值得关注的因素。基于这一研究空白，本章将研究基于在线用户池规模的 OTA 动态定价问题。在该动态定价问题中，OTA 需要在每个时期初向全体新注册用户提供一个进入价格，鼓励他们加入在线用户池。进一步地，我们讨论了 OTA 的最优定价策略，以实现一个足够大的在线用户池支持 OTA 长期利润的最大化。

本章主要讨论以下三个问题：①基于在线用户池规模的考量，OTA 决策的最优进入价格应该是多少？②最优进入价格和在线用户池规模之间如何相互作用？在线用户池规模是否会刺激 OTA 采取极低的进入价格（即最优进入价格低于运营成本而导致 OTA 服务新注册用户的利润为负）？③在 OTA 长期运营情况下，稳定状态的用户池规模应该如何表示？最优定价决策最终是否会收敛？这些问题的答案可能有助于 OTA 更好地制定定价策略以保证在线用户池的规模，或者检验 OTA 使用的定价策略的合理性。下面我们将简要总结这些问题的答案和本章研究的贡献。

（1）我们得到了 OTA 在每个时期的最优进入价格，并证明了其唯一性。同时证明了最优进入价格关于在线用户池规模的单调性，这意味着 OTA 应该随着在线用户池规模的扩大而提高进入价格。这个结论强调了在线用户池规模对于最优进入价格的积极影响。此外，我们还证明了最优进入价格的上界是一个短视的价格，这个短视的价格忽视了定价决策对在线用户池规模的影响。这一发现表明OTA在通过定价策略扩张自己的用户池期间将会承受短期的财务损失。

（2）确定了采用极低的进入价格的条件，即在线用户池规模小于盈亏平衡点。这一结果证实了一个较小的在线用户池规模可以刺激OTA制定一个极低的进入价格。大多数一开始只有小规模在线用户池的OTA都需要依靠这一策略来快速扩大自己的用户池。这个发现也为OTA确定是否应该使用极低的进入价格提供了一种简单的方式，即将现有的在线用户池规模与盈亏平衡点进行比较。

（3）描述了稳定状态下的在线用户池规模和最优进入价格。值得注意的是，稳定状态的在线用户池规模和最优进入价格是平衡了运营用户池带来的长期利润与服务新注册用户的短期利润所产生的结果。我们进一步展示了在线用户池规模和最优进入价格的收敛性，得出OTA有两种不同的定价策略：渗透策略和恒定策略。对于渗透策略，OTA从一个比稳定状态时规模更小的用户池开始，在早期收取较低的价格，然后逐步提高进入价格直至达到稳定状态。相反地，对于恒定策略来说，初始的在线用户池规模等于稳定状态下的在线用户池规模，OTA则需要持续保持稳定状态下的最优进入价格。我们将在后续小节中围绕本节提出的科学问题展开详细介绍。

10.2 动态定价问题模型描述

在本节中，我们将对基于在线用户池规模的动态定价问题进行描述，并建立动态定价问题的数学模型。

考虑一个OTA向用户提供一种旅游服务产品，并为该旅游服务产品制定动态定价策略。基于OTA想要赢得更多的用户资源以维持自身长期发展的考量，这一定价问题不能仅仅局限在单个时期内，而需要将问题的计划周期时间跨度扩展到T个时期，令长期的利润达到全局最优。

顾客首先到达OTA平台并注册成为新用户。发生购买行为后，这些新注册用户实际使用并体验了OTA提供的产品与服务，由此形成的用户感知能够进一步转化为用户忠诚度，成为在线用户池的一员，进而在OTA长期的经营过程中为其带来更多的利润。因此我们假设在第t期的期初（$t=1,\cdots,T$），OTA拥有一个在线用户池。这个在线用户池中的用户都是在OTA平台上注册过，并选择加入企业平台中的人，即用户都是曾经在OTA处发生过购买行为的“老用户”。我们用a_t来

表示第 t 期在线用户池的规模大小，需要注意的是，a_t 即本章所讨论的动态定价问题中的状态。

第 t 期期间，OTA 能够通过采取一系列的盈利方式运营现有的在线用户池来获取利润。我们将其抽象为一个整体的利润总和，记为 $\pi(a_t)$，表示经营现有在线用户池产生的利润是一个关于在线用户池规模的函数。值得注意的是，在当今日益成熟的旅游电子商务市场中，这种类型的具体盈利形式多种多样。例如，通过会员制的方式为用户提供带有附加价值的服务，进一步可以延伸出对会员等级以及基于等级对权益进行档次划分，既可以赚取用户充值的会员费，也能够刺激用户在 OTA 处多次消费用以兑换和享受相应的权益服务。此外，广告也是一种常见的盈利方式，OTA 可以在各自的平台，如 App 或者网页上植入其他企业的广告，获取广告收益。

本章假设 $\pi(a_t)$ 是关于在线用户池规模 a_t 单调递增的凹函数，这一假设在运营管理领域中应用广泛（Chen and Simchi-Levi，2004；Chen et al.，2014；Shi et al.，2015）。$\pi(a_t)$ 关于 a_t 单调递增的函数性质反映了随着在线用户池规模的扩大，OTA 能够通过运营在线用户池获得更高利润的现实内涵，这与前文所提到的 OTA 企业现实实践情况相吻合。例如，在线用户池的增大能够带来更多用户选择购买 OTA 所提供的附加服务；拥有更大的人群基数也意味着广告能够被更多的人看到，因此广告方往往会选择拥有较大用户数量的 OTA 平台投放广告。此外，$\pi(a_t)$ 关于 a_t 的凹性体现了在线用户池规模的增长所带来的边际利润增长是递减的这一现实情况。

在第 t 期期初，会有一群新的顾客到达 OTA 的服务系统，注册成为 OTA 的用户。我们将新注册的用户数量记作 N_t。用户数量未知且随机，因此我们假设 N_t 是一个均值为 μ_t 的随机变量。上面我们提到，新注册用户只有购买了 OTA 所提供的旅游服务产品，才会进入在线用户池。新注册用户是否作出购买决策，取决于 OTA 在第 t 期向新注册用户收取的单位服务产品价格 p_t（$p_t \geqslant 0$），因此，我们将 p_t 称为第 t 期的进入价格。每位用户基于进入价格 p_t 判断自身的效用为

$$\tilde{U} = v - \alpha \cdot p_t \tag{10.1}$$

在式（10.1）中，v 表示用户对于 OTA 提供的服务产品的估值，α 为一个常数，表示用户对价格的敏感程度。用户对服务产品的估值具有异质性，这里假设 v 是一个服从 0 到 1 的均匀分布（$v \sim U[0,1]$）来刻画这一特性。这个假设在现有的运营管理与经济学研究文献中也十分常见（Chen，2001；Shi et al.，2012；Campbell，2013）。

只有当效用 $\tilde{U} \geqslant 0$ 时，新注册用户才会选择购买服务产品。根据 v 服从均匀分布 $U[0,1]$ 的假设，可以计算得到第 t 期新注册的用户中选择购买服务产品、加入到

在线用户池的用户比例$\varphi(p_t)=1-\alpha\cdot p_t$。相应地，能够得到在第$t$期内服务产品的需求函数形式

$$D_t(p_t)=\varphi(p_t)N_t=(1-\alpha\cdot p_t)N_t \tag{10.2}$$

需要注意的是，公式（10.2）中的需求函数本质上是线性需求函数的一个特例。线性需求函数也是运营管理研究中经常使用的一种需求函数形式（Chen and Simchi-Levi，2004）。

当注册用户购买了 OTA 的旅游服务产品后，这些用户就成了在线用户池的一员。伴随着新的用户加入到用户池中，也会有一部分原有的用户选择离开用户池。一方面，如前文所说，用户体验了 OTA 提供的产品与服务之后能够形成对于 OTA 服务质量的判断。如果用户对其提供的产品与服务不满意，会选择在未来离开在线用户池。另一方面，用户在市场中是流动与变化的，我们需要考虑用户池中的成员对 OTA 所提供产品与服务的需求存在自然流失的情况。这可能有多种原因，如对旅游类产品与服务购买欲望的消退。根据现有关于顾客流动方面的研究（Avsar and Baykal-Gursoy，2002；Liu et al.，2007；Olsen and Parker，2008），我们假设在第t期内离开用户池的老用户比例为$(1-\Theta_t)$，则有Θ_t比例的老用户会选择继续留在在线用户池中。我们同样假设Θ_t是一个随机变量，且$\Theta_t\in[0,1]$。最后，可以得到第t期期初的在线用户池规模，也即动态定价问题的状态转移方程为

$$a_{t+1}=\Theta_t a_t+\varphi(p_t)N_t$$

OTA 的目标是通过周期性地在每一期期初决策向新注册用户收取的单位服务产品价格，也就是决策每一期的进入价格，最大化其在整个计划周期内的期望利润。同时，OTA 销售服务产品需要承担单位运营成本c。因此，给定第t期期初的状态a_t，我们有从第t期到第T期的最优价值函数，记为$V_t(a_t)$，它包含了从第t期到第T期的期望利润总和。进而，我们可以建立动态定价问题对应的贝尔曼方程（Stokey et al.，1989）

$$V_t(a_t)=\max_{p_t\geq 0}\mathrm{E}\left[(p_t-c)\varphi(p_t)N_t+\pi(a_t)+\beta V_{t+1}\left(\Theta_t a_t+\varphi(p_t)N_t\right)\right] \tag{10.3}$$

对这一动态定价问题，我们给出边界条件$V_{T+1}(a_{T+1})=\gamma a_{T+1}$。其中，$\gamma$表示单一用户的边际价值，$\gamma a_{T+1}$表示在计划周期$T$结束后整个在线用户池所带来的边际利润。为了便于参考，将本章涉及的所有符号标记及其对应的含义总结在表 10.1 中。

表 10.1 本章所使用的符号标记及其含义

符号标记	含义
T	动态定价问题计划周期总长度
a_t	第t期开始时的在线用户池规模
p_t	第t期开始时的进入价格

续表

符号标记	含义
N_t	第 t 期到达的新注册用户的随机变量
c	旅游服务产品单位运营成本
γ	单个用户边际价值
β	折扣因子
Θ_t	第 t 期在线用户池留存用户比例随机变量
$\varphi(p_t)$	新注册用户加入在线用户池的比例
$\pi(a_t)$	经营现有在线用户池产生的总利润
$V_t(a_t)$	第 t 期到第 T 期利润总和的最优价值函数

10.3 性质与决策分析

10.3.1 结构性质与最优定价

本节我们将介绍 10.2 节中提出的动态定价问题中的几个结构性质，并给出动态定价问题的最优定价决策。我们首先给出最优价值函数 $V_t(a_t)$ 的结构性质。

命题 10.1 对任意时期 $t=1,2,\cdots,T$ ，$V_t(a_t)$ 是一个关于 a_t 单调递增的凹函数。

证明： 命题 10.1 的证明过程通过归纳法得到。对第 $T+1$ 期来说，这一结论显然成立。归纳假设这个结果对第 $t+1$ 期成立。又因为 $\pi(a_t)+\beta V_{t+1}\left(\Theta_t a_t+\varphi(p_t)N_t\right)$（其中 $\varphi(p_t)=1-\alpha\cdot p_t$ ）在 a_t 上递增，说明 $V_t(a_t)$ 同样在 a_t 上递增。想要证明 $V_t(a_t)$ 关于 a_t 的凹性，证明 $V_{t+1}\left(\Theta_t a_t+\varphi(p_t)N_t\right)$ 关于 (p_t,a_t) 是联合凹的就足够了（Heyman and Sobel，2003），而这个结论可以通过归纳假设中假设 $V_{t+1}\left(a_{t+1}\right)$ 是关于 a_{t+1} 的凹函数得到。

从命题 10.1 中可以看出，最优价值函数 $V_t(a_t)$ 是一个关于在线用户池规模 a_t 的增函数，这个单调性说明了在线用户池的大小对于 OTA 长期利润的重要作用，OTA 将会随着在线用户池规模的扩张获取更多的利润。对于 OTA 而言，拥有更大的在线用户池意味着能够通过向更多在线用户提供具有附加价值的服务，得到更多利润。另外，命题 10.1 中还说明了最优价值函数的凹性。函数的凹性体现出随着在线用户池规模的扩大，长期的利润回报增长程度会呈现一个递减趋势。我

们将动态定价问题中 OTA 的策略考虑进价值函数中，得到价值函数形式为

$$\Pi_t(p_t,a_t)=\mathrm{E}\left[(p_t-c)\varphi(p_t)N_t+\pi(a_t)+\beta V_{t+1}\left(\Theta_t a_t+\varphi(p_t)N_t\right)\right]$$

从数学的角度上看，$V_t(a_t)$ 凹函数的性质能够帮助我们得出，$\Pi_t(p_t,a_t)$ 关于 OTA 的定价决策 p_t 也是一个凹函数。这进一步表明，OTA 在第 t 期的最优进入价格决策是唯一的，且满足 $p_t^*(a_t)=\arg\max_{p_t\geqslant 0}\Pi_t(p_t,a_t)$。

接下来，我们进一步讨论在线用户池规模对最优进入价格 $p_t^*(a_t)$ 的影响。

命题 10.2 对任意时期 $t=1,2,\cdots,T$，有以下两点结论：（1）$p_t^*(a_t)\leqslant p_t^M=\arg\max\limits_{p_t\geqslant 0}\mathrm{E}[(p_t-c)\varphi(p_t)N_t]$，（2）$p_t^*(a_t)$ 关于 a_t 单调递增。

证明：第（1）点的结论可以通过 $V_t(a_t)$ 关于 a_t 的单调递增性质得到。第（2）点的结论可以通过证明 $\Pi_t(p_t,a_t)$ 关于 (p_t,a_t) 的超模性质得到（Topkis，1998）。因为

$$\frac{\partial^2\Pi_t(p_t,a_t)}{\partial p_t\partial a_t}=-\alpha\beta\mathrm{E}\left[\Theta_t N_t V_{t+1}''\left(\Theta_t a_t+(1-\alpha p_t)N_t\right)\right]\geqslant 0$$

这说明了 $\Pi_t(p_t,a_t)$ 是 (p_t,a_t) 的超模函数。

命题 10.2 的第（1）点指出，向新注册用户收取的最优进入价格 $p_t^*(a_t)$ 存在一个上界 $p_t^M=\arg\max\limits_{p_t\geqslant 0}\mathrm{E}[(p_t-c)\varphi(p_t)N_t]=\dfrac{1+c\alpha}{2\alpha}$。其中，$p_t^M$ 为 OTA 忽视定价策略对在线用户池规模的影响而制定的定价策略。这个进入价格决策只着眼于当期的利润最大化目标，放弃用户池背后潜藏的长期利润，难以支持 OTA 长期的发展壮大，因此我们称其为短视进入价格。OTA 向用户收取短视进入价格，当期的用户需求为 $\varphi(p_t^M)N_t=\dfrac{(1-c\alpha)N_t}{2}$。需要注意的是，为了保证进入比例 $\varphi(p_t^M)$ 非负，本章后续的内容都需要满足参数约束 $c\alpha<1$。

从命题 10.2 的第（2）点可以看出，向新注册用户收取的最优进入价格随着在线用户池规模的扩大而增加。这种单调性来自当在线用户池规模足够大的时候，OTA 已经掌握了一个庞大的用户资源，仅仅依靠经营这一在线用户池就能获得足够多的利润，不需要依靠低价牺牲当期利润吸引更多的用户进入在线用户池。此时，OTA 将会收取一个相对较高的进入价格。尽管这会导致当期加入用户池的新注册用户减少，但是保证了当期也能通过销售旅游服务产品获取足够的利润。

由上面讨论的结果我们了解到，在线用户池规模的扩大会为 OTA 长期的利润及进入价格的定价策略产生积极的影响。当我们从这家 OTA 创业时期开始考虑，由于 OTA 还处在刚进入市场阶段，大概率上没有积累到足够的在线用户池规模。现实情况下，一些 OTA 会采取一个极低的进入价格意图迅速扩张自己的在线用户池，甚至一些 OTA 会制定一个低于运营成本的价格，导致销售其所提供的服务产

品产生的利润是负的。为了更好地揭示企业的管理实践，这里我们确定了 OTA 采取这种极端定价策略的条件：

推论 10.1　对任意时期 $t=1,2,\cdots,T$ ，若 $a_t<\bar{a}_t$ ，则 $p_t^*(a_t)\leqslant c$ ；否则，$p_t^*(a_t)>c$ ，其中 $\bar{a}_t$ 为方程 $1-\alpha c=\alpha\beta\mathrm{E}\left[V_{t+1}'(\Theta_t\bar{a}_t+\varphi(c)N_t)\right]$ 的解。

证明：为了证明这个结论，需要考虑 $\Pi_t(p_t,a_t)$ 关于 p_t 的一阶导数

$$\frac{\partial\Pi_t(p_t,a_t)}{\partial p_t}=\mu_t\Big((1+\alpha(c-2p_t))-\alpha\beta\mathrm{E}\big[V_{t+1}'\big(\Theta_t a_t+(1-\alpha p_t)N_t\big)\big]\Big)$$

然后，当且仅当下列条件成立时，$p_t^*(a_t)\leqslant c$ 成立

$$\frac{\partial\Pi_t(c,a_t)}{\partial p_t}=\mu_t\Big((1-\alpha c)-\alpha\beta\mathrm{E}\big[V_{t+1}'\big(\Theta_t a_t+(1-\alpha c)N_t\big)\big]\Big)\leqslant 0$$

而且，由于 $V_t(a_t)$ 凹函数的性质，所以 $V_{t+1}'\left(\Theta_t a_t+(1-\alpha c)N_t\right)$ 关于 a_t 递减。这说明存在一个 $\bar{a}_t$ 满足 $1-\alpha c=\alpha\beta\mathrm{E}\left[V_{t+1}'(\Theta_t\bar{a}_t+\varphi(c)N_t)\right]$ ，并且当 $a_t<\bar{a}_t$ 时，$p_t^*(a_t)\leqslant c$ 。

推论 10.1 证明了在线用户池规模大小确实会对企业的定价策略产生影响。具体来说，当 OTA 考虑在线用户池规模从而作出定价决策的时候，在线用户池规模存在一个盈亏平衡点 $\bar{a}_t$ 。一旦第 t 期期初的在线用户池规模小于 $\bar{a}_t$ ，OTA 就会采用这种极端的定价策略。与此同时，推论 10.1 也为 OTA 提供了一个简单有效的方法，让其判断是否应该在当期采取一个极低的定价，也就是将期初的在线用户池规模与盈亏平衡点直接进行比较。我们将在 10.4 节中通过算例进一步解释这种极低定价策略的实施情况。

10.3.2　无限周期下解的收敛性

本节我们将动态定价问题的计划周期从有限的 T 个周期扩展到无限周期，以此来观察 OTA 在一个特别长的运营周期内，在线用户池规模和最优的进入价格决策将会发生怎样的变化。

首先，为了简化无限周期下动态定价问题的计算，参考 Liu 等（2007）及 Shi 等（2015）的研究，我们适当地修改动态定价问题的数学模型，将两个随机变量约束成固定参数，分别为 $N_t=n$ 和 $\Theta_t=\theta$ 。这样的约束方式可以理解为用户以一个稳定的数量到达和离开服务系统，这也为本节后续分析在线用户池规模和最优定价的稳定状态提供了必要条件。给定第 t 期期初的在线用户池规模 a_t ，有无限周期下的最优价值函数记为 $V(a_t)$ ，相应的贝尔曼方程为

$$V(a_t)=\max_{p\geqslant 0}\left[(p-c)\varphi(p)n+\pi(a_t)+\beta V\left(\theta a_t+\varphi(p)n\right)\right]\tag{10.4}$$

其中，p 表示在无限周期长期运营下的定价决策。需要注意的是，动态定价问题

（10.4）可以看作问题（10.3）的一个特例。因此，10.3.1 节中证明得到的结论（包括命题 10.1、命题 10.2 和推论 10.1）在问题（10.4）中依旧有效。

其次，我们讨论问题（10.4）稳定状态下的在线用户池规模和定价决策。定义 p^* 为在无限周期下的最优定价决策。给定第 t 期期初状态 a_t，则 $p^*(a_t)$ 便是第 t 期 OTA 销售的旅游服务产品最优的进入价格。根据这个定价，消费者作出购买决策，决定了第 $t+1$ 期期初的在线用户池规模为 $\omega(a_t)=\theta a_t+\varphi\left(p^*(a_t)\right)n$。重复以上步骤，我们可以得到一个状态路径 $\{a_t\}$，这条状态路径的初始状态为 a_0，随后不断根据状态转移方程 $a_{t+1}^*=\omega(a_t)$ 更新后续时期的状态。要注意的是，问题（10.4）的稳定状态 a^{**} 是整个系统偏离次优状态的条件，即 $a^{**}=\omega(a^{**})$。有了状态路径 $\{a_t\}$，根据最优进入价格和在线用户池规模的函数关系，能得到一条相应的最优进入价格的定价策略路径 $\{p_t^*\}$，其中 $p_{t+1}^*=p^*(a_{t+1}^*)$。当状态路径收敛的时候，价格策略路径同样收敛于一个稳定状态下的最优进入价格 $p^{**}=p^*(a^{**})$。命题 10.3 将进一步描述在问题（10.4）下处于稳定状态的在线用户池规模和最优进入价格。

命题 10.3 问题（10.4）处于在线用户池规模的稳定状态 a^{**} 是下列方程

$$\frac{(2a(1-\theta)-n(1-c\alpha))(1-\beta\theta)}{n\alpha\beta}=\pi'(a) \tag{10.5}$$

唯一的解，并且稳定状态下的最优进入价格为

$$p^{**}=\frac{n-a^{**}(1-\theta)}{\alpha n} \tag{10.6}$$

证明：命题 10.3 的证明过程使用变分法得到。假设此时处在一个稳定状态 a，且满足 $a=\theta a+n\left(1-\alpha p^*(a)\right)$。对任意足够小的 $\delta>0$，考虑一个可行的定价策略

$$\eta(\delta)=\arg\left\{p_0=p^*+\delta;\ p_1=\frac{n+a(-1+\theta)-n\alpha\delta\theta}{n\alpha};\ p_t=p^*,t\geqslant 2\right\}$$

所以，我们可以得到状态路径为 $a_0=a$；$a_1=a-n\alpha\delta$；$a_t=a$，$t\geqslant 2$，则定价策略对应的价值函数 $\eta(\delta)$ 为

$$\begin{aligned}V_\delta(a)=&(p+\delta-c)(1-\alpha(p+\delta))n+\pi(a)\\&+\beta\left(\left(\frac{n+a(-1+\theta)-n\alpha\delta\theta}{n\alpha}-c\right)\left(\frac{a-a\theta+n\alpha\delta\theta}{n}\right)n+\pi(a-n\alpha\delta)+\beta V(a)\right)\end{aligned}$$

令 $V(a)$ 为稳定状态定价策略 p^* 所实现的最优价值，所以有

$$V(a)=(p-c)(1-\alpha p)n+\pi(a)+\beta\big((p-c)(1-\alpha p)n+\pi(a)+\beta V(a)\big)$$

进一步可以得到

$$\lim_{\delta\to 0}\frac{V_\delta(a)-V(a)}{\delta}=2a\beta(-1+\theta)\theta+n(1+\beta\theta+\alpha(c-2p-c\beta\theta))-n\alpha\beta\pi'(a)\leqslant 0$$

使用相同的参数考虑另一种可行的定价策略 $\eta(-\delta)$，同理可以得到：

$$2a\beta(-1+\theta)\theta+n(1+\beta\theta+\alpha(c-2p-c\beta\theta))-n\alpha\beta\pi'(a)\geqslant 0$$

综合上述两个不等式，我们可以得到如下等式：

$$2a\beta(-1+\theta)\theta+n(1+\beta\theta+\alpha(c-2p-c\beta\theta))-n\alpha\beta\pi'(a)=0$$

然后，将 $p=\left(n-a(1-\theta)\right)/(\alpha n)$ 带入等式中，可以得到等式（10.5）。

命题 10.3 简要地描述了问题（10.4）下稳定状态的在线用户池规模和最优进入价格。具体地说，公式（10.5）告诉我们，长期运营情况下当 OTA 通过吸引新注册用户进入用户池的边际利润（即公式（10.5）等号左侧部分）与经营现有在线用户池的边际利润（即公式（10.5）等号右侧部分）相等时，动态定价问题（10.4）的在线用户池规模将会进入一个稳定状态。此外，我们可以根据这个稳定状态 a^{**}，通过公式（10.6）求出稳定状态下对应的最优进入价格 p^{**}。接下来，我们将讨论在线用户池规模的收敛性。

命题 10.4　问题（10.4）存在唯一的、可以由等式（10.5）得出的稳定状态 a^{**}。全体状态路径 $\{a_t\}$ 单调收敛于 a^{**}。

证明：想要证明状态路径的单调收敛性，只需要证明 $\omega(a_t)$ 关于 a_t 单调递增。因此，令 $\omega=\theta a+(1-\alpha p)n$ 和 $V(a)=\max\limits_{\omega\leqslant n+\theta a}\left(\left(\frac{1}{\alpha}-\frac{\omega-\theta a}{\alpha n}-c\right)\left(\frac{\omega-\theta a}{n}\right)n+\pi(a)+\beta V(\omega)\right)$。

只需证明函数 $\left(\frac{1}{\alpha}-\frac{\omega-\theta a}{\alpha n}\right)\left(\frac{\omega-\theta a}{n}\right)n+\pi(a)+\beta V(\omega)$ 关于 (a,ω) 是超模的，就可以证明 $\omega(a_t)$ 的单调性。通过验证函数混合偏导大于等于 0，就可以证明其关于 (a,ω) 的超模性质。

命题 10.4 给出了关于状态路径 $\{a_t\}$ 收敛性的结论。这说明了在线用户池的规模在转移的过程中存在两种情形：一种称为渗透，另一种称为恒定。渗透指的是，OTA 初始的在线用户池规模小于稳定状态下的规模（即 $a_0<a^{**}$）。为了达到全局最优的利润，OTA 会在一段时期内收取较低的最优进入价格来不断扩大自己的在线用户池规模，直至规模达到稳定状态。恒定指的是 OTA 初始的在线用户池规模就等同于稳定状态下的规模（即 $a_0=a^{**}$）。此时 OTA 只需要继续收取稳定状态下的最优进入价格以维持在线用户池处在稳定状态即可。接下来，我们将讨论最优定价策略路径的收敛性。

命题 10.5　问题（10.4）的最优进入价格路径 p_t^* 单调收敛于唯一的进入价格稳定状态 p^{**}，其中 p^{**} 可以由式（10.5）和式（10.6）得到。

证明：该命题的证明可以直接通过命题 10.2 的第（2）点得到。证明过程略。

根据命题 10.5 得到的结论，我们可以得到 OTA 在不同初始用户池规模 a_0 下的定价策略。如果初始的在线用户池规模小于稳定状态下的规模（即 $a_0<a^{**}$），OTA 应该采取渗透定价策略。在渗透策略下，OTA 初始会收取最低的最优进入价

格，随后逐渐抬高定价直至达到稳定状态，收取对应的最优进入价格（ p^{**} ）。如果初始的在线用户池规模等于稳定状态下的规模（即 $a_0=a^{**}$ ），OTA 应该采取恒定定价策略。此时 OTA 在后续时期需要维持稳定状态下的最优进入价格 p^{**} 不变。渗透策略常见于企业现实实践情况中，因为大多数 OTA 在初始时期用户池规模都极小。所以早期阶段 OTA 为了迅速扩张在线用户池，需要依靠较低的价格补贴消费者，来吸引他们进入用户池中。最后我们讨论留存用户比例对稳定状态下的在线用户池规模与最优进入价格的影响。

推论 10.2　如果经营现有在线用户池的利润函数 $\pi(a)$ 是线性的，即 $\pi(a)=r\cdot a$ ，其中 $r(r>0)$ 表示从在线用户池现有用户处赚取的平均利润，则：

（1）稳定状态的在线用户池规模 $a^{**}(\theta)$ 关于 θ 单调递增；

（2）稳定状态的最优进入价格 $p^{**}(\theta)$ 关于 θ 单调递减。

证明： 当 $\pi(a)=r\cdot a$ ，根据命题 10.3 可以得到

$$a^{**}(\theta)=\frac{n(1+r\alpha\beta-\beta\theta+c\alpha(-1+\beta\theta))}{2(-1+\theta)(-1+\beta\theta)}，\quad p^{**}(\theta)=\frac{1}{2}\left(c+\frac{1}{\alpha}-\frac{r\beta}{1-\beta\theta}\right)$$

显然， $p^{**}(\theta)$ 关于 θ 单调递减，推论 10.2 的第（2）点得证。为了证明第（1）点，我们先考虑 $a^{**}(\theta)$ 的一阶导数如下：

$$a^{**\prime}(\theta)=\frac{n\left(r\alpha\beta(1+\beta-2\beta\theta)+(-1+\beta\theta)^2-c\alpha(-1+\beta\theta)^2\right)}{2(-1+\theta)^2(-1+\beta\theta)^2}$$

想要分析 $a^{**}(\theta)$ 的单调性质，只需要考虑函数 $g(\theta)=r\alpha\beta(1+\beta-2\beta\theta)+(-1+\beta\theta)^2-c\alpha(-1+\beta\theta)^2$ 。因为 $g(\theta)$ 是一个关于 θ 的二次凸函数，并且存在两个零点 $\theta_1<\theta_2$ 。显然 $\theta_2>1$ 。此外， $g(0)=1-c\alpha+r\alpha\beta(1+\beta)>0$ 且 $g(1)=(1-\beta)\cdot((1-c\alpha)(1-\beta)+r\alpha\beta)>0$ 。因此，在 $\theta\in[0,1]$ 时， $g(\theta)>0$ ，第（1）点得证。

推论 10.2 总结了当经营现有在线用户池的利润函数 $\pi(a)$ 是线性函数时，系统参数 θ 对稳定状态下的在线用户池规模和最优进入价格决策的影响。需要注意的是，参数 θ 表示用户池中的用户选择留在系统的比例，可以看作是对待 OTA 的用户忠诚度的一种体现。如果用户对 OTA 提供的产品与服务感到满意，就会形成用户黏性而选择不离开用户池。较高的服务质量往往能够促进更多的用户对 OTA 形成用户忠诚度， θ 也就相对较大一些。因此，根据推论 10.2 中第（1）点结论，OTA 能够通过提高自己的服务质量在长期经营的过程中获取到更大的用户池规模。同时，OTA 应该降低自己稳定状态下的最优价格来在长期经营过程中扩大用户池规模。

10.4 数值模拟

在这一节中，我们将采用数值模拟的方式，进一步阐明关于 OTA 动态定价策略研究的理论分析结果及相关的管理启示。需要注意的是，本节所做的数值模型基于一个 OTA（如携程网）向顾客推广基于手机 App 的出租车服务项目。顾客首先要下载这个 App 并且注册成为用户，OTA 会提供一个较低的出租车费，即对用户收取的进入价格。用户选择是否接受进入价格在 App 上打车，消费过后就会成为 OTA 在线用户池的一员。为了更好地捕捉这些现实特征，在这一节中我们使用 Zhang 和 Ukkusuri（2016）的案例研究中的真实数据，包括 GPS 定位数据、出租车运营成本和打车费用数据，大约共有 40 万到 50 万条每日行程数据。这些案例真实数据将会用于估计动态定价问题中的需求和成本参数。值得一提的是，我们在数值模拟中采用的经营用户池利润函数是二次的，具体形式为 $\pi(a)=\lambda_1 a^2+\lambda_2 a$ ，其中 $a\in[0,-\lambda_2/(2\lambda_1)]$ ，这保证了我们在 10.2 节中对利润函数关于 a 单调递增且为凹函数的假设。经过拟合，最终得到数值模拟使用到的所有需求和成本参数的具体数值，如表 10.2 所示。

表 10.2　需求与成本参数模拟数值

参数	α	θ	β	λ_1	λ_2	n	c	γ
单位	—	—	—	—	—	人/期	美元/行程	美元/人
数值	0.246	[0.1,1]	0.95	−0.000 02	20	500 000	3.70	0

首先研究最优进入价格 $p_t^*(a_t)$ 随着在线用户池规模 a_t 变化的趋势。图 10.1 展示了在一个 $T=20$ 的动态定价问题中，第 1 期不同在线用户池规模 a_1 对第 1 期最优进入价格产生的影响。从图中我们可以清楚地看到 $p_1^*(a_1)$ 随着 a_1 的增大而增大，这与命题 10.2 中得到的单调性结论相吻合。此外，还能看出在这个例子中，第 1 期的最优进入价格总是比运营成本低，说明此时 OTA 还需要决策一个极低的进入价格牺牲当期的利润，以此给新注册的用户提供价格补贴，吸引他们进入用户池。

图 10.2 体现的是 OTA 最优进入价格和在线用户池规模在长期经营过程中的收敛情况。对于初始只有少量用户池的 OTA 来说，他需要收取一个极低的进入价格将新注册用户招揽进用户池中，然后随着在线用户池的扩大逐渐提高最优进入价格达到稳定状态。图 10.2 子图（a）中的实线对应的便是渗透策略，图 10.2 子

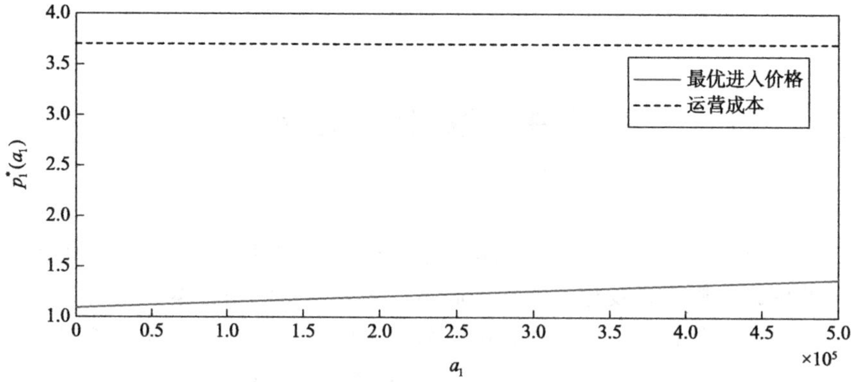

图 10.1　第 1 期的在线用户池规模对当期最优进入价格的影响

图（b）中的实线对应的是在渗透策略下，在线用户池规模逐渐增加到稳定状态的情况。值得注意的是在本数值模型的条件下，稳定状态下的最优进入价格依旧小于运营成本。这个发现说明了案例中的出租车服务项目会为 OTA 带来财务负担，经营在线用户池才是 OTA 真正的利润来源。该结果与携程网的实际情况一致。

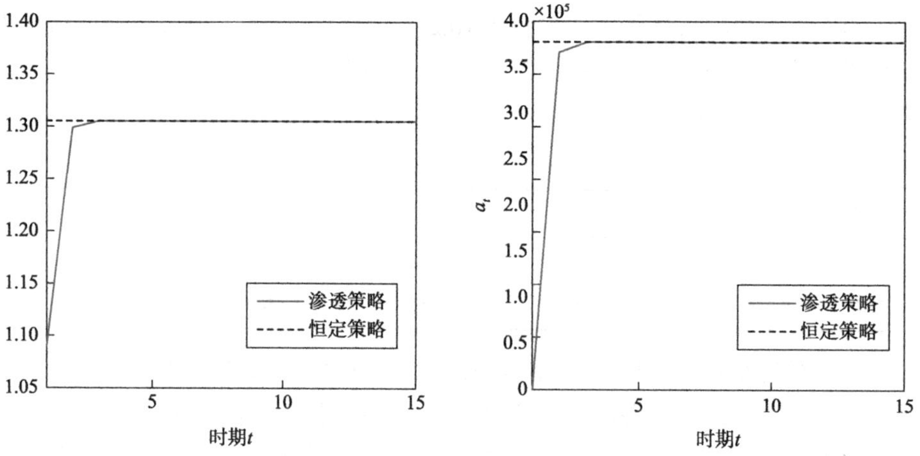

（a）最优进入价格的收敛情况　（b）在线用户池规模的收敛情况

图 10.2　最优进入价格和在线用户池规模的收敛情况

10.3.2 小节中的推论 10.2 描述了当经营用户池利润函数 $\pi(a)$ 为线性函数的时候，参数 θ 对稳定状态下的最优进入价格 $p^{**}(\theta)$ 和在线用户池规模 $a^{**}(\theta)$ 的影响，其中参数 θ 可以反映用户对于 OTA 的忠诚度。图 10.3 进一步验证了当 $\pi(a)$ 是严格凹函数时，不同的 λ_1（即 $\lambda_1 \in \{-0.000\,02, -0.000\,2\}$）情况下 θ 的影响。数值模拟的结果体现了 θ 对 $p^{**}(\theta)$ 和 $a^{**}(\theta)$ 的影响很大程度上依赖于利润函数的形式。

例如，当 $\lambda_1=-0.0002$ 时，$a^{**}(\theta)$ 不再是关于 θ 单调递增的，与推论 10.2 得到的结论相矛盾。我们为这一违背直觉的结论提供如下解释：相比 $\lambda_1=-0.00002$，当 $\lambda_1=-0.0002$ 时，OTA 对于用户的流出行为变得更加敏感，原因是此时用户流出对经营用户池所获得的利润影响更大。为了维持经营用户池的利润，OTA 会采取降低进入价格的策略来增加用户的流入，这说明了稳定状态下的最优进入价格会随着 θ 的增大而增大［图 10.3 的子图（d）］。当 θ 相对较小时（如 $\theta\in[0.1,0.8]$），最优进入价格相对较低，低价对于用户池规模增大的积极影响大于此时用户流出的消极影响，因此 $a^{**}(\theta)$ 依旧保持关于 θ 增长的趋势。然而，当 θ 相对较大时（如 $\theta\in[0.8,1.0]$），OTA 收取较高的进入价格，较高的进入价格产生的消极影响将会超过其积极影响，导致 $a^{**}(\theta)$ 关于 θ 递减。

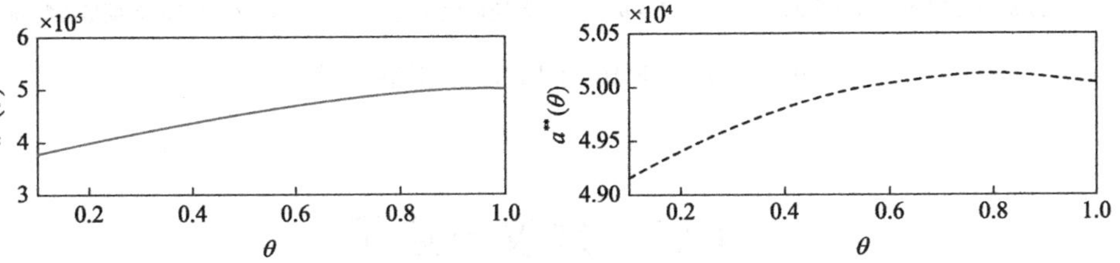

（a）在线用户池规模的稳定状态 $(\lambda_1=-0.00002, \lambda_2=20)$（b）在线用户池规模的稳定状态 $(\lambda_1=-0.0002, \lambda_2=20)$

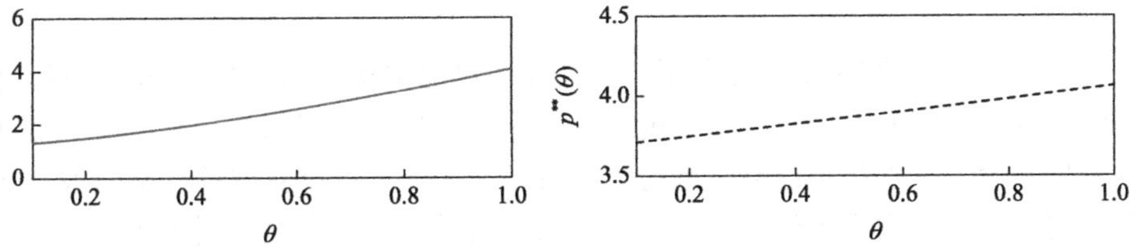

（c）最优进入价格的稳定状态 $(\lambda_1=-0.00002, \lambda_2=20)$　（d）最优进入价格的稳定状态 $(\lambda_1=-0.0002, \lambda_2=20)$

图 10.3　参数 θ 对稳定状态下在线用户池规模和最优进入价格的影响

最后，我们考虑 OTA 各期利润的变化情况。图 10.4 展示了在不同的 θ 下，在一个 10 期动态定价问题中 OTA 各期的最优利润。从图 10.4 中可以看出，由于要给新注册用户提供价格补贴，以吸引其进入用户池，OTA 在第 1 期会获得负利润。此外，随着 θ 的增长，OTA 在第 1 期会承受更加严重的负利润。这个发现指出用户忠诚度的增加对于 OTA 来说并不总是有益的。尽管第 1 期的利润总是为负的，但是 OTA 能够在随后的时期中获取正的利润，并且这些正向利润能够迅速抵消之前的财务损失。这说明 OTA 可以通过精准制定自己的定价策略来扩张在线用户池规模，从而快速地“逃离”财务危机。

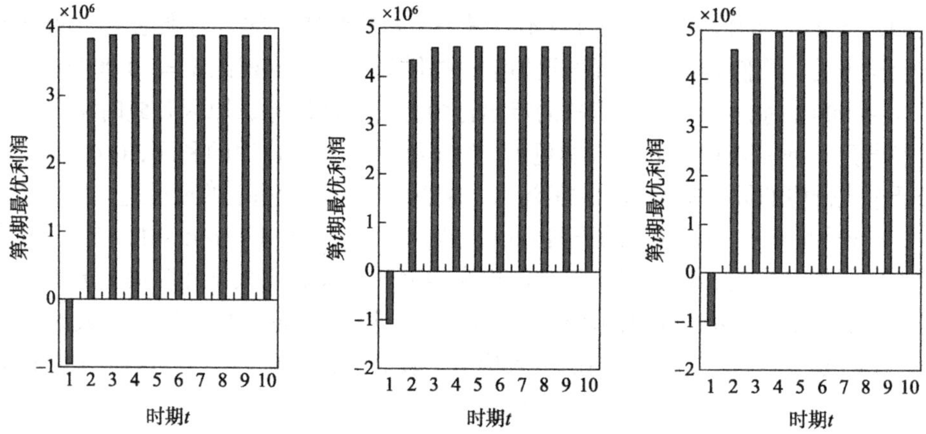

（a）$\theta=0.1$ 时各期最优利润　（b）$\theta=0.5$ 时各期最优利润　（c）$\theta=0.8$ 时各期最优利润

图 10.4　不同 θ 下 10 期动态定价问题中的各期利润

10.5　建议与启示

本章研究了 OTA 从新注册用户和在线用户池中获取利润的动态定价问题。这个问题背后核心的权衡点在于平衡来自新注册用户的短期利润和来自在线用户池的长期利润。特别是考虑到未来通过经营在线用户池所能获取的大量回报，OTA 有意愿为新注册用户提供一个极低的进入价格，以鼓励其加入到在线用户池。我们确定了最优进入价格低于 OTA 提供服务时的运营成本的条件。这也解释了在实践当中，有一部分 OTA 短期内只能获取到负利润的原因。为了预测 OTA 长期运营下的发展情况，我们给出了稳定状态下的在线用户池规模及相应的最优进入价格，并证明了它们的收敛性。

本章结论为 OTA 的定价策略提供了一些战略性建议和管理启示。第一，OTA 在制定定价策略时，应该充分考虑在线用户池规模带来的影响。渗透策略对于绝大多数初始用户池规模较小的 OTA 而言，是一种恰当的选择。在这种策略下，OTA 应该要在运营的初期坚持提供较低的进入价格鼓励用户加入用户池。随着在线用户池变得足够大且稳定，OTA 可以逐渐提高进入价格来弥补前期的财务损失。第二，有足够的资本来承受前期极低定价决策带来的财务损失是渗透策略成功的前提条件。我们的模型提供了一种简单的方式帮助 OTA 估算出提供极低定价产生的财务损失以及停止提供极低价格的时间点。第三，高质量的服务并不总是有助于 OTA 在长期经营中保持大量的在线用户池。因此，OTA 应该准确定位自己的服务质量，允许一定比例的用户流出在线用户池。

最后，我们指出本章研究内容存在的几个不足之处，并提出一些潜在的研究方向。第一，在本章中我们假设用户对于 OTA 提供的旅游服务产品的估值是均匀分布的。然而，这种假设在现实中并不一定成立。因此，一个可能的扩展方向是将用户的估值拓展到一般分布的情况，并检验结果在其他分布下是否具有稳健性。第二，本章只考虑了单个 OTA 的定价问题，并没有考虑多个 OTA 之间的竞争。OTA 之间的价格竞争往往会对 OTA 的长期发展产生重大影响，特别是许多规模较小的 OTA 可能无法在激烈的价格竞争中生存下来，最终走向破产。一个有趣的研究方向就是考虑 OTA 之间的动态定价竞争，如：①预测价格竞争的均衡状态；②讨论能够在价格竞争中存活下来的 OTA 的特征；③确定用户是否能够从 OTA 的价格竞争中获益。第三，本章在为用户决策建模的过程中没有考虑到用户的策略性行为，然而用户通常是有远见的，他们在选择加入用户池之前会充分地评估这个行为给自己带来的长远利益。因此，另一个可能的研究方向就是将用户的策略性行为纳入模型中，探讨这种行为会如何影响最优定价策略。

第五篇：在线零售中的合作与竞争决策

近年来，随着互联网及电子商务技术的发展与成熟，越来越多的酒店采取与OTA建立合作关系的方式来扩大市场份额，以期提升收益水平。然而，在实践中，酒店与OTA在合作的同时也会存在强烈的竞争关系，OTA渠道的存在势必会影响酒店自营渠道的销售表现。因此，如何在两者的合作与竞争关系中寻求平衡是重要且值得关注的问题。本篇将对酒店与OTA的合作与竞争关系进行详细探讨，在由酒店与OTA组成的线上双渠道供应链系统中探讨各成员的最优决策及供应链协调等问题。

一方面，第11章基于OTA的现金返还策略的视角，探究酒店与OTA的合作与竞争关系。通过构建由单个酒店与单个OTA组成的序贯Stackelberg博弈模型，分析该供应链系统分别在集中决策及分布式决策情形下的各成员最优决策，并对上述两种决策情形下所得出的最优解进行对比。结果表明，酒店与OTA的竞争会致使整个供应链系统的效率变低，各成员利润受损，这是双重边际化效应导致的结果。为此，本章还提出了一种基于收益共享和数量折扣的供应链合约，可以消除成员间的竞争，实现供应链的协调运作。

另一方面，在第12章，继续探究现金返还策略对酒店与OTA的合作与竞争关系的影响，分析酒店在OTA现金返还策略影响下的最优定价决策，可为酒店提供实用有效的定价决策指导。该章通过建立Stackelberg博弈模型并采用逆向归纳法分析酒店和OTA的最优决策。结果表明，酒店可以确定使其收益最大的最优单位佣金，而OTA可以调整其现金返还额度，以鼓励顾客通过其平台网站进行客房预订。此外，OTA根据酒店给定的单位佣金，可通过适当地提升销售努力水平，来扩大酒店的市场总需求量（潜在的在线客户数量）以提升自身收益。研究结果还表明，建立深度合作关系对增加酒店和OTA的整体收益具有重要的促进作用。

随着线上市场规模的进一步扩大，越来越多的顾客将更倾向于通过线上渠道安排自己的出行计划，因此OTA平台的出现十分契合社会发展的需要。OTA平台的出现虽然会让更多顾客接触并体验到线上预订酒店的服务，从而扩大酒店的市场范围，但也会对传统的酒店预订方式产生冲击，影响酒店自营渠道的销售表现。因此，平衡酒店与OTA的合作与竞争关系，对整个供应链效率乃至整个社会的旅游业发展，都具有十分重要的意义。

第 11 章　酒店与 OTA 的合作与竞争：基于现金返还视角

在在线旅游市场中，越来越多的酒店正致力于通过与 OTA 建立合作关系来拓宽销售途径，以提高其市场份额。在实践中，酒店与 OTA 通常会对同一间酒店客房设定相同的销售价格，这是双方因目标客户群体相同而产生激烈竞争的结果。因此，平衡酒店与 OTA 之间的合作与竞争关系十分有必要。本章对一个由酒店自营网站和 OTA 组成的线上供应链系统进行博弈分析，研究该供应链系统中成员双方的合作与竞争问题。研究内容如下：首先探究并给出酒店可以维持与 OTA 合作关系的最优单位佣金；然后分析 OTA 的定价决策过程，以 OTA 所获利润最大化为目标，确定其最优的现金返还额度。在此基础上，对该合作模型进一步分析得出，基于收益共享的数量折扣契约能够减少在线供应链系统中的竞争，协调该系统中各成员的合作关系。本章的主要内容安排如下：11.1 节介绍研究背景并提出科学问题；11.2 节详细描述酒店与 OTA 的合作竞争模型；11.3 节具体分析博弈双方的最优决策；11.4 节通过数值实验验证本章结果并讨论该供应链的协调机制；11.5 节总结本章研究结论，为酒店与 OTA 的合作提供建议与启示，并指出未来潜在的研究方向。

11.1 研究背景

随着信息技术的发展与成熟，传统的酒店及旅游业已进入电子商务时代。截至 2010 年末，全世界排名前 30 位的品牌酒店中有 57% 的客房是通过在线分销渠道预订销售的，其中包括酒店的自营网站和 OTA 等第三方预订网站。与此同时，游客也越来越依靠 OTA 制订旅行计划（Guo et al.，2013a）。例如，艺龙（http://www.

elong.com）及携程（http://www.ctrip.com）的主营业务就是为游客提供酒店在线预订服务，以及在全球范围内为各合作酒店和航空公司提供在线分销渠道。

基于顾客在不同 OTA 预订酒店客房的消费体验不同，本章首先提出了如下问题：为了吸引新顾客及挽留忠实顾客，OTA 通常会采用现金返还的方式对通过其平台预订酒店的顾客进行补贴。图 11.1 展示了艺龙平台采用现金返还策略的具体实例。该实例显示，OTA 所采用的现金返还额度已经接近酒店客房每日平均售价的 10%（CNY100 /（HK$1262 * 0.795CNY/HK$））。

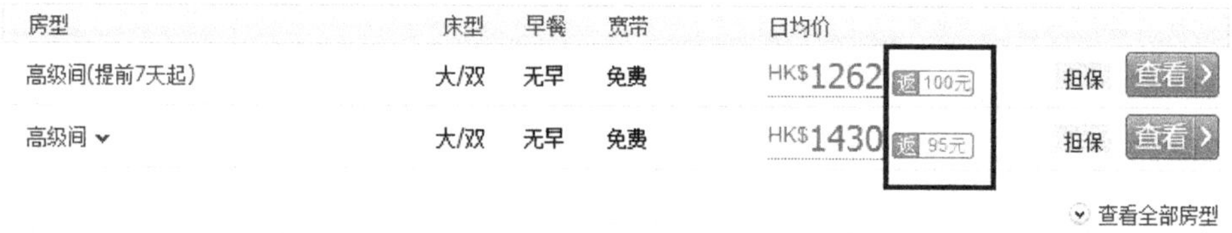

图 11.1　艺龙平台的返现实例

与上述现金返还策略类似的是航空公司所提供的里程累积服务等忠实度计划，其目的是培养顾客忠实度，防止顾客流失到其他航空公司。然而，酒店行业的现金返还策略和航空领域的里程累积服务的显著区别在于，当顾客在酒店付完账款时，平台补贴的现金会立即返还至顾客的个人账户，而本次交易的流程也会相应结束。换言之，现金返还策略只适用于“单次交易”，并不能防止顾客在未来可能的交易中流失到其他 OTA。

针对 OTA 现金返还策略的研究是在线零售领域出现的新问题，学术界目前对该问题的关注还相对较少，因此，本章的主要目的是在考虑 OTA 现金返还策略的影响下，研究酒店与 OTA 的合作与竞争机制。本章通过构建由单个酒店和单个 OTA 组成的序贯 Stackelberg 博弈模型，探究并分析如下研究问题：①现金返还策略和价格折扣策略的区别是什么？②顾客在预订酒店时，会如何在酒店自营网站和第三方 OTA 网站之间进行选择以及决策过程如何？③OTA 如何为在该平台消费的顾客设定最优的现金返还额度？④哪种供应链合约能够缓解线上供应链系统的竞争，协调该系统中各成员的合作关系？

为了解释现金返还策略与价格折扣策略的区别，本章引入一种效用函数来刻画用户分别从不同分销渠道（酒店网站和 OTA）预订客房所获得的效用。根据该效用，顾客将决策其预订酒店客房的渠道选择。在给定顾客渠道选择及两种分销渠道市场规模大小的情况下，酒店和 OTA 将在各自利润最大化的前提下确定最优的市场营销策略。通过构建序贯 Stackelberg 博弈模型并对该决策过程进行分析可得，传统的委托代理模型并不能实现完全的渠道协调，而本章在考虑酒店与 OTA 合作的情况下，提出了一种基于酒店市场规模的供应链协调契约，以实现完全的渠道协调。

11.2　在线供应链与市场渠道刻画

本小节描述了一个由单个酒店和 OTA 组成的线上供应链系统，以及由这两个参与者所构成的市场销售渠道。由于本章的研究目的是分析酒店自营网站与 OTA 这两个在线分销渠道之间的合作与竞争关系，因此本章重点关注的是通过上述两个分销渠道预订酒店客房的这部分顾客，而不考虑通过其他方式（如通过电话或直接到店）预订酒店客房的顾客。在此情况下，本章假设酒店只有两种类型的顾客来源：一种是通过酒店自营网站预订客房的顾客，另一种是通过 OTA 预订客房的顾客。为便于描述，本章与以往相关文献保持一致，分别用 *t-travelers* 和 *w-travelers* 表示通过酒店自营网站和 OTA 预订酒店客房的顾客类别。

11.2.1　合作关系描述

考虑到 OTA 在酒店行业线上预订所具有的巨大市场规模，酒店通常会期望与 OTA 合作来扩大其线上市场的销量，从而提高总收益。本章假设有一家酒店拥有 C 间相同类型的客房，每间客房都只能供一位顾客使用。基于以往文献（如 Ling et al.，2011；Guo et al.，2013a）的相关研究可知，上述假设并不影响本章模型相关结论的得出。此外，本章假设酒店每日的固定运营成本为 F_c，每间客房的每日可变成本为零，该假设有利于模型求解的展示，但并不影响本章相关结论的总结与展示。

在酒店与 OTA 的合作关系中，OTA 对酒店客房会设定与酒店自营网站相同的销售价格，记为 p_0；同时，OTA 每销售一间客房都会向该酒店收取一定的代理佣金，记为 ω。这表明，顾客从上述两种渠道（酒店自营网站和 OTA）预订客房需要支付相同的价格。相较于 OTA 所展示的与酒店客房相关的信息，顾客可以通过酒店自营网站获得更详细的介绍与描述，获得更好的视觉或外观感受（Ding，2011）。此外，从酒店自营渠道预订客房，可以更好地保证入住的成功率，因为大多数酒店会采用超额预订策略来对冲顾客临时取消或未入住而造成客房浪费的风险。因此，在现实生活中，许多顾客只是从 OTA 获取相关客房的信息，转而到酒店自营网站进行客房预订。为了吸引顾客留在 OTA 预订客房，平台通常会以现金

返还的方式对 *w-travelers* 类顾客进行补贴，而这些现金补贴只有当顾客在相关酒店完成入住之后才会返还到该顾客的账户中。为便于表示，本章将 OTA 现金返还的额度记为 φ。此外，在不影响模型结果的情况下，本章不考虑 OTA 的相关运营成本。

11.2.2 消费者效用

考虑到酒店自营网站与 OTA 能为顾客提供的消费服务存在差异，本章用 s_1 表示顾客从酒店自营网站预订客房的购买体验，用 s_2 表示顾客从 OTA 预订客房的购买体验。由于多数酒店普遍采取超额预订策略以应对顾客临时取消或未入住的风险，顾客从酒店自营网站预订则可以获得更高的有房保障。此外，Ding（2011）的研究发现，顾客会更多关注酒店客房带来的视觉感受，如图像或照片等信息，而较少关注相关的文字描述。因此，本章假设 $s_1 > s_2$，并且设 $\Delta s = s_1 - s_2$，表示顾客从这两种线上分销渠道预订酒店客房的购买体验差异。

为弥补顾客购买体验上的劣势，吸引更多顾客通过 OTA 预订客房，OTA 会为通过该平台预订客房的顾客提供额度为 φ 的现金返还补贴。由于返还的现金将在顾客入住酒店并完成交易之后转到该顾客的账户中，因此，该现金返还的具体价值是顾客的期望值，并且不同的消费者对该期望值会有不同的价值偏好。本章假设每个用户对现金返还额度的偏好为 θ，并服从 $[0,1]$ 区间的均匀分布。

用 v 表示顾客入住该酒店所能获得的确定性效用，并且假设该效用在两个线上分销渠道之间是同质的。基于以上描述，由于两个渠道的订购价格相等，顾客通过这两个渠道预订酒店所能获得的效用可分别简化为

$$U_1 = v + s_1 \quad (11.1)$$

$$U_2 = v + s_2 + \theta\varphi \quad (11.2)$$

其中，U_1 为顾客从酒店自营网站预订酒店客房所获得的效用；U_2 为顾客从 OTA 预订酒店客房所获得的效用。

11.2.3 顾客数量和总利润

通过与 OTA 合作，酒店的客房信息会在两个渠道上展示：酒店自营网站和 OTA。因此可知，酒店所接待的顾客主要存在两种来源方式。如图 11.2 所示，该酒店所面临的需求可表示为 $x = \mu + \varepsilon$，其中 μ 为顾客的期望数量，ε 为随机变量其均值为 0，且方差有限，刻画了顾客数量的变动程度。在所有顾客中，有 μ_1 的

顾客通过酒店自营网站获取相应客房信息，而其他 $\mu_2+\xi$ 的顾客则通过 OTA 获取相应客房信息。基于此，本章用 ε_1 和 ε_2 分别表示上述两种需求的不确定性。

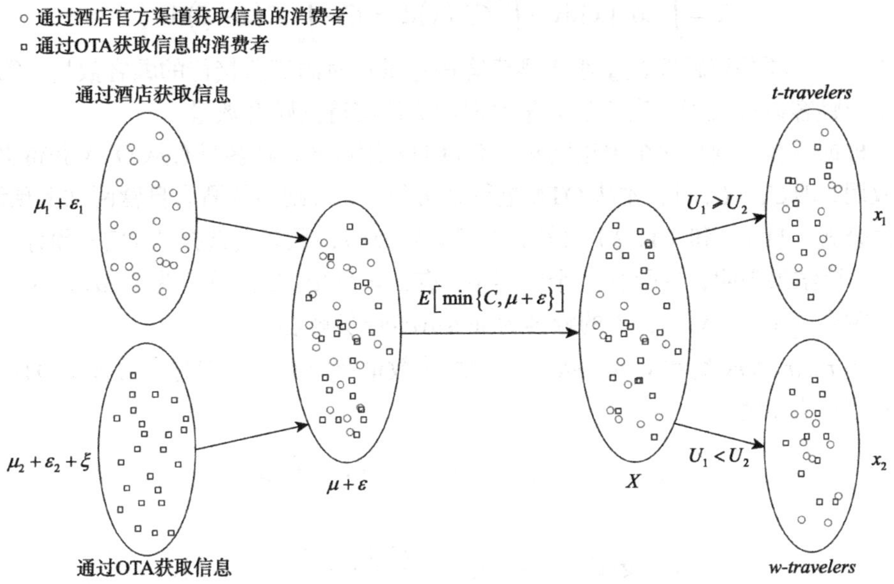

图 11.2　需求分布与消费者选择

除上述现金返还策略外，OTA 还可以通过销售努力来扩展其顾客来源，如广告、有条件的回扣、积极评价（Chevalier and Mayzlin, 2006）、服务捆绑（Kim et al., 2008）等。也就是说，通过 OTA 的销售努力，酒店的总体需求是可以增加的。假设 OTA 在进行销售努力之后所获得的需求增量为 ξ，同时，其需要付出的努力投入成本为 $g(\xi)$，其中 $g(\xi)$ 为关于变量 ξ 的凸增函数且 $g(0)=0$。本章采用一种二次型函数来表示该成本函数，即 $g(\xi)=k\xi^2/2$，其中 $k>0$ 为成本转换系数。该系数可看成影响 OTA 销售努力的成本因素：k 值越大，表明平台吸引顾客到达所需的成本越高。因此，酒店所能获得的确定性需求为 $\mu=\mu_1+\mu_2+\xi=\mu_0+\xi$（其中 $\mu_0\equiv\mu_1+\mu_2$），OTA 所付出的销售努力成本为 $g(\xi)=k\xi^2/2$。

假设酒店在 OTA 没有进行销售努力的情况下所获得的总需求服从一种随机分布，并且该分布的概率密度函数为 $f(\cdot)$、累积分布函数为 $F(\cdot)$。酒店总需求的均值为 $\mu_0\equiv\mu_1+\mu_2$，方差为 ε。假设 OTA 的销售努力只会影响总需求的均值部分，则 OTA 进行销售努力所获得需求的概率密度函数为 $f_e(x)=f(x-\xi)$，累积分布函数为 $F_e(x)=F(x-\xi)$。

因此，在与 OTA 进行合作的情况下，该酒店所能获得的期望顾客总数量如下所示：

$$X=\int_0^C xf_e(x)\mathrm{d}x+\int_C^{\infty} Cf_e(x)\mathrm{d}x=C-\int_0^C F(x-\xi)\mathrm{d}x$$

其中，第一项是当顾客数量小于酒店客房总量 C 时酒店所接待的顾客数量，第二项是当顾客数量大于酒店客房总量 C 时酒店所接待的顾客数量。

根据顾客分别从两个渠道购买所获得的效用可知，顾客只有从 OTA 获得更高的效用，即 $U_2>U_1$ 时，才从 OTA 进行客房预订，否则会从酒店自营网站上预订。通过公式（11.1）和（11.2）可知，当 $\theta>\Delta s/\varphi$ 时，顾客会选择从 OTA 预订酒店客房。该结果表明，在所有 X 个顾客中，有 $x_1=\Delta s/\varphi\cdot X$ 的顾客为 *t-travelers* 类顾客，剩余 $x_2=(1-\Delta s/\varphi)\cdot X$ 的顾客为 *w-travelers* 类顾客。

当 *t-travelers* 类和 *w-travelers* 类的顾客数量及成本项已知时，酒店及 OTA 的总利润可表示为

$$\pi_h=p_0X-\omega x_2-F=\left(p_0-\omega\left(1-\frac{\Delta s}{\varphi}\right)\right)\left(C-\int_0^C F(x-\xi)\mathrm{d}x\right)-F_c$$

$$\pi_o=(\omega-\varphi)x_2-g(\xi)=(\omega-\varphi)\left(1-\frac{\Delta s}{\varphi}\right)\left(C-\int_0^C F(x-\xi)\mathrm{d}x\right)-\frac{k\xi^2}{2}$$

其中，下标 h 表示酒店，下标 o 表示 OTA。

11.2.4　事件顺序和决策变量

在上述 Stackelberg 博弈模型中，酒店为领导者，OTA 为跟随者，各成员决策顺序如下：①酒店向 OTA 提供一份供应链合约，包括支付给 OTA 的单位佣金大小；②OTA 同意合约内容并确定最优的销售努力水平，以提高酒店的市场总需求，同时确定最优的现金返还额度以吸引更多用户通过其平台预订酒店客房，进而增加自身的佣金收益；③酒店和 OTA 均同意为酒店客房设定相同的每日售价，即 p_0；④酒店为当日到达的 *t-travelers* 和 *w-travelers* 类顾客提供住宿服务；⑤酒店根据合约条款和 *w-travelers* 类顾客的接待数量向 OTA 支付相应的佣金费用。

根据上述各成员的决策顺序可知，酒店的决策变量为向 OTA 支付的单位佣金大小，而 OTA 的决策变量为自身的销售努力水平和现金返还的额度。在下一小节中，本章将进一步分析均衡状态下各成员最优决策的求解过程。

11.3 决策分析

在实践中，酒店并不能直接控制 OTA 的现金返还额度的具体数值，也无法影响 OTA 如何设定其销售努力水平。但是，酒店可以通过其需支付的佣金来对 OTA 进行适当激励，诱使 OTA 做出酒店所期望的决策。本章首先针对酒店与 OTA 的合作问题提出一种基准模型，即假设酒店和在线零售商进行集中决策，整个系统中只存在唯一决策者，并分析在该情形下该决策者的最优决策问题。

11.3.1 基准模型：集中决策情形

本小节考虑酒店与 OTA 进行集中决策的情形，即整个供应链系统只存在唯一决策者。本章将这种情形作为研究问题的基准模型，而这种情形往往会得到一个最佳的解决方案，能够实现供应链整体的利润最大化。该情形下的总利润函数可表示为

$$\max_{\{\varphi,\xi\}} \Pi = \pi_h + \pi_o = \left(p_0 - (\varphi - \Delta s)\right)\left(C - \int_0^C F(x-\xi)\,\mathrm{d}x\right) - \frac{k\xi^2}{2} - F_c$$

其中，$0 \leqslant \Delta s/\varphi \leqslant 1$；$\varphi,\ \xi \geqslant 0$。

不难发现，上述总利润函数 $\Pi(\varphi,\xi)$ 是关于现金返还额度 φ 的减函数，则 φ 越小，总利润就越大，因此，酒店最优的决策是设定 $\varphi=\Delta s$。命题 11.1 给出了该集中决策情形下的酒店的最优决策。

命题 11.1　在集中决策情形下，整个供应链的最优总利润表示如下：

$$\varphi^{\mathrm{FB}} = \Delta s$$

$$\xi^{\mathrm{FB}} = \arg_{\xi}\left\{F(C-\xi) = k\xi/p_0 + F(-\xi)\right\}$$

由命题 11.1 可知，该问题的最优解 $\left\{\varphi^{\mathrm{FB}},\xi^{\mathrm{FB}}\right\}$ 是唯一的且 *w-travelers* 类顾客的期望数量为 0。由此，整个供应链的最优期望总利润为 $\Pi^{\mathrm{FB}} = p_0\left(C - \int_0^C F\left(x-\xi^{\mathrm{FB}}\right)\mathrm{d}x\right) - k\left(\xi^{\mathrm{FB}}\right)^2/2 - F_c$。

推论 11.1　（i）$\partial\xi^{\mathrm{FB}}/\partial C > 0$，（ii）$\partial\xi^{\mathrm{FB}}/\partial p_0 > 0$，（iii）$\partial\xi^{\mathrm{FB}}/\partial k < 0$。

推论 11.1 表明，酒店的客房总量和每日售价对 OTA 的最佳努力水平具有积极影响，而预期需求则会降低该最佳努力水平。此外，该最佳努力水平也会随着

OTA 成本转换系数的增大而减少。

11.3.2　分布式决策：OTA 的决策

在探究了上述基准情形之后，本章接下来分析酒店与 OTA 的合作关系中较为贴合实践的情形：分布式决策情形。在该情形下，OTA 需解决如下问题：

$$\max_{\{\varphi,\xi\}} \pi_o = (\omega-\varphi)\left(1-\frac{\Delta s}{\varphi}\right)\left(C-\int_0^C F(x-\xi)\,\mathrm{d}x\right)-\frac{k\xi^2}{2}$$

在上述 OTA 的目标函数中，$\pi_0(\varphi,\xi)$ 是关于现金返还额度 φ 和需求增量 ξ 的联合凹函数。命题 11.2 给出了 OTA 基于酒店给出的佣金合约之后所进行的最优决策。

命题 11.2　OTA 的最优决策 φ^* 和 ξ^*，分别为

$$\varphi^* = \sqrt{\Delta s\omega} \tag{11.3}$$

$$\xi^* = \arg_{\xi}\left\{F(C-\xi)=k\xi\Big/\left(\sqrt{\omega}-\sqrt{\Delta s}\right)^2+F(-\xi)\right\} \tag{11.4}$$

根据命题 11.2，可得如下推论：

推论 11.2　（i）$\partial\varphi^*/\partial\omega>0$，（ii）$\partial\xi^*/\partial\omega>0$。

推论 11.2 表明，如果酒店提供更高的单位佣金 ω，OTA 会提高其最优的现金返还额度，以吸引更多顾客通过其平台预订酒店客房。同时，OTA 也会提升自身的销售努力水平，从而扩大酒店的市场总需求。

11.3.3　分布式决策：酒店的决策

基于上文可知，OTA 会根据酒店提供的合约内容并基于式（11.3）和式（11.4）决策现金返还额度 φ 和销售努力水平 ξ，则酒店会基于式（11.5）决策最优的单位佣金 ω 以最大化自身总收益。

$$\max_{\omega}\ \pi_h = \left(p_0-\omega+\sqrt{\omega\Delta s}\right)\left(C-\int_0^C F(x-\xi)\,\mathrm{d}x\right)-F_c \tag{11.5}$$

其中，$F(C-\xi)=k\xi\Big/\left(\sqrt{\omega}-\sqrt{\Delta s}\right)^2+F(-\xi)$，$\omega\geqslant 0$。

本章用下标 SB 表示在分布式决策情形下的最优解。在公式（11.5）中，酒店的总利润 π_h 关于单位佣金 ω 通常不是拟凹的，即，π_h 关于 ω 不是单峰函数，因此无法直接推导求得理论最优解。针对此问题，本章将在下一小节进行数值分析，

进一步挖掘最优解的性质并获得更多管理启示。

11.4　数值分析与供应链协调

首先在 11.4.1 小节给出该问题的数值分析，比较分析集中决策和分布式决策情形下的最优解的表现差异；其次，鉴于分布式决策情形下最优解与集中式决策的差异，在 11.4.2 小节引入一种供应链协调契约，促使分散情形下各成员的决策均衡，以实现供应链渠道的协调。

11.4.1　数值实验

考虑一家有 $C=200$ 间相同客房的酒店和一个 OTA。为了更直观地展示和说明本章已得出的结论，并在此基础上进一步分析得出与该问题相关的其他结论，本章用区间 $[\mu_0-a,\mu+a]$ 的均匀分布来刻画酒店在 OTA 没有进行销售努力时所获得的市场需求，则该需求的概率密度函数 $f(x)=1/(2a)$，累积分布函数 $F(x)=(x-\mu_0+a)/(2a)$。模型中有关各参数的初始设定如表 11.1 所示。

表 11.1　本数值实验的参数设置

参数	C	p_0	F_c	μ_0	a	Δs	k
数值	200	100	10 000	150	60	10	0.1

注：C 表示酒店的客房总量；p_0 表示客房在两个渠道的每日售价；F_c 表示酒店每日固定成本；μ_0 表示两个渠道上的顾客总量平均值；a 表示酒店的需求波动；Δs 表示顾客从两个渠道预订酒店客房的购买体验差距；k 表示 OTA 进行销售努力的成本系数

基于上述参数，本章通过求解工具 Wolfram Mathematica 求出该酒店和 OTA 分别在集中和分布式决策下的最优决策。各成员的最优解和对应的利润如表 11.2 所示。

表 11.2　不同情形下的最优解及其利润

不同情形	ω	φ	ξ	x_1	x_2	π_h	π_o	Π
集中决策	—	10	98.21	199.42	0	—	—	9 459.8
分散决策	27.15	16.48	28.49	104.58	67.74	5 392.97	682.33	6 075.3

注：ω 表示酒店为 OTA 提供的单位佣金；φ 表示 OTA 的现金返还额度；ξ 表示 OTA 的销售努力水平；π_h 表示酒店的总利润；π_o 表示 OTA 的总利润；Π 表示整个供应链的总利润

通过表 11.2 可以看出，集中决策情形下的决策者提供的现金返还补贴额度与两个渠道的购买体验差异相等，因此，所有客户都会通过酒店自营网站预订客房。结果显示，入住该酒店的期望顾客数量为 199.42 人，OTA 的销售努力水平为 98.21，而酒店客房的入住率已经达到 99.71%，该酒店的最大期望总利润为 9 459.8。在分布式决策情形下，酒店和 OTA 会为各自利润最大化而采取对各自有利的决策。OTA 会为 *w-travelers* 类顾客提供具有吸引力的现金返还额度，而其销售努力水平也会低于其在集中决策情形下的相应水平。结果显示，该酒店总共接待 104.58 名 *t-travelers* 类顾客和 67.74 名 *w-travelers* 类顾客，而客房期望入住率会有所下降。最后，由于双重边际化的影响，该情形下供应链的总利润要小于集中情形下的供应链总利润。

此外，为了更详细地说明模型中各基本参数的影响，表 11.3 总结了在分布式决策情形下各最优决策关于客房容量、平均房价、期望需求量和顾客购买体验差异的敏感性影响。

表 11.3　不同情形下的最优解及其利润

符号	C	p_0	μ_0	Δs	ω	φ	ξ	x_1	x_2	π_h	π_o	Π
可变参数和值	180				21.14	14.54	13.19	106.90	48.52	4 515.98	311.50	4 827.48
	220				31.03	17.61	42.35	106.72	81.27	6 277.53	1 000.41	7 277.93
		90			25.38	15.93	24.93	106.62	63.23	3 681.67	566.30	4 247.97
		110			28.70	16.94	31.51	102.91	71.42	7 126.54	790.15	7 916.69
			140		30.01	17.32	37.06	98.91	72.42	4 960.41	849.91	5 810.32
			160		23.62	15.37	19.37	112.50	60.41	5 864.31	479.87	6 344.17
				5	20.16	10.04	32.71	87.21	87.90	5 739.24	835.83	6 575.08
				20	38.48	27.74	21.97	120.92	46.79	4 970.88	478.21	5 449.09

表 11.3 的结果表明，酒店向 OTA 提供的最优单位佣金会随着酒店空房率的增加而增加（客房容量 C 较大或期望顾客数量 μ_0 较少），随客房平均每日售价和顾客期望购买体验差异的升高而增加。相应地，随着单位佣金的增加，OTA 提供给 *w-travelers* 类顾客的现金返还额度及其销售努力水平都在增加，该结果与推论 11.1 和推论 11.2 的结论一致。

11.4.2　在线供应链协调

根据表 11.2 中得到的数值结果可知，分布式决策情形下的最优解要劣于集中决策情形。与集中决策情形下的最优总利润相比，在给定的数值算例中，分布式决策情景下的最优总利润损失超过 35%，减轻或降低这部分利润损失对该供应链所有成员都具有重要意义。因此，有必要设计一个供应链协调契约，使得在线供应链能更高效地运作，从而产生更多的利润。

但是，考虑到现金返还的金额是从供应链到终端客户的流出，因此从供应链整体的角度来看，最优选择是将现金返还设置得尽可能小，并促使所有客户通过酒店自营网站进行预订。因此，根据现行的合作合约规定，酒店需根据 *w-travelers* 类顾客数量向 OTA 支付佣金，这将导致渠道协调无法实现。因此，作为合作的领导者，酒店需要引入新合约来协调在线渠道。

考虑到与 OTA 的合作可以扩大酒店的需求（Anderson，2011），并且预期的入住率和利润也会增加，因此酒店向 OTA 支付的费用应该是基于已实现的客房总需求，而不是 *w-travelers* 类顾客的数量。

命题 11.3　若酒店根据已实现的顾客数量（包括 *t-travelers* 和 *w-travelers*）为 OTA 支付佣金费用，则在线供应链可以实现渠道协调，具体决策如下所示：

$$\varpi=(1-\beta)p_0+\frac{\beta k\left(\arg_{\xi}\left\{\int_0^C F(x-\xi)\mathrm{d}x=C-q\right\}\right)^2-2(1-\beta)F_c}{2q}$$

其中，q 表示酒店的顾客总量，β 为 $[0,1]$ 区间的常量。基于该协调契约，酒店和 OTA 的期望利润分别为 $\pi_h=\beta\Pi^{\mathrm{FB}}$，$\pi_o=(1-\beta)\Pi^{\mathrm{FB}}$。

这种供应链合约是由基于收益共享的数量折扣契约设计而来的，是供应商通过提供经济激励来影响买方购买行为的一种较为普遍的定价策略，在服务供应链中也得到了较为广泛的应用。根据协调契约的合同项可知，β 是影响酒店与 OTA 利润分配的关键参数，其具体数值可根据二者在供应链中的地位（讨价还价能力）确定。

11.5　总结与展望

本章通过一个由酒店和 OTA 组成的在线供应链系统，研究了酒店与 OTA 之间关于酒店客房在线营销渠道的合作竞争问题。并且通过构建最优决策模型，为酒店确定最优的单位佣金额度，为 OTA 确定最优的现金返还金额。此外，正如 Jaramillo 和 Mulki（2008）所指出的，商业活动总是需要各参与方的销售努力，服务业也不例外。通过 OTA 适当的销售努力，可以扩大酒店的需求，提高酒店入住率，最终提高酒店和 OTA 各自的利润。

通过数值算例，本章发现分布式决策情形下的最优解比集中决策下的最优解产生 35%的利润损失，这是双重边际化效应的结果，而且目前的委托代理合约无法实现供应链协调。幸运的是，本章提出的基于收益共享的数量折扣合同可以协调酒店与 OTA，即酒店根据实现的顾客总数（包括 *t-travelers* 和 *w-travelers*）向 OTA 支付佣金费用，而不仅仅是基于 *w-travelers* 类顾客的数量支付佣金。

本章基于酒店与 OTA 的合作关系研究酒店在线营销渠道中的现金返还策略。考虑到现金返还策略的影响，未来进一步的研究可以关注以下几个方面。从理论分析的角度看，首先，多酒店多 OTA 的合作网络是值得考虑的方向之一。其次，将酒店客房作为基于现金返还的旅游套餐产品的一部分也是一个有趣的话题。最后，与这类 OTA 合作时的酒店最优超售策略也将为我们提供有用的管理启示。对于实证研究来说，也有一些值得进一步研究的课题。OTA 并不针对所有酒店都提供现金返还，也就是说，现金返还策略并不总是所有 OTA 和酒店合作时的最佳策略。因此，探究现金返还策略的影响因素对于管理者来说是非常重要的，其研究结果会为 OTA 和酒店的销售政策制定提供指导。

第 12 章　酒店基于 OTA 现金返还的最优定价决策

在线上旅游市场中，酒店根据单位佣金大小和顾客的客房预订量向 OTA 支付代理佣金。为了从销售酒店客房中获得更高收益，一些 OTA 通过现金返还补贴的方式吸引顾客通过 OTA 网站而不是传统的渠道（如电话或线下）预订酒店。本章研究酒店在 OTA 采取现金返还策略情况下的最优定价决策，旨在为酒店的定价管理提供理论指导。通过 Stackelberg 博弈模型中的逆向归纳法来分析酒店和 OTA 的最优决策，所得结果表明，酒店可以确定使其收益最大的最优单位佣金，OTA 可以决策最优的现金返还额度，以鼓励顾客通过其平台网站进行客房预订。此外，OTA 根据酒店给定的单位佣金，可通过适当提升销售努力水平来扩大酒店的市场总需求量（潜在的在线客户数量），以期获得更高的佣金收入。研究结果还表明，建立深度合作关系对增加酒店和 OTA 的整体收益具有重要的促进作用。本章的主要内容安排如下：12.1 节介绍本章的研究背景并提出科学问题；12.2 节提出本章的数学模型；12.3 节具体分析酒店与 OTA 的最优决策；12.4 节通过两个特殊情况对该模型进行更加深入的讨论；12.5 节总结本章主要结论，并指出未来潜在的研究方向。

12.1　研 究 背 景

随着电子商务技术的飞速发展，越来越多的企业开辟了线上销售渠道。在酒店行业，众多国际连锁酒店开始搭建自营的官方网站，通过展示酒店客房、美食和促销等信息来为顾客提供在线消费服务。例如，万豪、希尔顿及喜来登等知名酒店都有自营的官方网站，为顾客提供在线消费服务。但对于许多中小型酒店来说，搭建自营网站不太现实，主要是由于自身的影响力较小、客源较少，搭建自营网站明显不划算。Starkov 和 DeGeorge（2013）的一篇博文同样指出了该问题：在 2011 年所有非品牌酒店的客房订购量中，虽然有 42%的酒店客房是通过网上售出的，但只有 10%的酒店客房是在酒店自营网站上订购的。该实例表明 OTA 的出现可以很好地解决中小型酒店面临的这种问题（超过 75%的在线订单是通过 OTA 实现的）。例如，美国的 Expedia、瑞士的 Kuoni 及中国的艺龙和携程，都向顾客提供酒店的客房在线预订服务。

在线上酒店行业，绝大多数 OTA 通常会跟酒店自营网站保持相同的客房售价（Guo et al.，2013a）。在现实生活中，OTA 通常会采用现金返还的策略，来吸引顾客通过 OTA 而非传统方式（如电话或线下预订）预订酒店，以从酒店获取更多佣金收益。例如，艺龙和携程旅游平台经常会为顾客订购酒店客房提供现金返还补贴。Guo 等（2014）收集了不同城市，包括香港、澳门及北京等地的酒店现金返还的数值实例，通过实时汇率转换（1 美元兑换 6.40 元，2015 年 8 月 28 日），他们提供的酒店客房价格及对应的现金返还额度的相关信息，如表 12.1 所示。通过该数值实例可以看出，顾客订购酒店客房所获得的现金返还额度可以超出其售价的 5%。对于价格敏感性较高的用户，这种程度的现金返还量是十分有吸引力的。

表 12.1　不同城市的酒店房价及其返现情况

城市	客房价格（USD）	现金返还额度（USD）	现金返还额度相较价格的占比
香港	193.28	16.41	8.49%
	204.06	17.19	8.42%
澳门	249.84	14.84	5.94%
	267.81	15.63	5.83%
北京	213.28	16.41	7.69%
	293.13	19.53	6.66%

在实际情况中，平台返还的现金通常是在顾客离开酒店之后转回到该顾客的银行账户中。因此，相较于传统的忠诚度计划（如航空公司的里程累积服务），现金返还策略的不同之处在于其并不能阻止顾客在未来的交易中转到其他 OTA 或预订渠道。同时，现金返还策略相较于更为直接的价格折扣策略也有所不同。现金返还策略不仅能展示传统预订方式下酒店的实际销售价格，还能显示现金返还额度相较于实际价格的占比；而价格折扣策略并不能直观显示折扣力度及实际销售价格。因此，现金返还策略在实践中比价格折扣更具吸引力。

本章研究酒店基于 OTA 现金返还策略影响下的最优定价策略。通过构建由一个酒店和一个 OTA 组成的供应链模型，分析如下研究问题：①在与酒店合作的情况下，OTA 如何制定最优的现金返还额度？②酒店在现金返还策略影响下如何制定最优的定价决策？③分布式决策下整个供应链的效率如何？④什么样的合约可以实现供应链协调?

对于酒店与 OTA 的合作模式，一方面，酒店需决策在 OTA 售出客房而向该平台支付的单位佣金；另一方面，OTA 决策最优的现金返还额度及最优的销售努力水平。上述问题可通过逆向归纳法解决，即 OTA 的最优决策会受到酒店提供的单位佣金、客房价格及该平台的顾客预订量的影响。基于 OTA 的响应决策，酒店可以确定其最优的单位佣金。在得出各方的均衡决策及收益之后，则可以衡量整个供应链的效率表现。进一步地，本章提供了一种新的供应链协调契约，可以实现酒店和 OTA 的渠道协调。

12.2　模型刻画

本节考虑一种由一个酒店和一个 OTA 组成的供应链结构。通过与 OTA 合作，酒店不仅拥有自营渠道，还可以通过 OTA 提供的代理渠道获得更多顾客需求。为了方便表示，本章用 *t-travelers* 表示通过酒店自营网站预订客房的顾客群体，用 *w-travelers* 表示通过 OTA 预订客房的顾客群体。

12.2.1　无合作情形下的酒店容量及传统渠道的顾客数量

对于一个拥有 C 间客房的酒店，在不影响后续结论的情况下，假设所有客房相同且只能入住一位顾客。在酒店客房平均价格为 p_x 的情况下，酒店自营网站的顾客数量为 $x=\mu+\varepsilon$，其中 $\mu<C$，表示 *t-travelers* 类顾客数量的均值；ε 为随机变量，均值为零且方差有限，表示 *t-travelers* 类顾客数量的波动程度。特别地，本章假设 ε 服从 $[-a,a]$ 区间的均匀分布，这种类型的分布在文献中的应用较为广泛（Chandra and Fisher，1994；Khouja，1995；Amiri，2006）。由此，随机变量 ε 的概率密度函数可表示为

$$f(\varepsilon)=\frac{1}{2a},\quad -a\leqslant\varepsilon\leqslant a$$

对于参数 a，本章给出如下两个假设：（i）$a<\mu$；（ii）$C<\mu+a$。一方面，条件 $a<\mu$ 可以保证 *t-travelers* 类顾客数量恒正；另一方面，当不满足条件 $C<\mu+a$ 时，该研究问题仍可以用本章的方法解决。因此，如果酒店不与 OTA 合作，所有顾客都是 *t-travelers* 类顾客，酒店每天接待的顾客数量可表示为

$$x_{h1}=\int_{\mu-a}^{C}xf\left(x\right)\mathrm{d}x+\int_{C}^{\mu+a}Cf\left(x\right)\mathrm{d}x$$

其中，第一项表示当 *t-travelers* 类顾客数量小于酒店客房总数时的顾客预订量，第二项表示当 *t-travelers* 类顾客数量小于酒店客房总数时的顾客预订量。基于此，酒店的总收益可表示为

$$\pi_0=p_x x_{h1}=Cp_x-\frac{(C-\mu+a)^2 p_x}{4a}$$

为了简化模型计算，本章假设酒店的固定成本及客房每日运营成本可忽略不计，且在后续的分析中同样不考虑其影响。在数值实验部分，本章会重新考虑上述固定成本项，以使酒店和 OTA 的收益具有可比性。

12.2.2　合作情形下的顾客数量及收益

假设该酒店与拥有 N 个潜在顾客的 OTA 合作来开辟线上销售渠道，提高其顾客入住率、获取更高收益。双方对酒店客房都设定相同的销售价格 p_x，其中 OTA 会给在其平台预订客房的 *w-travelers* 类顾客提供现金返还补贴。作为激励，本章假设 OTA 所提供的现金返还额度为 φ。由于 *w-travelers* 类顾客在完成客房订单后会直接收到返还的现金，因此，顾客入住该酒店的最终费用为 $p_x-\varphi$。

假设有 $\gamma_0=N\cdot U\left(\varphi\right)$ 的 *w-travelers* 类顾客最终会通过 OTA 预订客房，其中 $U\left(\varphi\right)$ 表示顾客在具有现金返还补贴影响下选择在平台预订客房的概率。参考 Ling 等（2011），本章假设 $U(\varphi)=\varphi/p_x$。尽管指数型的函数表达会让该模型更贴合实际，但会使模型求解更加复杂，且并不能得出更多管理启示。基于此，本章采用线性而非指数型函数形式，更加直观地刻画和分析现金返还策略对顾客从 OTA 预订酒店客房的概率影响。

通过 OTA 预订酒店客房的顾客数量会随着平台销售努力水平的提高而增加，除了上述现金返还策略，还包括有条件的折扣、消费积分累积服务、旅游产品打包服务等其他激励措施。例如，OTA 的忠实顾客会经常在该平台预订客房、机票、旅游套餐等。因此，有 ξ 的额外顾客会因为平台的销售努力措施而在该平台预订客房。已知这部分顾客数量（即 ξ）相较于 OTA 的潜在顾客数量 N 相对较小，本章假设这部分顾客是来自除上述 N 个顾客之外的顾客群体。因此，*w-travelers* 类的顾客总数为 $\gamma=\varphi N/p_x+\xi$。OTA 需付出相应的成本来实施其销售努力，用函数 $g\left(\xi\right)$ 表示，该函数关于变量 ξ 凹增且满足 $g\left(0\right)=0$。鉴于成本反应函数 $c=kx^{\beta}$ 在成本管理领域的广泛应用（Little，1979；Huang and Li，2001；Guo et al.，2013a），本章采用函数 $g\left(\xi\right)=\xi^2/2$ 来表示 OTA 进行销售努力所花费的成本。

t-travelers 类顾客数量的随机性可能导致酒店面临的市场需求超过其客房容量，此时酒店不得不拒绝一些顾客的订单。为了与 OTA 保持长期良好的合作关系，当需求超过酒店容量时，本章假设酒店会优先为 *w-travelers* 类顾客办理入住手续。这种优先权的设置会因为支付给 OTA 的佣金而降低酒店的收益，但同时也会促进酒店与 OTA 的良好合作关系及平台在 *w-travelers* 类顾客中的良好声誉。

需要注意的是，*w-travelers* 类的顾客数量应小于酒店的实际容量，这是因为双方都有相应动机使得 $\gamma \leqslant C$。一方面，OTA 没有动机去吸引更多的顾客，因为超出酒店容量的那部分顾客会被拒绝，则平台也就不能获得相应佣金；另一方面，酒店期望从 *t-travelers* 类顾客获得更多收益以降低佣金成本。因此，酒店同样没有理由向 OTA 提供过多的佣金奖励来获得比其客房容量更多的 *w-travelers* 类顾客。最后，由于 *w-travelers* 类顾客具有优先入住权，*t-travelers* 类的顾客可能没有足够的客房入住。因此，酒店每日接待的 *t-travelers* 类顾客的期望数量如下：

$$x_{h2} = \int_{\mu-a}^{C-\gamma} xf(x)\mathrm{d}x + \int_{C-\gamma}^{\mu+a} (C-\gamma) f(x)\mathrm{d}x \tag{12.1}$$

其中，等式（12.1）右边两项分别表示顾客总量小于和大于酒店总容量时的 *t-travelers* 类顾客数量。

图 12.1 展示了酒店与 OTA 的市场渠道结构。在得到两种类型的顾客数量之后，酒店和 OTA 的收益可分别表示为

$$\pi_h = (p_x - \omega)\gamma + p_x x_{h2} = (p_x - \omega)\gamma + p_x (C-\gamma) - \frac{(\gamma - C + \mu - a)^2 p_x}{4a}$$

$$\pi_o = (\omega - \varphi)\gamma - g(\xi) = (\omega - \varphi)\left(\frac{\varphi N}{p_x} + \xi\right) - \frac{\xi^2}{2}$$

其中，下标 h 表示酒店，下标 o 表示 OTA。

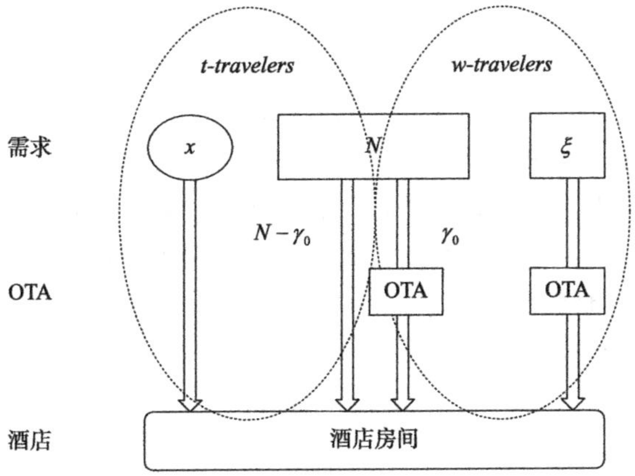

图 12.1　酒店与 OTA 合作情况下的需求分布结构

12.3　决 策 分 析

基于前文所描述的供应链结构，酒店与 OTA 合作中的事件顺序可描述如下：①酒店确定支付给 OTA 的单位佣金；②在给定单位佣金的情况下，OTA 决定其最优的现金返还额度和销售努力水平；③顾客通过酒店或 OTA 预订客房；④酒店为成功预订的顾客提供住宿服务；⑤酒店根据单位佣金大小和 *w-travelers* 类顾客的到达数量向 OTA 支付佣金费用。基于上述事件发生顺序，本章采用逆向归纳法分析该供应链系统中各参与者在现金返还策略影响下的最优决策。

12.3.1　OTA 的决策分析

在已知酒店所给出的单位佣金 ω 的情况下，OTA 需以决策变量 $\{\varphi,\xi\}$ 来最大化自身总收益，即

$$\max_{\varphi,\xi}\pi_o=(\omega-\varphi)\left(\frac{\varphi N}{p_x}+\xi\right)-\frac{\xi^2}{2}$$

OTA 的上述总收益 π_0 是关于变量 φ 和 ξ 的联合凹函数，以下命题给出了在单位佣金 ω 已知情况下 OTA 的最优决策。

命题 12.1　OTA 的决策存在如下唯一最优解：

$$\varphi^*=\frac{\omega(N-p_x)}{2N-p_x} \tag{12.2}$$

$$\xi^*=\frac{\omega N}{2N-p_x} \tag{12.3}$$

需要注意的是，N 是 OTA 的潜在顾客总量，约以千计；而 p_x 是酒店客房的零售价格，约以百计。上述结果显示，OTA 的最优现金返还额度和最优销售努力水平都与单位佣金呈正相关关系，即酒店可以通过提供适当的单位佣金费用来影响 OTA 的决策。根据命题 12.1 给出的 OTA 的最优决策，以及由 $\gamma=\varphi N/p_x+\xi$ 可得 *w-travelers* 类顾客数量如下：

$$\gamma^*=\frac{\omega N^2}{(2N-p_x)p_x} \tag{12.4}$$

12.3.2　酒店的决策分析

已知 OTA 会根据式（12.2）和式（12.3）所示的反应函数对酒店所提供的单位佣金 ω 做出回应，同时根据式（12.4）中的 *w-travelers* 类顾客的数量，酒店会基于自身利润最大化的目标确定最优的单位佣金 ω：

$$\max_{\{\omega,\varphi,\xi\}} \pi_h = (p_x - \omega)\gamma + p_x(C - \gamma) - \frac{(\gamma - C + \mu - a)^2 p_x}{4a}$$

其中，$\gamma = \dfrac{\omega N^2}{(2N - p_x)p_x}$ 且 $\omega \geqslant 0$。

根据目标函数 π_h 关于 ω 的一阶条件，酒店向 OTA 所提供的最优的单位佣金为

$$\omega^* = \frac{(C - \mu + a)(2N - p_x)p_x}{8aN - 4ap_x + N^2} \tag{12.5}$$

将式（12.5）代入式（12.2）和式（12.3），可以得到如下命题，该命题提供了酒店与 OTA 的合作问题的最优解。

命题 12.2　在最优的合作合约下，OTA 的最优决策为

$$\varphi^* = \frac{(C - \mu + a)(N - p_x)}{8aN - 4ap_x + N^2} p_x \tag{12.6}$$

$$\xi^* = \frac{(C - \mu + a)Np_x}{8aN - 4ap_x + N^2} \tag{12.7}$$

由此可推得，OTA 的最优总收益为 $\pi_o^* = \dfrac{(C - \mu + a)^2 (2N - p_x)N^2 p_x}{2(8aN - 4ap_x + N^2)^2}$，酒店获得的最优总收益为 $\pi_h^* = Cp_x - \dfrac{(2N - p_x)(C - \mu + a)^2 p_x}{8aN - 4ap_x + N^2}$。进一步可以根据 $\Pi^* = \pi_h^* + \pi_o^*$ 得到该供应链系统的整体收益。

根据式（12.5）和式（12.6）及其相对于各参数的一阶导数，可以获得以下结论。OTA 获得的单位佣金 ω 和 *w-travelers* 类顾客获得的现金返还额度 φ 随着酒店的平均房价和容纳人数的增加而增加，但随着 *t-travelers* 的期望数量及来自 OTA 的潜在顾客数量的增加而减少。这与管理实践是相一致的，实践中较高的平均房价一般意味着较高的服务水平且 *w-travelers* 类顾客对价格的敏感性较低。因此，OTA 必须提供更多现金返还以吸引 *w-travelers* 类顾客。同时，酒店愿意支付的佣金费用也会随之增加。另一方面，较高的酒店容量意味着在需求分布确定情况下，酒店将面临较低的入住率。因此，酒店愿意提高对 OTA 的代理佣金激励 ω 来

从 OTA 渠道获得更多客源，同时，OTA 也有动机提高对 *w-travelers* 类顾客的现金返还补贴 φ 以鼓励其从 OTA 渠道完成预订。相反，*t-travelers* 类顾客的期望数量增加或者 OTA 所拥有的潜在顾客数量增加，表明酒店和 OTA 的获客难度降低。因此，这两种类型的需求增加会使得酒店和 OTA 的激励力度降低。

从命题 12.2 还可以发现，OTA 的最优销售努力水平会随酒店的平均房价和客房容量递增，但随 *t-travelers* 类顾客的期望数量和 OTA 的潜在顾客的数量递减。该结论与实际情况也是一致的，即，*t-travelers* 类顾客的期望数量或 OTA 的潜在顾客数量越高，意味着市场对酒店客房的需求越高。因此，在酒店客房容量给定的情况下，系统中各参与者进行销售努力的积极性均会降低，即酒店和 OTA 会减少对提高需求所采取的激励措施，以使市场需求与客房容量相匹配。类似地，酒店容量的增加会带来相反的趋势。此外，更高的平均房价通常意味着更高的利润率，酒店会为 OTA 提供更高的单位佣金，从而激励 OTA 提供更高的销售努力来吸引更多的潜在顾客。

推论 12.1　$\pi_h^* > \pi_o^*$ 并且 $\omega^* > \varphi^* > 0$ 。

推论 12.1 表明，酒店与 OTA 的合作可以为酒店带来更多收益，并使 OTA 和 *w-travelers* 类顾客受益。酒店由于入住率的提高而增加了收益，而 OTA 则因为 *w-travelers* 类顾客的成功预订而从酒店获得佣金收入。此外，由于现金返还的补贴，*w-travelers* 类顾客在酒店的住宿费用低于平均房价。

12.4　特殊情形

本节通过两个特殊情形对该问题进行进一步分析，以验证在线上销售渠道中是否存在通过现金返还策略增加该供应链各成员总收益的具体措施。

12.4.1　努力成本分摊：酒店与 OTA 共同承担努力成本

本小节首先分析努力成本分摊对供应链收益的影响。假设酒店为 OTA 分摊的努力成本比例为 $(1-b)$ ，剩余的 b 部分由 OTA 承担，则 OTA 和酒店的期望收益如下：

$$\pi_o = (\omega - \varphi)\gamma - bg(\xi)$$

$$\pi_h = (p_x - \omega)\gamma + p_x x_{h2} - (1-b)g(\xi)$$
$$= (p_x - \omega)\gamma + p_x(C-\gamma) - \frac{(\gamma - t)^2 p_x}{4a} - (1-b)g(\xi)$$

其中，$\gamma = \varphi N / p_x + \xi$，$t = C - \mu + a$。

如前文所述，酒店和 OTA 分别根据自身的目标函数确定其最优决策，根据逆向归纳法可得如下博弈均衡：

$$\omega^b = \frac{b(C-\mu+a)(2bN - p_x)}{4ab(2bN-p_x) + b^2N^2 + 2a(1-b)p_x} p_x$$

$$\varphi^b = \frac{b(C-\mu+a)(bN - p_x)}{4ab(2bN-p_x) + b^2N^2 + 2a(1-b)p_x} p_x$$

$$\xi^b = \frac{(C-\mu+a)bNp_x}{4ab(2bN-p_x) + b^2N^2 + 2a(1-b)p_x}$$

进一步可以得到整个供应链的总收益为

$$\Pi^b = \pi_h^b + \pi_o^b$$
$$= Cp_x - \frac{(C-\mu+a)^2 p_x}{4a}\left[1 - \frac{12ab^4N^3 + 2ab^2N^2p_x - 8ab^3N^2p_x + b^4N^4}{(8ab^2N - 6abp_x + 2ap_x + b^2N^2)^2}\right]$$

命题 12.3　存在一个最优的 $b^* \in (0,1]$，使得该供应链的总体利润最大且 $\Pi_{\max}^b > \Pi^*$。

该命题表明，酒店适当帮助 OTA 分摊销售努力的成本有利于整个供应链的效益。由于酒店的分摊，OTA 的销售努力成本降低，从而促使 OTA 通过提高销售努力水平来吸引更多的 *w-travelers* 类顾客。同时，由于销售努力带来的潜在顾客数量增加，OTA 也将适当调整其现金返还决策以实现利润优化。但是，当 $b < b^*$（即酒店分摊的成本比例过高）时，该供应链的总收益就会减少。这是因为此时 OTA 的销售努力成本变得更低，*w-travelers* 类的顾客数量进一步增加，在 *w-travelers* 类顾客享有住宿优先权的情况下，会导致一些边际收益更高的 *t-travelers* 类顾客的订单因需求过剩而被拒绝，这一结果导致了酒店和供应链的收益损失。此外，酒店只有在收益得到提高的情况下才会考虑成本分摊的举措，即 $\pi_h^b > \pi_h^*$。

为了更好地理解上述理论结果，下面将基于如下参数给出数值算例的展示：设定酒店的客房总容量为 $C = 200$，酒店每日固定成本为 10 000；每间客房每天的平均房价为 $p_x = 100$；传统渠道中 *t-travelers* 类顾客的期望数量 $\mu = 150$ 且随机项 ε 服从[−60, 60]区间的均匀分布；来自 OTA 的潜在顾客数量为 $N = 1\,000$。基于上述参数，表 12.2 总结了当其中一个参数变化时的数值结果。其中基础算例的结果是在 $b = 1$ 时得到的。

表 12.2 不同城市的酒店房价及其返现情况

符号	b	C	p_x	μ	α	N	ω	φ	ξ	γ	π_h	π_o	Π
基础算例	1	200	100	150	60	1 000	14.35	6.80	7.55	75.55	8 421.02	542.23	8 963.25
可变参数和值	0.95						14.32	6.76	7.96	75.58	8 422.44	541.18	8 963.62
	0.9						14.28	6.72	8.40	75.61	8 423.84	539.94	8 963.78
	0.85						14.24	6.67	8.90	75.64	8 425.17	538.49	8 963.66
	0.8						14.19	6.62	9.46	75.67	8 426.38	536.76	8 963.13
		220					16.96	8.04	8.93	89.29	9 794.64	757.33	10 551.98
		180					11.74	5.56	6.18	61.81	6 942.99	362.98	7 305.98
			110				15.73	7.41	8.32	75.67	10 269.41	595.28	10 864.69
			90				12.97	6.18	6.79	75.43	6 573.79	488.97	7 062.75
				160			13.05	6.18	6.87	68.68	8 695.05	448.13	9 143.18
				140			15.66	7.42	8.24	82.42	8 120.88	645.30	8 766.18
					70		14.88	7.05	7.83	78.33	8 214.10	582.87	8 796.97
					50		13.77	6.52	7.25	72.46	8 623.19	498.84	9 122.03
						1 100	13.48	6.42	7.06	77.65	8 517.50	523.29	9 040.79
						900	15.35	7.22	8.13	73.15	8 311.17	561.56	8 872.72

表 12.2 中的结果表明，酒店提供给 OTA 的最优单位佣金随着客房价格、酒店空房率（即 C 增加或 μ 减少）、传统渠道需求的方差及 OTA 潜在顾客数量的增加而增加。同时，*w-travelers* 类顾客所获得的现金返还金额及 OTA 的销售努力水平相较于平台从酒店获得的单位佣金表现出相同的变化趋势。此数值结果与命题 12.2 的结论一致。关于分摊比例 b 的影响，数值结果显示其对于系统各参与者的决策行为的影响相对其他参数的影响较为不敏感。同时，在给出的五个算例中，$b=0.9$ 时该供应链可以获得最高的总收益，且酒店为 OTA 分担 5%~15% 的销售努力成本能够改善供应链的总收益。

12.4.2 供应链协调

除了成本分摊措施，本小节将确定一种能够为供应链系统带来最大收益的协调契约。接下来，将首先基于集中式供应链提出一个基准模型。

1. 基准：集中式决策

假设酒店和 OTA 集成为单一参与者，我们将其设为本章研究问题的基准情形，从而得到供应链系统的理论最优解。该集中情形下的研究问题可表示如下：

$$\max_{\{\varphi,\xi\}} \Pi = (p_x - \varphi)\gamma + p_x(C-\gamma) - \frac{(\gamma - C + \mu - a)^2 p_x}{4a} - \frac{\xi^2}{2}$$

$$\gamma = \frac{\varphi}{p_x} N + \xi \text{，} \quad \varphi, \xi \geqslant 0$$

根据 φ 和 ξ 的一阶条件，即可得到该问题的最优解，如命题 12.4 所示。

命题 12.4 在基准模型中，集中式供应链存在唯一的最优决策组合

$$\varphi^{\text{FB}} = \frac{(C+a-\mu)N + (\mu - a - C)p_x}{4aN - 2ap_x + N^2} p_x \text{，} \quad \xi^{\text{FB}} = \frac{(C-\mu+a)Np_x}{4aN - 2ap_x + N^2}$$

基于上述最优决策，期望的 *w-travelers* 数量为 $\gamma^{\text{FB}} = \dfrac{(C-\mu+a)N^2}{4aN - 2ap_x + N^2}$，供应链的期望整体收益为 $\Pi^{\text{FB}} = Cp_x - \dfrac{(C-\mu+a)^2(2N-p_x)p_x}{8aN - 4ap_x + 2N^2}$。

与 12.3 节中的结论类似，*w-travelers* 类顾客获得的现金返还额度以及为了增加 *w-travelers* 类顾客而实施的销售努力均随着平均房价和酒店空置率的增加而增加，但是随着潜在的 *w-travelers* 类顾客数量的增加而减少。推论 12.2 介绍了基准模型和分散模型之间的差异。

推论 12.2 $\varphi^{\text{FB}} > \varphi^*$，$\xi^{\text{FB}} > \xi^*$，$\gamma^{\text{FB}} > \gamma^*$，以及 $\Pi^{\text{FB}} > \Pi^*$。

根据之前的分析可以发现，在分布式决策情形下，对 *w-travelers* 类顾客的现金返额度要小于集中决策所得最优解中的现金返还额度，而且分布式决策情形下 OTA 的销售努力水平也更低。基于这两个结果，分布式决策情形下的 *w-travelers* 类顾客数量少于基准情况下的 *w-travelers* 类顾客数量，最终将导致供应链的总收益减少，这是双重边际化的结果，将导致整个供应链效率低下。因此，有必要设计一个协调契约来实现该在线供应链的全渠道协调。

2. 协调契约

下列命题为分布式决策场景下的供应链提供了一个可行的协调契约。

命题 12.5 酒店可以通过设置如下的代理费用实现分布式供应链的渠道协调：

$$\omega = \left[1 - \beta\frac{N-q}{N} - \frac{(1-\beta)(t-q)^2}{4aq} + (1-\beta)\frac{C-q}{q}\right] P_x$$

其中，q 表示 *w-travelers* 类的顾客数量，$t = C - \mu + a$ 且 $\beta \in [0,1]$。在该约束下，

酒店和 OTA 的期望收益分别为$\pi_h = \beta\Pi^{FB}$，$\pi_o = (1-\beta)\Pi^{FB}$。

证明：对于 OTA 而言，*w-travelers* 类的顾客数量等于线上酒店客房的市场需求。用γ代替q，可以得到酒店提供的单位佣金ω，表示如下：

$$\omega = p_x - \beta(p_x - \varphi) + \frac{\beta}{2\gamma}\left[\gamma - \frac{\varphi}{p_x}N\right]^2 - \frac{(1-\beta)p_x}{2a}\left(\mu + a - C + \frac{1}{2}\gamma\right)$$

其中，$\gamma = \varphi N/p_x + \xi$。因此，根据酒店提供的单位佣金，OTA 可以最大化其收益，即$\max\ \pi_o(\varphi,\xi) = (1-\beta)\Pi$，其中$\Pi = \pi_h + \pi_o$是整个供应链的总收益。通过一阶条件，可以得到$\varphi$和$\xi$的最优解。因此，根据 12.2.2 节给出的酒店与 OTA 的收益函数，有$\pi_h = \beta\Pi^{FB}$和$\pi_o = (1-\beta)\Pi^{FB}$。

根据协调契约的合同项，常数β是影响酒店和 OTA 利润分配的关键参数。为了激励供应链成员参与到协调契约中，需要保证酒店与 OTA 均能获得相较于没有协调契约时更高的收益，也就是$(1-\beta)\Pi^{FB} > \pi_o^*$和$\beta\Pi^{FB} > \pi_h^*$。因此，$\beta$需要满足如下条件：

$$\frac{E^2C + EN^2C - (E + N^2)T}{E^2C + EN^2C - ET} < \beta < 1 - \frac{(E + N^2)TN^2}{2E^2(EC - T)}$$

其中，$E = 8aN - 4ap_x + N^2$，$T = (C - \mu + a)^2(2N - p_x)$。此外，$\beta$的具体值可以通过标准的纳什讨价还价模型或者利用夏普利值得到。

12.5 总结与展望

本章基于一个由酒店和 OTA 组成的旅游供应链模型研究了酒店基于 OTA 返现政策的最优定价策略。一方面，酒店可以通过分析 OTA 对给定单位佣金的反应，来决策其最优的单位佣金，以获取最大的收益。另一方面，OTA 可以向顾客提供一个最优的现金返还补贴，吸引在线顾客通过 OTA 平台订购相应的酒店客房。此外，OTA 会根据酒店提供的单位佣金费用，采取适当的销售努力水平以扩大顾客规模。

此外，通过对特殊情形的进一步分析，发现适当的成本分摊合约可以增加供应链及参与者的收益。为了进一步实现供应链的协调，本章基于传统的数量折扣契约提出了一个能够实现供应链协调的佣金策略。以上结果表明，建立深度合作对于增加酒店及 OTA 的整体收益具有重要意义。

本章研究存在一些必要的假设与局限，可以在未来的研究中进行更加深入的探索。首先，本章的模型给出了一些理论结果及管理启示，但缺乏实践数据的支撑，而基于实践数据得到的结论与启示对于管理人员来说会更加有意义。因此，未来有必要开展相应的实证研究，探讨现金返还策略对消费者行为的影响，以及酒店和 OTA 之间的合作模式演变。其次，在旅游业的实践中，顾客临时取消行程或不按时入住是较为常见的现象，故超额预订策略已成为酒店管理者采用的普遍策略。因此，在当前模型中考虑超额预订决策有望带来更多的管理建议。最后，考虑酒店和 OTA 之间的信息不对称虽然会使模型更加复杂、分析更具挑战性，但能够提供一些更加有趣和有意义的管理启示。

参 考 文 献

艾瑞咨询. 2018. 2018 年中国新餐饮消费趋势研究报告[EB/OL]. https://report.iresearch.cn/report/201807/3242.shtml.

艾瑞咨询. 2019. 2019 年中国在线旅游度假行业研究报告[EB/OL]. https://report.iresearch.cn/report/201911/3476.shtml.

比达咨询. 2019. 2018 年中国在线旅游市场研究报告[EB/OL]. http://www.100ec.cn/detail—6501725.html.

文化和旅游部网站. 2021. 中华人民共和国文化和旅游部 2020 年文化和旅游发展统计公报[EB/OL]. http://www.gov.cn/fuwu/2021-07/05/content_5622568.htm.

中国互联网络信息中心. 2021. 第 48 次《中国互联网络发展状况统计报告》[EB/OL]. https://www.cnnic.cn/n4/2022/0401/c88-1132.html.

Abrate G, Fraquelli G, Viglia G. 2012. Dynamic pricing strategies: evidence from European hotels[J]. International Journal of Hospitality Management, 31 (1): 160-168.

Allen R G D. 1934. The nature of indifference curves[J]. The Review of Economic Studies, 1 (2): 110-121.

Amir R, Lambson V E. 2000. On the effects of entry in Cournot markets[J]. The Review of Economic Studies, 67 (2): 235-254.

Amiri A. 2006. Designing a distribution network in a supply chain system: formulation and efficient solution procedure[J]. European Journal of Operational Research, 171 (2): 567-576.

Anand K S, Aron R. 2003. Group buying on the web: a comparison of price-discovery mechanisms[J]. Management Science, 49 (11): 1546-1562.

Anderson C K. 2011. Search, OTAs, and online booking: an expanded analysis of the billboard effect[J]. Cornell Hospitality Report, 11 (8): 6-10.

Anderson E W. 1998. Customer satisfaction and word of mouth[J]. Journal of Service Research, 1 (1): 5-17.

Avsar Z M, Baykal-Gursoy M. 2002. Inventory control under substitutable demand: a stochastic game application[J]. Naval Research Logistics, 49 (4): 359-375.

Bastakis C, Buhalis D, Butler R. 2004. The perception of small and medium sized tourism accommodation providers on the impacts of the tour operators' power in Eastern Mediterranean[J]. Tourism Management, 25 (2): 151-170.

Bowden J L-H. 2009. The process of customer engagement: a conceptual framework[J]. Journal of Marketing Theory and Practice, 17 (1): 63-74.

Boyer K K, Hult G T M. 2005. Customer behavior in an online ordering application: a decision scoring model[J]. Decision Sciences, 36 (4): 569-598.

Brodie R J, Hollebeek L D, Juric B, et al. 2011. Customer engagement: conceptual domain, fundamental propositions, and implications for research[J]. Journal of Service Research, 14(3): 252-271.

Brodie R J, Ilic A, Juric B, et al. 2013. Consumer engagement in a virtual brand community: an exploratory analysis[J]. Journal of Business Research, 66 (1): 105-114.

Buhalis D. 1998. Strategic use of information technologies in the tourism industry[J]. Tourism Management, 19 (5): 409-421.

Buhalis D, Licata M C. 2002. The future eTourism intermediaries[J]. Tourism Management, 23 (3): 207-220.

Burger B, Fuchs M. 2005. Dynamic pricing—A future airline business model[J]. Journal of Revenue & Pricing Management, 4 (1): 39-53.

Cachon G P, Lariviere M A. 2005. Supply chain coordination with revenue-sharing contracts: strengths and limitations[J]. Management Science, 51 (1): 30-44.

Campbell A. 2013. Word-of-mouth communication and percolation in social networks[J]. American Economic Review, 103 (6): 2466-2498.

Cha J. 2011. Exploring the Internet as a unique shopping channel to sell both real and virtual items: a comparison of factors affecting purchase intention and consumer characteristics[J]. Journal of Electronic Commerce Research, 12 (2): 115-132.

Chandra P, Fisher M L. 1994. Coordination of production and distribution planning[J]. European Journal of Operational Research, 72 (3): 503-517.

Chang H S. 2008. Increasing hotel customer value through service quality cues in Taiwan[J]. The Service Industries Journal, 28 (1): 73-84.

Chawla S, Hartline J D, Kleinberg R. 2007. Algorithmic pricing via virtual valuations[C]. Paper presented at the Proceedings of the 8th ACM Conference on Electronic Commerce.

Chawla S, Malec D, Sivan B. 2015. The power of randomness in Bayesian optimal mechanism design[J]. Games and Economic Behavior, 91: 297-317.

Chen C. 2001. Design for the environment: a quality-based model for green product development[J]. Management Science, 47 (2): 250-263.

Chen F. 2005. Salesforce incentives, market information, and production/inventory planning[J]. Management Science, 51 (1): 60-75.

Chen P. 2012. Efficient tourism website design for supply chain management[C]//Qu X, Yang Y. Information and Business Intelligence. Berlin Heidelberg: Springer-Verlag: 660-665.

Chen R R, Roma P. 2011. Group buying of competing retailers[J]. Production and Operations Management, 20 (2): 181-197.

Chen X, Pang Z, Pan L. 2014. Coordinating inventory control and pricing strategies for perishable products[J]. Operations Research，62（2）：284-300.

Chen X，Simchi-Levi D. 2004. Coordinating inventory control and pricing strategies with random demand and fixed ordering cost：the finite horizon case[J]. Operations Research，52（6）：887-896.

Cheung C，Lee M，Zheng X. 2012. Consumer engagement behaviors in brand communities of social networking sites[C]. Paper presented at the Proceedings of the Americas Conference on Information Systems（AMCIS 2012），Seattle，USA.

Chevalier J A，Mayzlin D. 2006. The effect of word of mouth on sales：online book reviews[J]. Journal of Marketing Research，43（3）：345-354.

Chiam M，Soutar G，Yeo A. 2009. Online and off-line travel packages preferences：a conjoint analysis[J]. International Journal of Tourism Research，11（1）：31-40.

Christian R. 2001. Developing an online access strategy：issues facing small to medium-sized tourism and hospitality enterprises[J]. Journal of Vacation Marketing，7（2）：170-178.

Clemons E K，Hann Ⅱ-H，Hitt L M. 2002. Price dispersion and differentiation in online travel：an empirical investigation[J]. Management Science，48（4）：534-549.

Cowan S. 2004. Demand shifts and imperfect competition[R]. University of Oxford，Department of Economics Discussion Paper Series.

Dana Jr J D，Spier K E. 2001. Revenue sharing and vertical control in the video rental industry[J]. The Journal of Industrial Economics，49（3）：223-245.

Delgado-Ballester E，Hernández-Espallardo M. 2008. Building online brands through brand alliances in internet[J]. European Journal of Marketing，42（9/10）：954-976.

Dennis C，Harris I，Sandhu B. 2002. From bricks to clicks：understanding the e-consumer[J]. Qualitative Market Research，5（4）：281-290.

Dholakia U M. 2010. How effective are Groupon promotions for businesses?[J]. SSRN（1696327）.

Dholakia U M. 2011. What makes Groupon promotions profitable for businesses?[J]. SSRN.

Ding W. 2011. Challenges and opportunities of hotel online booking in China[C]//Marcus A. Design，User Experience，and Usability. Theory，Methods，Tools and Practice. Berlin Heidelberg：Springer：3-12.

Dong Y，Ling L，Guo X. 2014. Travel package modeling：optimal bidding strategy of tour operator to cooperative hotels[J]. Asia Pacific Journal of Tourism Research，19（12）：1417-1440.

Dumrongsiri A，Fan M，Jain A，et al. 2008. A supply chain model with direct and retail channels[J]. European Journal of Operational Research，187（3）：691-718.

Freund C，Weinhold D. 2002. The Internet and international trade in services[J]. American Economic Review，92（2）：236-240.

Gallego G，van Ryzin G. 1994. Optimal dynamic pricing of inventories with stochastic demand over finite horizons[J]. Management Science，40（8）：999-1020.

Garcia-Falcon J M，Medina-Muñoz D. 1999. The relationship between hotel companies and travel agencies：an empirical assessment of the United States market[J]. The Service Industries Journal，19（4）：102-122.

García D, Tugores M. 2006. Optimal choice of quality in hotel services[J]. Annals of Tourism Research, 33（2）: 456-469.

Garrow L, Ferguson M, Keskinocak P, et al. 2006. Expert opinions: current pricing and revenue management practice across US industries[J]. Journal of Revenue and Pricing Management, 5(3): 237-247.

Gerchak Y, Wang Y. 2004. Revenue-sharing vs. wholesale-price contracts in assembly systems with random demand[J]. Production and Operations Management, 13（1）: 23-33.

Giannoccaro I, Pontrandolfo P. 2004. Supply chain coordination by revenue sharing contracts[J]. International Journal of Production Economics, 89（2）: 131-139.

Gibson H, Yiannakis A. 2002. Tourist roles: needs and the lifecourse[J]. Annals of Tourism Research, 29（2）: 358-383.

Gijsbrechts E, Campo K, Goossens T. 2003. The impact of store flyers on store traffic and store sales: a geo-marketing approach[J]. Journal of Retailing, 79（1）: 1-16.

Göymen K. 2000. Tourism and governance in Turkey[J]. Annals of Tourism Research, 27（4）: 1025-1048.

Grønflaten Ø. 2009. Predicting travelers' choice of information sources and information channels[J]. Journal of Travel Research, 48（2）: 230-244.

Gu Z. 1997. Proposing a room pricing model for optimizing profitability[J]. International Journal of Hospitality Management, 16（3）: 273-277.

Guiltinan J P. 1987. The price bundling of services: a normative framework[J]. Journal of Marketing, 51（2）: 74-85.

Guo X, He L. 2012. Tourism supply-chain coordination: the cooperation between tourism hotel and tour operator[J]. Tourism Economics, 18（6）: 1361-1376.

Guo X, Ling L, Dong Y, et al. 2013a. Cooperation contract in tourism supply chains: the optimal pricing strategy of hotels for cooperative third party strategic websites[J]. Annals of Tourism Research, 41: 20-41.

Guo X, Ling L, Yang C, et al. 2013b. Optimal pricing strategy based on market segmentation for service products using online reservation systems: an application to hotel rooms[J]. International Journal of Hospitality Management, 35: 274-281.

Guo X, Zheng X. 2017. Examination of restaurants online pricing strategies: a game analytical approach[J]. Journal of Hospitality Marketing & Management, 26（6）: 659-673.

Guo X, Zheng X, Ling L, et al. 2014. Online coopetition between hotels and online travel agencies: from the perspective of cash back after stay[J]. Tourism Management Perspectives, 12: 104-112.

Guo Z, Kaku I, Tang J, et al. 2009. Research on dynamic pricing model of electronic airplane ticket in electronic commerce[C]. Paper presented at the Control and Decision Conference, Guilin, 17-19 June 2009.

Hadjinicola G C, Panayi C. 1997. The overbooking problem in hotels with multiple tour-operators[J]. International Journal of Operations & Production Management, 17（9）: 874-885.

Hennig-Thurau T, Gwinner K P, Walsh G, et al. 2004. Electronic word-of-mouth via consumer-opinion platforms: what motivates consumers to articulate themselves on the Internet?[J]. Journal of Interactive Marketing, 18 (1): 38-52.

Heo C Y. 2016. Exploring group-buying platforms for restaurant revenue management[J]. International Journal of Hospitality Management, 52: 154-159.

Heyman D P, Sobel M J. 2003. Stochastic Models in Operations Research (Vol. 2) [M]. New York: Dover Publications.

Hirschey M. 2009. Fundamentals of Managerial Economics[M]. Cincinnati: South-Western College Pub.

Huang Z, Li S X. 2001. Co-op advertising models in manufacturer-retailer supply chains: a game theory approach[J]. European Journal of Operational Research, 135 (3): 527-544.

Jansen B J, Ciamacca C C, Spink A. 2008. An analysis of travel information searching on the web[J]. Information Technology & Tourism, 10 (2): 101-118.

Jaramillo F, Mulki J P. 2008. Sales effort: the intertwined roles of the leader, customers, and the salesperson[J]. Journal of Personal Selling and Sales Management, 28 (1): 37-51.

Jayaraman V, Pirkul H. 2001. Planning and coordination of production and distribution facilities for multiple commodities[J]. European Journal of Operational Research, 133 (2): 394-408.

Jing X, Xie J. 2011. Group buying: a new mechanism for selling through social interactions[J]. Management Science, 57 (8): 1354-1372.

Keane M J. 1997. Quality and pricing in tourism destinations[J]. Annals of Tourism Research, 24 (1): 117-130.

Khouja M. 1995. The newsboy problem under progressive multiple discounts[J]. European Journal of Operational Research, 84 (2): 458-466.

Kim D J, Kim W G, Han J S. 2007. A perceptual mapping of online travel agencies and preference attributes[J]. Tourism Management, 28 (2): 591-603.

Kim J, Bojanic D C, Warnick R B. 2008. Price bundling and travel product pricing practices used by online channels of distribution[J]. Journal of Travel Research, 47 (4): 403-412.

Kim S H, Cohen M A, Netessine S. 2007. Performance contracting in after-sales service supply chains[J]. Management Science, 53 (12): 1843-1858.

Kim S S, Guo Y, Agrusa J. 2005. Preference and positioning analyses of overseas destinations by mainland chinese outbound pleasure tourists[J]. Journal of Travel Research, 44 (2): 212-220.

Kimes S E. 2008. The role of technology in restaurant revenue management[J]. Cornell Hospitality Quarterly, 49 (3): 297-309.

Kimes S E. 2009. How restaurant customers view online reservations[J]. Cornell Hospitality Report, 9 (5): 5-15.

Kimes S E. 2011. The current state of online food ordering in the US restaurant industry[J]. Cornell Hospitality Report, 11 (17): 6-18.

Koo B, Mantin B, O'Connor P. 2011. Online distribution of airline tickets: should airlines adopt a single or a multi-channel approach?[J]. Tourism Management, 32 (1): 69-74.

Kreps D M, Milgrom P, Roberts J, et al. 1982. Rational cooperation in the finitely repeated prisoners' dilemma[J]. Journal of Economic Theory, 27（2）: 245-252.

Ladany S P. 1996. Optimal market segmentation of hotel rooms—the non-linear case[J]. Omega, 24（1）: 29-36.

Lai K K, Ng W L. 2005. A stochastic approach to hotel revenue optimization[J]. Computers & Operations Research, 32（5）: 1059-1072.

Law R, Leung K, Wong J. 2004. The impact of the internet on travel agencies[J]. International Journal of Contemporary Hospitality Management, 16（2）: 100-107.

Lee E, Staelin R, Yoo W S, et al. 2013. A "Meta-Analysis" of multibrand, multioutlet channel systems[J]. Management Science, 59（9）: 1950-1969.

Lee S, Hwang J, Hyun M Y. 2010. Mobile services as a marketing tool to enhance restaurant revenue: an exploratory study[J]. Journal of Hospitality Marketing & Management, 19（5）: 464-479.

Legoherel P. 1998. Toward a market segmentation of the tourism trade: expenditure levels and consumer behavior instability[J]. Journal of Travel & Tourism Marketing, 7（3）: 19-39.

Li S, Zhu Z, Huang L. 2009. Supply chain coordination and decision making under consignment contract with revenue sharing[J]. International Journal of Production Economics, 120（1）: 88-99.

Ling L, Guo X, He L. 2012. Optimal pricing strategy of hotel for long-term stay[J]. International Journal of Services Technology and Management, 17（1）: 72-86.

Ling L, Guo X, Liang L. 2011. Optimal pricing strategy of a small or medium-sized hotel in cooperation with a web site[J]. Journal of China Tourism Research, 7（1）: 20-41.

Linh C T, Hong Y. 2009. Channel coordination through a revenue sharing contract in a two-period newsboy problem[J]. European Journal of Operational Research, 198（3）: 822-829.

Little J D C. 1979. Aggregate advertising models: the state of the art[J]. Operations Research, 27（4）: 629-667.

Liu L, Shang W, Wu S. 2007. Dynamic competitive newsvendors with service-sensitive demands[J]. Manufacturing & Service Operations Management, 9（1）: 84-93.

Liu N, Ziya S, Kulkarni V G. 2009. Dynamic scheduling of outpatient appointments under patient no-shows and cancellations[J]. Manufacturing & Service Operations Management, 12（2）: 347-364.

Liu Y, Li H, Hu F. 2013. Website attributes in urging online impulse purchase: an empirical investigation on consumer perceptions[J]. Decision Support Systems, 55（3）: 829-837.

Liu Y, Ram S, Lusch R F, et al. 2010. Multicriterion market segmentation: a new model, implementation, and evaluation[J]. Marketing Science, 29（5）: 880-894.

McKercher B, Ho P S Y, Cros H D, et al. 2002. Activities-based segmentation of the cultural tourism market[J]. Journal of Travel & Tourism Marketing, 12（1）: 23-46.

Myers C S. 1996. Trust, commitment and values shared in long-term relationships in the services marketing industry[D].（Master）, University of Nevada, Las Vegas.

Najmi M, Sharbatoghlie A, Jafarieh A. 2010. Tourism market segmentation in Iran[J]. International

Journal of Tourism Research，12（5）：497-509.

Nambisan S，Baron R A. 2007. Interactions in virtual customer environments：implications for product support and customer relationship management[J]. Journal of Interactive Marketing，21（2）：42-62.

Noone B M，McGuire K A，Rohlfs K V. 2011. Social media meets hotel revenue management：opportunities，issues and unanswered questions[J]. Journal of Revenue & Pricing Management，10（4）：293-305.

Nusair K，Yoon H J，Naipaul S，et al. 2010. Effect of price discount frames and levels on consumers' perceptions in low-end service industries[J]. International Journal of Contemporary Hospitality Management，22（6）：814-835.

Olsen T L，Parker R P. 2008. Inventory management under market size dynamics[J]. Management Science，54（10）：1805-1821.

Ouksel A M，Eruysal F. 2011. Loyalty intelligence and price discrimination in a duopoly[J]. Electronic Commerce Research and Applications，10（5）：520-533.

Ozelkan E C，Cakanyildirim M. 2009. Reverse bullwhip effect in pricing[J]. European Journal of Operational Research，192（1）：302-312.

Palazon M，Delgado-Ballester E. 2009. Effectiveness of price discounts and premium promotions[J]. Psychology & Marketing，26（12）：1108-1129.

Pan B，Zhang L X，Law R. 2013. The complex matter of online hotel choice[J]. Cornell Hospitality Quarterly，54（1）：74-83.

Pan C M. 2007. Market demand variations，room capacity，and optimal hotel room rates[J]. International Journal of Hospitality Management，26（3）：748-753.

Pasternack B A. 2002. Using revenue sharing to achieve channel coordination for a newsboy type inventory model[C]//Geunes J，Pardalos P M，Romeijn H E. Supply Chain Management：Models，Applications，and Research Directions. Boston：Springer：117-136.

Patterson P，Yu T，de Ruyter K. 2006. Understanding customer engagement in services[C]. Paper presented at the Proceedings of the Australian and New Zealand Marketing Academy 2006 Conference：Advancing Theory，Maintaining Relevance，at Brisbane.

Ruiz M P M，Descals A M. 2008. Retail price promotion influences for product varieties in grocery stores：evidence from Spain[J]. International Journal of Retail & Distribution Management，36（6）：494-517.

Savaskan R C，Bhattacharya S，van Wassenhove L N. 2004. Closed-loop supply chain models with product remanufacturing[J]. Management Science，50（2）：239-252.

Schulz C. 1994. Hotels and travel agents：the new partnership[J]. The Cornell Hotel and Restaurant Administration Quarterly，35（2）：45-50.

Shapiro D. 2011. Profitability of the name-your-own-price channel in the case of risk-averse buyers[J]. Marketing Science，30（2）：290-304.

Shi H，Liu Y，Petruzzi N C. 2012. Consumer heterogeneity，product quality，and distribution channels[J]. Management Science，59（5）：1162-1176.

Shi Y, Yu Y, Wang L. 2015. Operational impact on the environment: managing service systems with environmental deterioration[J]. International Journal of Production Economics, 170: 310-320.

Shim S I, Forsythe S, Kwon W-S. 2015. Impact of online flow on brand experience and loyalty[J]. Journal of Electronic Commerce Research, 16 (1): 56-71.

Sigala M. 2004. Collaborative supply chain management in the airline sector: the role of global distribution systems (GDS) [J]. Advances in Hospitality and Leisure, 1: 103-121.

Smith S L J. 1988. Defining tourism a supply-side view[J]. Annals of Tourism Research, 15 (2): 179-190.

Song H, Yang S, Huang G Q. 2009. Price interactions between theme park and tour operator[J]. Tourism Economics, 15 (4): 813-824.

Starkov M, DeGeorge L. 2013. The 2012 do's & don'ts of hotel distribution[EB/OL]. https://www.hotel-online.com/News/PR2012_1st/Mar12_HotelDistribution.html.

Stibe A, Oinas-Kukkonen H, Lehto T. 2013. Exploring social influence on customer engagement: a pilot study on the effects of social learning, social comparison, and normative influence[C]. Paper presented at the 2013 46th Hawaii International Conference on System Sciences(HICSS).

Stokey N L, Lucas Jr R E, Prescott E C. 1989. Recursive Methods in Economic Dynamics[M]. Cambridge: Harvard University Press.

Tan A Y F, Lo A S Y. 2008. A benefit-based approach to market segmentation: a case study of an American specialty coffeehouse chain in Hong Kong[J]. Journal of Hospitality & Tourism Research, 32 (3): 342-362.

Tanford S, Baloglu S, Erdem M. 2012. Travel packaging on the internet: the impact of pricing information and perceived value on consumer choice[J]. Journal of Travel Research, 51 (1): 68-80.

Taylor T A. 2002. Supply chain coordination under channel rebates with sales effort effects[J]. Management Science, 48 (8): 992-1007.

Thanassoulis J. 2004. Haggling over substitutes[J]. Journal of Economic Theory, 117 (2): 217-245.

Ting P-H, Wang S-T, Bau D-Y, et al. 2013. Website evaluation of the top 100 hotels using advanced content analysis and eMICA model[J]. Cornell Hospitality Quarterly, 54 (3): 284-293.

Toh R S, DeKay C F, Raven P V. 2011a. Travel planning: searching for and booking hotels on the internet[J]. Cornell Hospitality Quarterly, 52 (4): 388-398.

Toh R S, Raven P V. 2003. Perishable asset revenue management: integrated Internet marketing strategies for the airlines[J]. Transportation Journal, 42 (4): 30-43.

Toh R S, Raven P V, DeKay F. 2011b. Selling rooms: hotels vs. third-party websites[J]. Cornell Hospitality Quarterly, 52 (2): 181-189.

Topkis D M. 1998. Supermodularity and Complementarity[M]. Princeton: Princeton University Press.

Trefis T. 2015. Competition is shaking up the online travel market[EB/OL]. http://www.forbes.com/sites/greatspeculations/2015/01/05/competition-is-shaking-up-the-online-travel-market/.

Tsai H T, Huang L, Lin C G. 2005. Emerging e-commerce development model for Taiwanese travel agencies[J]. Tourism Management, 26 (5): 787-796.

Tseng C，Wu B，Morrison A M，et al. 2015. Travel blogs on China as a destination image formation agent：a qualitative analysis using Leximancer[J]. Tourism Management，46：347-358.

Tso A，Law R. 2005. Analysing the online pricing practices of hotels in Hong Kong[J]. International Journal of Hospitality Management，24（2）：301-307.

van der Rest J P I，Harris P J. 2008. Optimal imperfect pricing decision-making：modifying and applying Nash's rule in a service sector context[J]. International Journal of Hospitality Management，27（2）：170-178.

Wang K C，Hsieh A T，Chou S H，et al. 2007. GPTCCC：an instrument for measuring group package tour service[J]. Tourism Management，28（2）：361-376.

Wang T，Gal-Or E，Chatterjee R. 2009. The name-your-own-price channel in the travel industry：an analytical exploration[J]. Management Science，55（6）：968-979.

Wang X L. 2012. Relationship or revenue：potential management conflicts between customer relationship management and hotel revenue management[J]. International Journal of Hospitality Management，31（3）：864-874.

Wang Y，Jiang L，Shen Z J. 2004. Channel performance under consignment contract with revenue sharing[J]. Management Science，50（1）：34-47.

Weng Z K. 2000. Channel coordination and quantity discounts[J]. Management Science，41（9）：1509-1522.

Wong C S，Kwong W Y. 2004. Outbound tourists' selection criteria for choosing all-inclusive package tours[J]. Tourism Management，25（5）：581-592.

Wu E H C，Law R，Jiang B. 2013. Predicting browsers and purchasers of hotel websites：a weight-of-evidence grouping approach[J]. Cornell Hospitality Quarterly，54（1）：38-48.

Wymbs C. 2000. How e-commerce is transforming and internationalizing service industries[J]. Journal of Services Marketing，14（6）：463-477.

Xia Y，Zhang G P. 2010. The impact of the online channel on retailers' performances：an empirical evaluation[J]. Decision Sciences，41（3）：517-546.

Xu J，Hu L，Guo X，et al. 2020. Online cooperation mechanism：game analysis between a restaurant and a third-party website[J]. Journal of Revenue and Pricing Management，19（1）：61-73.

Yao Z，Leung S C H，Lai K K. 2008. Manufacturer's revenue-sharing contract and retail competition[J]. European Journal of Operational Research，186（2）：637-651.

Yelkur R，DaCosta M M N. 2001. Differential pricing and segmentation on the internet：the case of hotels[J]. Management Decision，39（4）：252-262.

Yoon M G，Yoon D Y，Yang T W. 2006. Impact of e-business on air travel markets：distribution of airline tickets in Korea[J]. Journal of Air Transport Management，12（5）：253-260.

Zhang W，Ukkusuri S V. 2016. Optimal fleet size and fare setting in emerging taxi markets with stochastic demand[J]. Computer-Aided Civil and Infrastructure Engineering，31（9）：647-660.

Zhang Y，Murphy P. 2009. Supply-chain considerations in marketing underdeveloped regional destinations：a case study of Chinese tourism to the Goldfields region of Victoria[J]. Tourism Management，30（2）：278-287.

Zhang Z, Zhang Z, Wang F, et al. 2013. Factors influencing the effectiveness of online group buying in the restaurant industry[J]. International Journal of Hospitality Management, 35: 237-245.

Zheng X, Cheung C M K, Lee M K O, et al. 2015. Building brand loyalty through user engagement in online brand communities in social networking sites[J]. Information Technology & People, 28 (1): 90-106.

Zheng X, Guo X. 2016. E-retailing of restaurant services: pricing strategies in a competing online environment[J]. Journal of the Operational Research Society, 67 (11): 1408-1418.

Zipkin P H. 2000. Foundations of Inventory Management[M]. New York: McGraw-Hill.